KB200346

요나·하박국
어떻게 설교할 것인가

두란노 HOW주석 시리즈 32

요나·하박국 어떻게 설교할 것인가

엮은이 | 목회와신학 편집부

펴낸곳 | 두란노아카데미
등록번호 | 제302-2007-00008호
주소 | 서울시 용산구 서빙고로 65길 38 두란노빌딩

편집부 | 02-2078-3484   academy@duranno.com http://www.duranno.com
영업부 | 02-2078-3333   FAX 080-749-3705
초판1쇄발행 | 2009. 9. 24.   6쇄 발행 | 2018. 7. 3

ISBN 978-89-6491-082-5   04230
ISBN 978-89-6491-045-0   04230(세트)

책값은 뒤표지에 있습니다.

두란노아카데미는 두란노의 '목회 전문' 브랜드입니다.

요나·하박국
어떻게 설교할 것인가

• 목회와신학 편집부 엮음 •

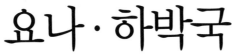

두란노 HOW 주석

HOW
COMMENTARY
SERIES
32

두란노아카데미

설교는 목회의 생명줄입니다

설교는 목회의 생명줄입니다. 교회 공동체를 향한 하나님의 음성입니다. 그래서 목회자는 설교에 목숨을 겁니다. 하나님의 말씀을 가감 없이 전하기 위해 최선을 다합니다.

이번에 출간한 「두란노 HOW주석 시리즈」는 한국 교회의 강단을 섬기는 마음으로 설교자를 위해 준비했습니다. 「목회와신학」의 별책부록 「그말씀」에 연재해온 것을 많은 목회자들의 요청으로 출간한 것입니다. 특별히 2007년부터는 표지를 새롭게 하고 내용을 더 알차게 보완하는 등 시리즈의 질적 향상을 추구하였습니다. 독자 여러분의 끊임없는 관심과 격려를 부탁드립니다.

「두란노 HOW주석 시리즈」는 성경 본문에 대한 주해를 기본 바탕으로 하면서도, 설교에 결정적으로 중요한 '적용'이라는 포인트를 놓치지 않았습니다. 또한 성경의 권위를 철저히 신뢰하는 복음주의적 관점을 견지하고자 노력했습니다. 또한 성경 각 권이 해당 분야를 전공한 탁월한 국내 신학자들에 의해 집필되었습니다.

학문적 차원의 주석서와는 차별되며, 현학적인 토론을 비껴가면서도 고밀도의 본문 연구와 해석이 전제된 실제적인 적용을 중요시하였습니다.

이 점에서는 목회자뿐만 아니라 성경공부를 인도하는 평신도 지도자들에게도 매우 귀중한 지침서가 될 것입니다.

오늘날 교회에게 주어진 사명은 땅 끝까지 이르러 예수 그리스도의 복음을 전파하는 것입니다. 사도행전적 바로 그 교회를 통해 새롭게 사도행전 29장을 써나가는 것입니다. 이 시리즈를 통해 설교자의 영성이 살아나고, 한국 교회의 강단에 선포되는 말씀 위에 성령의 기름부으심이 넘치기를 바랍니다. 이 땅에 말씀의 부흥과 치유의 역사가 일어나고, 설교의 능력이 회복되어 교회의 권세와 영광이 드러나기를 기도합니다.

바쁜 가운데서도 성의를 다하여 집필에 동참해 주시고, 이번 시리즈 출간에 동의해 주신 모든 집필자들에게 이 자리를 빌어 감사의 뜻을 전합니다.

두란노서원 원장

요나
어떻게 설교할 것인가

발간사

I. 요나 배경연구

II. 요나 본문연구

I. 배경 연구

요나서의 구조와 신학적 주제

성경에서 가장 이해하기 어려운 책 중 하나인 요나서는 성경에 관심 있는 사람들에게 가장 널리 알려진 책 중 하나이다. 요나서의 위치가 이러한 것은 아마도 이 책이 내포하고 있는 해석적인 많은 난제들 때문일 것이다. 그러나 그럼에도 불구하고 요나서가 전하고자 하는 메시지는 대체적으로 명확하게 전달된다는 것이 학계의 의견이다. 요나서는 1~2장과 3~4장이 구조적인 평행을 이루고 있으며, 중요한 단어들의 반복 사용이 통일성을 더해 주고 있다. 그리고 이 책은 내용면에서도 많은 신학적인 주제들을 함축하고 있다.

요나서의 수사학적 구조

요나서의 끝맺음은 아주 특이한 방식을 사용한다. 뙤약볕을 피할 안식처를 제공했던 박 넝쿨이 마르는 것에 화를 내는 요나에게 하나님께서 "네가 수고도 아니하였고 배양(재배)도 아니하였고 하룻밤에 났다가 하룻밤에 망한(말라 버린) 이 박 넝쿨을 네가 아꼈거든 하물며 이 큰 성읍, 니느웨에는 좌우를 분변치 못하는 자가 십이만여 명이요 육축(가축)도 많이 있나니 내가 아끼는 것이 어찌 합당치 아니하냐(아끼지 아니하겠느냐)"(4:10~11)라는 질문을 던지며 갑작스레 끝을 맺는다.

그래서 상당수의 학자들은 요나서를 두고 원래 더 긴 책이었으며 뒷부분에 여호와의 질문에 대한 요나의 대답과 그 이후의 일들이 수록되었는데 세월이 흐르면서 손실되었다고 주장하기도 했다.

그러나 책을 끝맺고 있는 하나님의 마지막 질문은 답을 필요로 하는 것이 아니라 책의 전체적인 메시지를 제대로 전달하려는 수사학적인(rhetorical) 질문이다. 또한 요나서의 현재 형태가 설득력 있는 평행적인 구조를 지니고 있다는 것이 최근 학계의 일치된 의견이기도 하다. 학자들이 제시하고 있는 평행적인 구조를 뒷받침하는 것들 중 몇 가지를 생각해 보자.

1. 평행적 구조를 통한 풍자(1, 3장)

첫째, 요나서를 살펴보면 평행적인 구조 안에서 일관성 있게 사용되는 주요 단어들이 있다. 1장은 하나님께서 요나에게 "'일어나'(קום쿰)… '가서'(לֵךְ 렉)… '외치라'(קְרָא케라)"(1:2)고 명령하는 것으로 시작한다. 하나님의 명령을 받은 요나는 '일어나'(쿰) 갔다(1:3). 그러나 그는 하나님이 명령하신 대로 니느웨로 간 것이 아니라 그의 얼굴을 피하려고 다시스로 가기 위하여 욥바로 내려갔다. 하나님께서는 도망가는 요나의 마음을 돌이키시기 위하여 그가 탄 배 앞에 큰 폭풍을 일게 하셨다. 배에 탄 사람들이 모두 살아남기 위하여 안간힘을 쓰는 동안, 선장은 잠을 자고 있는 요나를 깨워 하나님(אֱלֹהִים엘로힘)께 기도하라고 요청할 만큼 그가 당면한 무시무시한 폭풍 뒤에 하나님이 계심을 의식하고 있다(1:6).

결국 선원들은 자신들을 괴롭히는 풍랑이 요나 때문에 일어났으며 요나를 바다에 던져야만 풍랑이 잠잠해질 것을 알면서도 그를 던지기를 주저하다가, 결국에는 요나를 바다에 던진다.

1장과 평행을 이루는 3장도 여호와께서 요나에게 "'일어나'(쿰)… '가서'(렉)… '선포하라'(케라)"고 명령하는 것으로 시작한다(3:2). 1:3에서와 같이 하나님의 명령을 받은 요나는 이번에도 '일어나'(쿰) 갔다(3:3). 그러나 1장과 달리 이번에는 하나님의 말씀대로 니느웨로 갔다. 니느웨에 도착한 그는 다가

오는 하나님의 심판을 '선포한다'(케라 3:4). 요나의 경고를 전해 들은 왕이 굵은 베옷을 입고, 온 백성들에게 금식하며 하나님(엘로힘)께 기도하라고 선포한다(3:4~9). 이와 같이 주요 단어 사용과 그 사용 순서에 있어서 1장과 3장은 매우 밀접한 평행 관계를 유지하고 있다.

또한 1장과 3장은 문학적인 도구를 사용함에 있어서도 평행을 이루고 있다. 즉 크고 작은 풍자(satire)의 사용이다. 그중 대표적인 예가, 풍랑을 만나 두려움에 휩싸인 이방 선원들은 목숨을 부지하기 위하여 할 수 있는 최선을 다하며(배의 무게를 줄이려고 물건을 바다로 내던지는 것) 필사적으로 기도하는(1:5) 반면, 그 누구보다도 열심히 기도해야 할 하나님의 종 요나는 배에서 깊은 잠에 취해 있다(1:5). 이런 하나님의 종을 선장이 깨워서 책망하며 기도하라고 명령한다.

이러한 사실은 우리가 성경에서 보는 전형적인 모습과는 현저한 차이가 있다. 물고기 뱃속에서 극적으로 나오게 된 요나는 마지못해 니느웨로 가서 다가오는 하나님의 심판을 선포한다(3:4). 그는 마음속으로 아무도 그의 음성을 들어주지 않을 것으로 생각했고 또 그렇게 되기를 바랐기에, 삼 일을 걸어야 성의 이쪽 끝에서 저쪽 끝에 도달할 수 있는 큰 도시에서 단 하루만 메시지를 전한다(3:3~4).

그러나 그의 간단한 메시지에 대한 니느웨의 반응은 의외였다. 왕을 포함한 온 백성들이 베옷을 입고 금식하며 하나님께 매달리는 것이 아닌가(3:5~6)? 심지어는 말 못하는 짐승들도 굵은 베옷을 입고 금식을 했다(3:7)! 이처럼 1장과 3장은 아주 흥미로운 풍자들로 구성되어 있다.

2. 테마적 통일성과 그로테스크(grotesque)한 표현(2, 4장)

둘째, 요나서는 평행적 구조 안에서 같은 순서로 사건을 진행하고 있다. 1장과 3장이 구체적인 단어 사용에 있어 평행을 이루고 있다면, 2장과 4장은 같은 순서로 사건을 전개해 나감으로써 이야기의 흐름 안에서 테마적인 통일성을 유지하고 있다.

먼저 2장은 하나님의 은혜에 의하여 구원받은 요나의 모습으로 이야기를 시작한다(1:17).[1] 이야기는 하나님의 예기치 않은 구원에 대하여 요나가 드리는 감사 기도로 연결되며(2:1이하), 하나님이 요나의 기도를 들으시고 물고기로 하여금 그를 토해 내게 하시는 것으로 끝을 맺는다.

2장과 대조를 이루는 4장은 하나님의 자비로움에 분노하는 요나의 모습으로 이야기를 시작한다(4:1). 그리고 2장에서와 같이 4장에서도 요나의 기도로 이야기가 진행되며(4:2~3), 하나님께서 요나의 기도를 들으시고 그에게 반문하시는 것으로 연결된다(4:4). 4:5~11은 다시 한 번 불만에 가득 찬 요나와 그의 기도, 그리고 요나의 기도에 대한 하나님의 반문의 반복이다.

또한 1장과 3장에서 문학적인 도구인 풍자가 효과적으로 사용된 것같이, 2장과 4장에서도 일종의 과장법인 그로테스크가 아주 효율적으로 사용되고 있다. 바다에 던져진 요나를 하나님은 큰 물고기를 보내셔서 그 물고기 안에서 삼 일을 머물게 하신다. 그것이 어떤 물고기인가 하는 것은 중요하지 않다. 주석들을 살펴보면, 물고기의 정체에 지나친 관심을 쏟다가 결국에는 물고기만 보고 그 물고기 뒤에 서 계시는 하나님을 못 본 것들이 많다.

저자는 단순히 요나가 특별한 해를 입지 않고 삼 일을 머물면서 기도할 수 있는 여건이 갖추어진 물고기를 의도하고 있을 뿐이다. 그러나 어떤 물고기가 요나를 삼 일 동안이나 위액으로 삭이지 않고 살아남게 할 수 있었을까? 일종의 그로테스크한 물고기였음이 분명하다.

4장 역시 2장의 거대한 물고기 못지않은 그로테스크한 요나의 반응을 보여 준다. 그는 하나님께서 니느웨에 선언하신 재앙을 거두시자 매우 싫어하여 성내며(4:1), 여호와께 자기를 죽여 달라고 소리 지른다(4:3). 이러한 그의 반응은 선지자로서 정도를 넘어선 지나친 반응이 아닌가?

요나는 더위에서 그를 보호해 주는 박 넝쿨을 크게 기뻐했다(4:6). 그러다가 박 넝쿨이 벌레에 먹히자 다시 한 번 죽기를 구하며 "사는 것보다 죽는 것이 내게 나으니이다"라고 하나님께 기도한다(4:8). 벌레 먹은 박 넝쿨 하나 때문에 사람이(그것도 하나님의 선지자가) 죽음을 구한다는 것은 그로테스크한 반응이 아닌가?

3. 재담에 담긴 긍휼의 메시지

셋째, 여러 개의 주요 단어들이 반복적으로 재담(wordplay)을 곁들여 사용됨으로써 요나서 전체에 통일성을 부여하고 있다. 그중 '가돌'(גָּדוֹל: 위대한)과 '라아'(רָעָה: 악한) 두 단어의 사용을 살펴보자.[2]

먼저, 형용사 '가돌'은 요나서에서 14회 사용된다. 이 중 8회는 '거대한, 커다란'의 의미로 쓰였다[1:4(×2), 10, 12, 16, 17; 4:1, 6]. 그리고 6회는 니느웨와 그 성의 리더들을 언급할 때 '중요한, 위대한'의 의미로 사용되었다(1:2; 3:2, 3, 5, 7; 4:11). 저자는 이 단어의 두 가지 의미를 염두에 두고 사용함으로써 독자들에게 주의를 환기시켜 주고 있다.

그러므로 독자들은 요나서를 읽어 내려갈 때 니느웨의 거대한 규모에 관심을 빼앗길 것이 아니라, 하나님과 이 도시의 관계의 중요성을 인식하고 이야기를 이해해 나아가야 한다. 이런 저자의 의도는 '라아'의 반복적인 사용에서도 잘 나타나고 있다.

'라아'는 하나님 앞에 상달된 니느웨의 죄악(1:2), 폭풍을 통하여 선원들에게 임한 재앙(1:7, 8), 니느웨 왕이 베옷을 입고 온 백성들로 하여금 돌아서라고 명한 나쁜 길(3:8)을 의미하는데 요나서에서 총 아홉 차례 사용되고 있다.

하나님께서는 니느웨 사람들이 나쁜 길에서 돌아선 것을 보시고(3:10), 그들에게 내리겠다고 하셨던 재앙을 내리지 않으셨다(3:10). 그러나 하나님의 이런 행동이 요나에게는 매우 나쁜 일(4:1 "심히 싫어하고")로 여겨졌다. 위와 같이 저자는 '라아'라는 단어를 아주 다양한 뉘앙스로 사용하고 있을 뿐만 아니라 요나, 선원, 니느웨 사람, 그리고 하나님과 연관하여 사용함으로써 다양한 재담을 조성하고 있다.

요나서는 이러한 재담을 통하여 작품에 통일성을 더할 뿐만 아니라, 니느웨는 요나가 생각하는 것만큼 전적으로 악한 도시가 아니며 따라서 하나님께서 니느웨가 고통을 당하지 않도록 자비를 베푸시는 것이 너무나도 당연하다고 주장하고 있다.

지금까지 언급된 내용을 기초로 다음과 같은 구조를 생각할 수 있다.[3]

1장	3장
■ 소명: 일어나 가서 외치라(2절) ■ 요나가 일어나 다시스로 가니라(3절) ■ 하나님의 행위: 큰 폭풍(4절) ■ 사공들이 각기 자기 신을 부름(5절) ■ 선장이 폭풍에 대하여 하나님(엘로힘)께 부르짖으라 명령함(6절) ■ 선원들이 여호와의 뜻을 찾음(7~13절) ■ 선원들이 여호와께 자신들을 멸망시키지 말라고 기도함(14절) ■ 폭풍이 잠잠해짐(15절)	■ 소명: 일어나 가서 선포하라(2절) ■ 요나가 일어나 니느웨로 가니라(3절) ■ 요나의 행위: 니느웨에 외침(4절) ■ 니느웨 사람들이 하나님을 부름(5절) ■ 왕이 온 나라에 베옷을 입고 하나님(엘로힘)께 부르짖으라 선포함(6~8절) ■ 왕이 니느웨 사람들에게 우리가 멸망치 않도록 하나님(엘로힘)께 기도하라 함 ■ 명령(9절) ■ 하나님이 돌이키심(10절)
2장	**4장**
■ 요나가 구출되다 ■ 요나가 기도하다 ■ 하나님이 응답하시다	■ 요나가 화를 내다 ■ 요나가 기도하다 ■ 하나님이 응답하시다

요나서의 신학적 주제들

요나서는 매우 다양한 신학적 주제를 내포하고 있다. 이 주제들 중에는 전통적인 히브리어 성경의 가르침을 재확인하는 것과, 매우 신선한 도전으로 받아들여질 수 있는 새로운 신학적 방향을 제시하는 부분이 있다. 이 중 몇 가지만 살펴보자.

1. 온 인류에게 임하는 하나님의 은총

하나님의 선택된 백성으로서 그분과의 특별한 관계 때문에 이스라엘은 역사적으로 항상 국수주의에 빠지기 쉬운 위험에 처해 있었다. 마치 자신들만이 여호와의 은혜에 특허를 낸 것 같은 착각에 빠질 수 있는 이들에게 요나서는 신선한 도전을 주고 있다. 이스라엘과의 특별한 관계에도 불구하고 창조주 하나님의 은총은 결코 어느 특정한 민족에게 제한되지 않는다는 것을 강조하고 있다.

요나서의 평행적인 구조를 감안하면, 풍랑을 만난 선원들은 단순히 각 개인이 아니라 니느웨 백성들과 대조를 이루는 열방을 상징하고 있다. 또한 요나는 하나님의 선민인 이스라엘을 대표하고 있다.[4] 이런 상황에서 요나를 통해, 자신들은 여호와의 축복을 챙기면서도 열방에게 임해야 할 하나님의 자비를 막아 버리려는 이스라엘의 모습을 노골적으로 묘사하고 있다. 니느웨에 은총을 베푸시는 하나님께 화를 내는 요나에게, 여호와께서는 '이 큰 성읍 니느웨를 내가 어찌 아끼지 아니하겠느냐?'(4:11)라고 반문하시며 잘못된 선입관을 교정하고 있다.

저자는 독자들에게 '요나와 같이 되지 말라'는 권면을 통해 여호와께서는 온 인류에게 그분의 은총을 베풀기를 원하신다는 것을 확실히 드러내고자 한다. 여호와가 이스라엘과 특별한 관계를 맺고 있는 것은 사실이지만, 하나님은 결코 이스라엘이 독점할 수 있는 그런 분이 아니라는 것이 저자의 주장이다.

2. 하나님을 찾는 이방인에게도 자비를 베푸신다

저자는 위에서 언급했던 이스라엘의 국수주의적인 잘못을, 이스라엘을 상징하는 요나와, 열방을 대표하는 선원들과 니느웨 사람들을 묘사하는 과정에서 간접적으로 드러내고 있다. 심한 풍랑이 배를 위협했을 때, 그 배에 타고 있던 이방인들은 모두 간절히 기도하고 있었다. 반면에 우주의 창조주이신 여호와를 섬긴다는 요나는 기도하기는커녕 이방 선장이 잠든 그를 깨워 기도하도록 책망할 때까지 깊이 잠들어 있었다(1:6).

모든 문제의 발단이 그에 의해 비롯된 것임을 알게 된 선원들에게 요나는 자초지종을 말하고 자기를 바다에 던지는 것만이 유일한 살 길이라고 했다(1:9~12). 그럼에도 선원들은 던지는 것을 주저하며 자신들의 힘으로 할 수 있는 최선을 다했다(1:13). 그러나 모든 것이 허사로 돌아가자 마지못해 "여호와여 구하고 구하오니 이 사람의 생명 까닭에 우리를 멸망시키지 마옵소서 무죄한 피를 우리에게 돌리지 마옵소서 주 여호와께서는 주의 뜻대로 행하심이니이다"(1:14)라고 여호와께 부르짖으며 요나를 바다로 던졌다(1:15).

저자는 요나를 바다에 던져 폭풍을 잔잔케 하는 쉬운 방법이 있었음에도 불구하고 끝까지 안간힘을 다해 그의 생명을 구해 보려던 이방인들의 선함을 잘 묘사하고 있다. 드디어 풍랑이 끝났을 때, 배에 타고 있던 모든 이방인들은 여호와를 크게 두려워하여 여호와께 제물을 드리고 서원하며 그를 섬길 것을 약속했다(1:16). 저자는 이 사건을 통해 이방인들도 적절한 기회만 주어지면 여호와를 섬길 자세가 되어 있을 뿐만 아니라, 이스라엘 사람들이 생각하는 정도의 악한 사람이 아닌 것을 드러내고자 한다.

저자는 니느웨 사람들의 묘사에서도 이런 성향을 잘 드러낸다. 요나는 마지못해 니느웨로 갔다. 니느웨는 삼 일을 걸어야 하는 거대한 도시였지만, 요나는 오직 하룻길만 다니며 건성으로 하나님의 심판을 선포했다(3:3~4). 요나는 이들이 여호와 앞으로 돌아오는 것을 원하지도 않았고 기대하지도 않았다. 그런데 그가 건성으로 전한 메시지가 온 니느웨 성을 발칵 뒤집어 놓았다. 왕을 포함한 가장 높은 사람들로부터 가장 비천한 사람들에 이르기까지 모든 백성들이 베옷을 입고 여호와 앞에 통곡하며 참회한 것이다(3:5~6). 심지어는 짐승들까지 베옷을 입고 금식하며 근신했다(3:7). 역시 저자는 열방도 기회만 주어지면 얼마든지 하나님을 섬길 수 있다는 것을 강조한다. 저자의 이런 주장은 오직 자신들만이 여호와를 제대로 섬길 수 있다는 착각에 빠져 있던 이스라엘 사람들에게 큰 충격을 주었을 것이다. 하나님은 이스라엘의 하나님이실 뿐만 아니라 그 누구라도 그분을 찾는 자들의 하나님이시다. 그들을 당신의 백성의 일원으로 삼으실 의향이 있으시다. 저자는 그분이 온 열방의 찬양과 감사를 받으시기에 합당하신 분이라는 것을 확실히 하고 있다. 물론 요나도 하나님의 은혜는 이스라엘에 제한될 수 없으며 자유로이 열방에게도 그 은혜가 베풀어질 수 있다는 사실을 알고 있었다. 그가 애초에 니느웨로 가기를 꺼려한 것은 바로 이러한 하나님의 자비와 인애가 싫어서였다고 밝히고 있다(4:2).

3. 온 세상을 통치하시는 창조주 여호와

왜 하나님이 이렇게 이스라엘의 국경을 초월해서 열방에까지 자비를 베풀기를 원하시는가? 저자는 그 이유를 여호와가 온 우주를 창조하신 하나님이시기 때문이라고 밝히고 있다. 풍랑이 요나 때문에 일어났다는 것을 알고 나서 그의 정체에 대하여 의아해 하는 선원들에게, 요나는 "바다와 육지를 지으신 하늘의 하나님 여호와를 경외하는 자"(1:9)라며 자신을 창조주 하나님을 섬기는 자라고 밝히고 있다.

도망하는 요나를 돌이키기 위하여 하나님은 커다란 바람을 바다 위로 보내셔서 대풍이 일게 하신다(1:4). 하나님은 천재지변을 지배하고 지휘하는 분이시다. 바다에 던져진 요나를 구출하기 위하여 하나님은 큰 물고기를 보내셨으며(1:17), 나중에 그 물고기에게 요나를 육지에 토해 내도록 명령하셨다(2:10). 그분은 모든 짐승과 물고기를 다스리는 분이시다. 화를 내며 죽기를 자청하는 요나를 가르치기 위하여 하나님은 박 넝쿨을 준비하셨고(4:6), 다음날 벌레 한 마리가 그 박 넝쿨을 먹어 버리도록 계획하셨다(4:7). 여호와는 큰 짐승들뿐만 아니라 조그마한 박 넝쿨과 심지어는 벌레까지 주관하고 다스리는 창조주이시다. 이런 섬세한 여호와의 창조 섭리와 통치력을 강조하기 위하여, 저자는 요나서에 등장하는 것들(물고기, 박 넝쿨, 벌레, 뜨거운 동풍)이 모두 여호와가 '예비하신'(מנה마나) 것들임을 밝히고 있다(2:1; 4:6, 7, 8).

이와 같이 저자는 세상의 모든 것이 여호와의 간섭과 통제 밑에 존재하며 우주의 만물이 그분에 의하여 창조되었다는 것을 여실하게 드러내고 있다.

우주의 창조주가, 선택된 민족인 이스라엘뿐만 아니라 그분의 피조물인 열 방이 망하지 않도록 바라는 것은 당연하다. 그러므로 그분은 요나를 니느웨 에 보내신 것이다.

특히 니느웨는 요나 시대 근동 지역의 최강자로 군림하여 군사적, 정치적 으로 핵심 세력을 이룬 아시리아 제국의 수도였다. 여호와는 조그맣고 보잘 것없는 나라 이스라엘의 하나님이실 뿐만 아니라 대아시리아 제국의 성패 를 좌우하는 절대적인 능력이 있는 창조주이시다.

4. 하나님의 주권과 그분의 종의 의지

'하나님은 준비된 종을 쓰신다'는 말을 자주 듣는다. 물론 맞는 말이다. 그 러나 요나서는 하나님의 역사가 꼭 이 한 가지 원리로 단정될 수 없음을 잘 드러내고 있다. 성경을 살펴보면, 하나님은 여러 모양의 사람들을 사용하셨 다. 그러나 요나같이 준비되지 않았던 종이 있었을까? 동쪽(니느웨 쪽)으로 가 라는 소명을 받은 요나는 하나님의 낯을 피하여 정반대쪽인 서쪽(욥바, 다시스 쪽)으로 갔다(1:3).

그러나 그는 하나님의 손을 벗어날 수 없었다. 하나님은 자연을 지배하시 는 절대적인 주권과 섭리를 사용하여 요나를 물고기 배에 가두셨다. 그리고 요나에게 일차적인 항복을 받아 내셨다.

2:2~9은 여호와의 구원에 대하여 요나의 감사 찬양이다. 그러나 이 노 래를 통하여 드러나는 요나의 감사가 진정한 것인가에 대하여 학자들 사이 에는 논란이 많다. 왜냐하면, 3~4장에 묘사된 요나의 마음 자세가 1장의 모 습과 바뀌지 않았기 때문이다. 트리니티복음주의신학교(Trinity Evangelical Divinity School)에서 구약을 가르치던 올트런드(Ray Ortlund, Jr.) 교수는 물고기 가 요나를 육지에 토해 낸 이유를, 평소에 기도하지 않던 요나가 궁지에 몰 려서야 기도하고[5] 또한 그 기도 내용도 너무 간사스러워서 속이 메스꺼워진 물고기가 그를 토해 버린 것이라며 반 농담, 반 진실이 섞인 해석을 강의 시 간에 펼치기도 했다.

어찌되었건 3~4장에서의 요나의 모습은 2장에 묘사된 그의 기도를 해석하는 데 상당히 부정적인 영향을 끼치고 있음이 사실이다.

물고기 배에서 나온 요나는 드디어 니느웨로 갔다. 니느웨는 삼 일을 걸어야 두루 살필 수 있는 거대한 도시였다. 요나는 니느웨 사람들이 여호와의 은혜를 입는 것을 꺼렸지만 하나님의 손아귀를 벗어날 수 없음을 깨닫고는 단 하루만 메시지를 전한다(3:3~4). 그것도 '회개하라'보다는 '망한다'라는 일방적인 메시지였다(3:4). 역시 그는 즐거운 마음으로 사역에 임하기보다는 하나님의 주권에 마지못해 끌려가고 있는 것이다. 그리고 자신이 가장 두려워했던 결과(선포된 하나님의 심판이 거두어지는 일)가 초래되었을 때, 요나는 하나님께 '죽여 달라'고 소리쳤다. 그러나 하나님은 그를 죽이지 않고 가르치며 잘못된 그의 관점을 교정하기를 원하셨다.

요나서는 하나님의 절대적 주권과, 그분의 종의 인간적 의지가 빚어내는 갈등을 잘 묘사하고 있다. 실제적으로 저자는 니느웨가 하나님의 구원을 받은 것보다 요나와 하나님 사이에 빚어진 갈등에 초점을 맞추고 있다. 이러한 사실은 요나서가 48절로 형성된 반면에, 요나가 실제적으로 니느웨에 전한 메시지의 분량은 고작 1/2절에 불과하다는 점에 잘 나타나고 있다(3:4).

하나님이 끝까지 니느웨로 가기를 싫어했던 요나의 강한 의지를 꺾으면서까지 그를 사용하신 것을 통하여 저자는 경우에 따라서 하나님은 준비되지 않은 종도 그분의 절대적인 주권으로 굴복시켜서 쓰실 수 있음을 강조한다. 하나님의 주권과 그분의 섭리는 결코 한 가지로 제한할 수 없으며, 경우에 따라서는 인간의 상상과 기대를 초월하는 방법을 택하시는 것이다.

맺는 말

요나서는 온 우주를 창조하고 통치하시는 창조주로 하나님을 묘사하고 있다. 그분은 국수주의를 싫어하시며 그분의 은혜는 국경과 민족을 초월하시기에, 누구든지 그분을 찾으면 흔쾌히 받아들이는 분이시다. 물론 이것이 건강한 민족주의를 배척하는 것은 아니다. 그러나 한국 교회에 잠재적으로 도사리고 있는 민족 우월주의에는 상당한 경고가 되어야 할 것이다.

또한 요나서는 하나님께서 경우에 따라 그분의 절대적인 주권과 섭리를 통하여 그분의 종의 의지를 완전히 꺾으시기까지 역사하신다는 것을 가르쳐 주고 있다. 하나님께서는 예비된 사람을 쓰시지만, 필요에 따라서는 준비되지 않은 사람도 쓰신다.

02

하나님의 더 큰 열심 때문에
(욘 1:1~16)

요나서 전체의 주제 및 구조 분석

요나서의 가장 중요한 주제 가운데 하나는 하나님의 구속사에 있어서의 세계 선교 문제다. 요나서는 선교의 성경적 기초에 있어 가장 중요한 구약 본문들(창 12:1~3; 출 19:4~6; 시 2, 22, 47, 50, 67, 72, 96, 98장; 사 40~55장) 가운데 하나다. 사실상 세계 선교의 구약성경적 기초에 있어서 요나서는 신약 마태복음의 지상명령(마 28:18~20)과 비교할 수 있는 아주 중요한 책이다.

세계 선교적 측면에서 요나서를 볼 때, 요나서에 흐르는 가장 중요한 신학적인 문맥은 하나님의 세계 선교에 대한 관심과 하나님께서 이스라엘을 택하신 목적이 단순히 이스라엘에게만 복 주시기 위해서가 아니라 이스라엘을 통하여 모든 민족이 복을 받게 하려는 데 있다는 사실이다. 또한 이스라엘의 자기 민족 중심적인 편협한 태도가 결코 하나님의 이러한 목적을 방해할 수 없으며, 하나님의 세계 선교를 위한 목적은 결국 완성되고야 만다는 것이다.

이러한 신학적 배경 속에서 요나서는 하나님의 사명에 대한 요나의 반응, 요나의 불순종, 니느웨의 회개, 요나의 이방 선교에 대한 태도, 니느웨를 향한 하나님의 사랑과 자비 등의 내용을 주제로 다루고 있다. 이러한 주제 의식을 가지고 요나서 전체의 구조를 개략적으로 분석하면 다음과 같은 교차 대칭적 구조로 파악할 수 있다.

> A 여호와께서 요나에 대해 오래 참으심(1:1~2:10)
>> B 요나의 설명되지 않은 불순종(1:1~3)
>>> C 여호와께서 선원들을 구원하심(1:4~16)
>>>> D 여호와께서 요나를 구원하심(1:17~2:10)
>>> C′ 여호와께서 니느웨를 구원하심(3장)
>> B′ 요나의 불순종이 설명되고 도전 받음(4장)
> A′ 여호와께서 니느웨에 대해 오래 참으심(4장)

요나서 전체의 문맥 속에서의 1:1~16의 위치 및 구조 분석

1:1~16을 크게 '요나의 도망'이라는 첫째 단락(1~3절)과, '하나님의 반응'이라는 둘째 단락(4~16절)으로 구분할 수 있다. 첫째 단락은 요나서의 도입부로써, 하나님의 부르심에 불순종하며 도망치는 요나를 보여 주고 있다. 둘째 단락은 요나서의 두 번째 장면으로써, 요나의 불순종에 하나님께서 어떻게 대응하시는가를 보여 준다. 즉 요나는 이방 선교에 불순종했지만 하나님께서는 불순종하는 그를 통하여 오히려 이방 선원들을 구원으로 인도하심에 대해 말해 준다. 요나의 불순종 과정에 나타난 이방 선원들에 대한 하나님의 구원은 후에 요나의 순종으로 인한 니느웨의 구원으로 확대된다.

1. 첫째 단락: 왜 요나는 하나님의 명령에 불순종하고 도망쳤는가(1~3절)

1~3절은 요나서의 도입 단락으로써, 앞으로 전개될 이야기의 등장인물(하나님, 요나, 니느웨 사람들, 선원), 장소(니느웨, 다시스, 욥바, 배), 이야기를 위한 긴장(요나와 니느웨에 무슨 일이 일어날 것인가)을 설정해 준다. 도입 단락에서 사건은 빠르게 전개되면서 요나가 하나님의 낯을 피해 도망을 시도함으로써 행동

을 시작한다. 다시스가 세 번 언급되는데, 특히 3절에서 '여호와의 낯을 피하려고… 다시스로'라는 문구를 두 번 반복하면서 도입 부분의 강조점을 보여 준다.

1) 하나님께서 요나를 부르심(1절)

여호와의 말씀이 아밋대의 아들 요나에게 임하는 것으로 요나서는 시작된다. 이런 점은 다른 선지서들과 비슷하다. '여호와의 말씀이 누구에게 임하니라'는 공식은 다른 열다섯 개의 선지서 가운데 아홉 개의 선지서에 비슷한 형식으로 등장한다(렘 1:2; 겔 1:3; 호 1:1; 욜 1:1; 미 1:1; 습 1:1; 학 1:1; 슥 1:1; 말 1:1).

'요나'라는 이름은 히브리어로 '비둘기'를 의미한다. 요나의 신분을 말해 주는 '아밋대의 아들 요나'는 요나서의 중심인물로서 열왕기하 14:25에 언급되어 있는 스불론 지파 땅 가드헤벨 출신의 선지자와 동일시되는 인물이다. 요나는 다윗과 솔로몬 시대의 영토를 회복한 여로보암 2세(주전 786~746년)의 업적에 큰 영향을 끼친 중요한 선지자로 언급되어 있다. 요나와 여로보암 2세는 함께, 하나님께서 이스라엘을 구원하시는 두 개의 손이었다. 요나와 여로보암의 노력은 북왕국 이스라엘이 멸망하기 전에 가장 길고 마지막이었던 평화와 번영을 경험하게 했다.

2) 위기에 처한 니느웨(2절)

하나님께서는 이제 북왕국의 중요한 선지자였던 요나를 불러서 이방 지역인 니느웨를 위한 새로운 사역을 맡기셨다. 여호와께서 요나에게 니느웨로 가서 쳐서 외치라는 사명을 주신 것이다(2절). 선지자들 가운데 이스라엘 땅을 벗어나 이방에 사명을 띠고 보냄을 받은 경우는 요나 외에는 엘리야가 유일하다. 물론 이것은 하나님께서 이스라엘에만 관심이 있고 이방 나라들에 대해서는 무관심함을 말하는 것이 아니다. 비록 이방 지역에 파송 받지는 않았지만 대부분의 예언서들이 이방 나라들에 대한 만국 예언을 포함하고 있기 때문이다.

하나님께서 니느웨에 대해 두 가지 사실을 언급하신다. 첫째는 니느웨의 크기와 중요성에 대한 언급으로써, 니느웨를 '큰 도시'로 소개한다. 둘째는 니느웨의 도덕적 상태에 대한 것으로써, '악한 도시' 즉 하나님의 진노 아래 있음을 강조한다. 역사적·고고학적 자료에 따르면 니느웨의 첫째 성격이 잘 나타나는데, 니느웨는 티그리스 강변에 위치한 도시로써 아시리아 제국의 마지막 수도였다. 니느웨는 당대 세계 최강국의 수도로써 크기만이 아니라 그 영향력에 있어 세상 나라를 대표하는 곳이었다. 성경에 니느웨가 처음 언급된 곳은 창세기 10:11~12로, 니므롯이 아시리아로 나아가서 니느웨를 건설했다고 소개한다. 그러나 니느웨의 악함에 대한 언급은 선지자들의 예언에도 잘 나타나 있다. 스바냐와 나훔은 니느웨의 멸망을 예언했는데 특히 나훔서 전체는 바로 니느웨에 대한 멸망의 예언이다. 따라서 요나에게 '일어나 니느웨로 가라'고 하시는 하나님의 명령은 이러한 선지자들의 예언의 문맥 속에서 잘 이해할 수 있다.

여기서 니느웨는 성경의 예언서들에서 반복되는 세상에 대한 상징이다. 요한계시록의 '큰 성 바빌론'이 세상을 상징하듯, 요나서의 '큰 성 니느웨'는 곧 세상에 대한 상징인 셈이다. 지금 니느웨가 처해 있는 상황이 어떠한가? 세상이 지금 하나님 앞에서 처해 있는 상황은 어떠한가? 그것은 바로 하나님의 진노와 심판 아래 있다는 것이다. 요나가 하나님의 말씀을 전해야 할 큰 성 니느웨는 그들의 죄악으로 인해 하나님의 진노의 심판 아래 놓여 있다. 죄악으로 인해 하나님의 진노 아래 있는 니느웨! 이것이 바로 언제나 타락한 세상이 처해 있는 하나님 앞에서의 실상인 것이다. 그러므로 하나님께서 선지자 요나를 불러 니느웨 사람들에게 회개하라는 메시지를 전달하려고 하신다. 오늘도 하나님께서는 여전히 세상 만국에 교회를 통해 하나님의 진노로부터 피하라는 복음을 전파하려고 하신다. 니느웨에 대한 이러한 사실을 니느웨 사람들은 알지 못한다. 오직 하나님의 말씀을 들은 선지자 요나만 안다. 오늘날 이 세상도 마찬가지다. 세상은 죄악으로 눈이 가려져 자신이 하나님의 진노 아래 있다는 사실을 알지 못한다. 하나님의 말씀을 들은 교회만 안다. 하나님께서는 교회를 통해서 세상에 이 사실을 전하려고 하셨다. 이것이 곧 교회의 세계 선교에 대한 사명의 본질이다.

3) 하나님의 명령에 불순종하며 도망가는 요나(3절)

일반적인 성경의 형식에 따르면 하나님께서 선지자에게 명령하시고 난 다음 '그래서 요나는 일어나 니느웨로 갔다'라는 기록이 이어져야 정상적이다. 그러나 요나는 니느웨로 가지 않고 여호와의 낯을 피해 니느웨와 정반대인 다시스로 도망쳤다. 엘리야가 한때 이세벨의 위협을 피해 브엘세바로 도망친 적이 있기는 하지만 이렇게 자신이 받은 메시지를 전하기도 전에 도망친 선지자는 요나가 유일하다.

그렇다면 왜 요나는 니느웨로 가서 하나님의 말씀을 선포하지 않으려고 했을까? 왜 요나는 도망쳤을까? 우리는 이후 4:2에 있는 요나의 말을 통해 그 실마리를 찾을 수 있다. 요나가 니느웨에 가서 하나님의 말씀을 선포한다면 니느웨 사람들은 회개할 것이고, 그렇게 되면 하나님께서 그들을 용서해 주실 것이다. 요나는 그것을 원치 않았다. 스바냐와 나훔의 예언을 참고해 볼 때, 요나 당시 이스라엘 사람들의 아시리아에 대한 적대감이 심했음을 짐작할 수 있다. 편협한 민족주의가 하나님의 백성 이스라엘과 요나에게 뿌리 깊이 박혀 있었다. 이러한 자기중심적인 배타주의적, 민족주의적 편견은 요나로 하여금 니느웨를 구원하시려는 하나님의 마음을 깊이 헤아리지 못하게 했다. 아니 더욱 적극적으로 하나님의 명령을 거절하게 만들었다. 그리하여 요나는 하나님의 말씀을 불순종하며 하나님께서 가라고 하신 니느웨와는 정반대가 되는 다시스로 도망치고자 한다. 다시스의 정확한 위치는 불확실하지만 대부분의 학자들은 스페인의 남서쪽 해변에 위치한 타르테소스(Tartessos)라고 본다. 그러나 사실 다시스의 정확한 위치가 어디인가를 아는 것보다 훨씬 더 중요한 사실은 다시스가 의미하는 내용이다. 어느 시대나 하나님의 명령을 불순종하며, 하나님의 뜻을 이루기를 거부하는 사람들이 바로 다시스로 가는 배표를 산 사람들이라는 사실이다.

우리는 교회 역사에서 주님의 지상명령에 요나와 같은 불순종의 반응을 보인 교회가 얼마나 많은가를 돌아보게 된다. 니느웨에 가기를 거절하고 다시스로 가는 요나의 모습에서 2000여 년 동안이나 세계 선교의 사명을 거절해 온 교회의 모습을 보는 듯하지 않은가? 하나님의 말씀에 불순종하고 도망치는 요나가 기이하게 생각되는가? 그러나 오늘도 자기 교회 중심적이며, 민족 중심적인 교회의 세계 선교에 대한 불순종의 기이함은 어떠한가?

2. 둘째 단락: 하나님의 명령에 불순종하고 도망친 요나는 어떻게 되었는가(4~16절)

요나서의 도입 단락(1~3절)이 요나의 도망으로 마감되는 반면, 둘째 단락(4~16절)은 요나의 도망에 대한 하나님의 반응으로 시작된다. 전체 장면은 폭풍을 중심으로 전개되는데 폭풍은 전체 이야기를 둘러싸는 역할을 한다. 즉 이야기는 하나님께서 바다에 폭풍을 보내시는 것(4절)으로 시작되어 요나가 바다에 던져짐으로 바다의 폭풍이 잠잠해지는 것으로 끝난다(15절). 그리고 전체 단락의 구성은 폭풍의 시작과 마감에 결정적 역할을 하고 있는 요나의 신앙 고백(9절)을 중심으로 교차 대칭 구조로 되어 있다.

> A 하나님께서 폭풍을 보내심(4절)
>> B 이방인 선원들의 기도와 행동(5상중절)
>>> C 요나의 행동 – 배 밑에 가서 잠을 잠(5하절)
>>>> D 이방인 선장과 선원들이 요나에게 첫 번째 질문을 함(6~8절)
>>>>> E 요나의 첫 번째 대답(9절)
>>>> D´ 이방인 선원들이 요나에게 두 번째 질문을 함(10~11절)
>>> C´ 요나의 두 번째 대답(12절)
>> B´ 이방인 선원들이 행동하고 기도함(13~14절)
> A´ 요나가 바다에 던져지자 폭풍이 끝남(15절)

부록: 이방인 선원들이 구원받음(16절)

1) 하나님께서 폭풍을 보내심(4절)

하나님의 얼굴을 피해 바다로 도망친 요나의 시도는 성공할 것인가? 하나님께서는 도망치는 요나에게 어떤 반응을 보이시는가? 4절은 바로 이러한 질문에 대한 대답으로 시작하고 있다. 하나님께서는 바다에 폭풍을 보내심으로써 요나의 도망 길을 차단하신다. 하나님은 만물의 창조주이시며, 주권적으로 다스리는 분이시기 때문에 자연의 모든 사물을 자유자재로 자신의 도구로 사용하신다. 요나가 도망치는 길에 만난 바다의 폭풍은 결코 우연한 것이 아니었다. 만사에 우연이란 없다. 요나가 도망치면서 타고 간 배가 폭풍을 만나 파선 지경에 이른 것은 바로 하나님의 요나에 대한 행동, 요나의 도망에 대한 간섭이었다. 하나님을 피해 도망갈 길은 없다.

2) 폭풍에 대한 이방인 선원들의 기도와 행동(5상중절)

영문도 알지 못한 채 항해 중에 큰 폭풍을 만난 선원들은 두려움에 빠졌다. 선원들은 이러한 바다의 위기 상황에 직면해 두 가지 일을 했다. 먼저 그들은 자신들이 믿던 신들에게 기도를 했다. 그리고 하나님께서 폭풍을 바다에 던지신(내리신) 것처럼 그들은 배에 있는 물건을 바다에 던짐으로써 배가 파선되는 것을 막으려고 했다. 선원들은 기도하고 행동했다. 여기에 하나님이 보내신 세상의 위기 상황에 대한 세상 사람들의 눈물겨운 노력들이 잘 반영되어 있다. 세상은 자기들이 믿는 헛된 신에게 도움을 간청하며, 또한 자기의 지혜와 수고로 위기를 극복하기 위해 노력한다.

3) 폭풍에 대한 요나의 행동(5하절)

그런데 이때, 사태의 원인 제공자 요나는 무엇을 하고 있는가? 요나는 배 밑층에 내려가 깊은 잠에 빠져 있었다. 요나는 끊임없이 '내려가고' 있음을 저자는 강조한다. 요나가 '내려가고' 있는 행동은 지금이 세 번째다. 첫 번째는 욥바로 내려갔고(3절), 두 번째는 배에 내려갔다(개역한글은 "배에 올랐더라"로 번역했으나 원문은 '내려갔다'로 표현됨). 나중에 요나는 2장에서 바닷속 깊은 산의 뿌리까지 내려간다(2:6). 요나의 이러한 계속적인 내려감은 요나가 지리적인 측면에서 하나님으로부터 철저하게 수평적으로 그리고 수직적으로 멀어져 가고 있음을 그림처럼 보여 주고 있다. 요나의 하나님으로부터의 이러한 지리적인 멀어짐은 곧 요나의 영적인 멀어짐을 반영해 주고 있는 것이다. 또한 이러한 상태는 곧 요나의 깊은 잠에서 표현되고 있는 것처럼 요나의 영적인 침체와 무감각을 적나라하게 보여 주고 있는 것이다. 이처럼 하나님의 말씀에 불순종한 삶을 살아가는 것은 계속적으로 하나님과의 관계와 친밀감에서 멀어져 가고 있다는 것이다. 그것은 영적인 수면 상태 곧 영적인 침체와 죽음을 의미한다.

4) 이방인 선장과 선원들이 히브리 사람 요나에게 던진 질문(6~8절)

6절에는 새로운 등장인물인 선장이 나온다. 선장은 요나에게 "일어나 요나의 하나님께 구하라"고 명령한다. 이것은 요나가 '일어나 외치라' 혹은 '구하라'고 듣게 된 두 번째의 경우다. 선장이 말한 '구하라'는 단어는 여호와께서 요나에게 처음 명령한 '외치라'와 동일한 단어이다. 여기서 선장은 이스라엘 사람이 아니지만 경건한 사람으로 묘사되고 있다. 선장은 잠자고 있는 요나를 발견했을 때 먼저 요나를 꾸짖거나 요나에게 짐을 바다 위로 던지라고 요구하지 않고 요나에게 기도하라고 말한다. 선장은 요나가 어떤 신을 믿고 있으며 그 신에게 기도하면 그 신이 이 위급한 상황을 도와줄지도 모른다고 가정하고 있다. 지금 상황은 사느냐 죽느냐의 절박한 상황이다. 이방인 선장과 선원들은 이러한 상황에서 자기들이 믿는 신들에게라도 기도하려고 하지만, 요나가 이러한 상황에서 기도했다는 이야기는 전혀 나오지 않는다. 하나님의 선지자가 이교도 선장으로부터 기도하라는 요청을 받고 있는 아이러니를 보라. 하나님의 교회가 타락하고 침체되면 때론 세상 사람보다 상황 인식에 어두워지기도 한다.

선원들은 이 상황을 해결하기 위해 제비를 뽑으려고 했다. 제비를 뽑으려고 하는 선원들의 행동에는 두 가지의 가정이 내포되어 있다. 첫째, 폭풍은 배에 탄 누군가의 잘못으로 인한 신적인 징벌이다. 둘째, 하나님께서는 제비 뽑기를 통해 말씀하시는데 마침내 요나가 당첨되었다. 선원들이 던진 제비는 바로 하나님의 손안에 있었으며(참고 잠 16:33), 요나가 바로 이 재앙을 불러일으킨 장본인이라는 사실이 밝혀졌다. 요나는 더 이상 숨을 수도, 도망할 수도, 침묵할 수도 없게 되었다. 요나가 이교도인 선원들에게 자신의 불순종함이 밝혀졌을 때 얼마나 큰 부끄러움을 느꼈을 것인가를 상상하기란 어렵지 않다. 마치 세속화된 오늘의 교회가 세상 사람들로부터 부끄러운 부분을 지적받을 때처럼 말이다.

5) 요나의 대답(9절)

9절에서 요나가 처음으로 입을 연다. 요나의 이 고백은 사건 전체의 중심축으로 설정되어 있다. 많은 학자들이 요나의 고백을 중심으로 교차 대칭적 구조로 이 단락(4~16절)이 구성되어 있음을 말한다. 심지어 림버거(Limburg: 1993)는 요나의 고백 속에 담긴 "나는 히브리 사람이요"라는 구절을 중심으로 그 앞부분(4~8절)과 뒷부분(10~15절)이 각각 94개의 단어로 기록됐다는 관찰 결과를 말하기도 한다. 이러한 구조적 특성은 요나서의 두 번째 단락(4~16절) 전체가 바로 이 요나의 고백(9절)을 중심으로 중앙 집중적인 구조로 되어 있으며, 요나의 고백에 담긴 내용이 그만큼 중요함을 말해 준다.

요나는 먼저 자신을 '히브리 사람'이라고 밝힌다. 구약의 초기 본문들에서 '히브리 사람'은 외국인들에 의해 '이스라엘 사람'들을 지칭하는 것이거나(창 39:14, 17; 41:12; 삼상 4:6, 9; 13:19), 이스라엘인과 비이스라엘인을 구별할 때 쓰는 표현(창 43:32)으로 나타난다. 문맥으로 볼 때 이것은 선원들이 요나에게 연속적으로 물었던 네 가지 질문 가운데 마지막이었던 국적에 대한 질문의 답이었다. 그리고 요나는 하나님을 '바다와 육지를 지으신 분'이라고 말한다. 또한 요나는 자신이 이러한 '바다와 육지를 지으신 하늘의 하나님을 경외하는 자'라고 말한다. 여기서 경외한다는 말은 문맥상으로 볼 때 '예배 한다'는 말로도 번역될 수 있다. 이 단어는 4~16절에서 네 번, 단락의 처음(5절)과 중간(9~10절)과 마지막(16절)에 나오면서 이 단락을 관통하는 중요한 하나의 중심어가 된다. 처음에는 일반적인 두려움을 가지고 있던 선원들이 나중에는 요나가 가지고 있는 하나님께 대한 두려움을 동일하게 가지게 됨으로써 이방인이었던 선원들이 히브리 사람이었던 요나가 가지고 있던 신앙에 참여하게 된다.

요나의 신앙 고백(9절)은 이후의 요나의 기도(2:2~9), 그리고 요나의 선포(3:4)와 하나님에 대한 전통적인 신앙 고백(4:2)과 더불어 요나가 정통 신앙을 가지고 있음을 잘 보여 준다. 그러나 한편으로 요나의 신앙은 입술만의 신앙, 형식적인 신앙, 죽은 정통이라 부를 수 있는 신앙에 불과했다. 정통적인 신앙 고백을 잘 알고 있었던 요나의 삶은 자신이 고백한 신앙과는 큰 괴리를 형성하고 있었다.

적어도 1장의 기록상으로 볼 때 하나님께 대한 요나의 경외는, 실제로 하나님을 크게 두려워하는 선원들의 하나님 인식보다 못한 수준이었다. 오늘의 교회는 세상보다 하나님을 아는 지식에 있어서 얼마나 수준이 더 높은가? 오늘 교회의 수많은 타락상 속에서 우리는 바로 신앙과 행동이 일치하지 않은 요나의 모습을 다시 보게 된다.

6) 이방인 선원들과 요나에 대한 두 번째 질문(10~11절)

5절에서 선원들은 폭풍 때문에 두려워했다. 이제 선원들의 두려움은 요나의 고백 때문에 더욱 커졌다(10절). 요나의 고백으로 이제 모든 상황은 명백해졌다. 요나는 폭풍이 자신이 여호와의 낯을 피한 것과 연결되어 있다는 사실을 인식했다(12절). 선원들 또한 요나의 고백을 통해 이제 폭풍이 바로 신적인 심판인 것을 인식하게 되었다. 그래서 선원들이 요나에게 그를 어떻게 해야 할지를 묻는다.

7) 요나의 두 번째 대답(12절)

요나는 "나를 들어 바다에 던지라"(1:12)고 말한다. 요나는 아직 하나님께 회개하지 않는다. 오히려 자신이 바다에 던짐을 받아서 죽더라도 아직도 자기의 불순종을 회개하는 데까지 나아가지 않고 있다. 우리 교회의 패역함이 얼마나 뿌리 깊은가? 오늘날 세상 속에서 벌어지는 크고 작은 많은 사건들이 교회의 죄악과 연루되어 있음에도 불구하고 교회는 여전히 망할지언정 회개하는 자리까지 나아가려고 하지 않는 모습을 우리는 요나의 답변에서 보게 된다.

8) 이방인 선원들의 여호와께 대한 기도(13~14절)

요나의 고백을 들은 선원들이 화가 나서 당장 요나를 바다에 집어던질 상황이었다. 그러나 놀랍게도 선원들의 태도는 요나의 마음이 굳은 무관심한 태도와는 달리 생명에 대한 존중함을 보여 준다. 선원들은 요나의 요청대로 요나를 바다에 던지는 대신에 최선을 다해 힘써 노를 저어 배를 육지로 돌리고자 한다. 그러나 이들의 노력은 수포로 돌아가고 만다. 왜냐하면 풍랑을 일으킨 분이 하나님이시기 때문이다. 그래서 선원들의 노력과는 반대로 바다는 점점 더 흉용해져 갔다.

이런 상황에서 선원들은 여호와께 두 번째 기도를 드린다. 선원들의 첫 번째 기도는 단지 알지 못하는 생명을 위협하는 세력에 대한 두려움 때문에 자기들이 믿고 있던 이방신들에게 행한 것이었다. 그러나 이제 선원들은 바른 지식과 경외감을 가지고 여호와께 기도했다. 이 선원들은 요나의 고백을 통해 여호와가 누구인지에 대한 지식이 생겼다. 그래서 이들은 이제 요나가 고백한 바 있는 '바다와 육지를 만드신 분'에게 바른 기도를 드리고 있다. 풍랑이 처음 일어났을 때 두려워하여 자기들이 섬기는 이방신들에게 기도하던 이들이 이제 요나의 고백을 통하여 참되신 하나님 여호와를 알게 되어 여호와께 기도하고 있다.

선원들의 여호와에 대한 이러한 간절한 기도는 요나의 태도와 크게 대조를 이룬다. 여호와께서는 요나에게 니느웨를 쳐서 외치라고 말씀하셨다(2절). 그러나 요나는 그렇게 하지 않았다. 그다음, 선장이 요나에게 요나의 하나님께 기도하라고 요청했다. 또다시 요나는 그렇게 하지 않았다. 요나는 비록 하나님께로부터 직접 말씀을 들었던 히브리인임에도 불구하고 기도하지 않는데, 반면 이제 이방인인 선원들이 요나가 경외했던 그 여호와 하나님께 기도한다.

선원들의 요나의 생명에 대한 존중심과 여호와께 대한 기도는 요나서 3장에 나오는 니느웨 사람들의 회개만큼이나 요나와 요나 시대의 이스라엘 백성들에게는 충격적인 것이었다. 요나와 요나가 대표하는 이스라엘 사람들에게 아주 심각하게 결여되어 있었던, 사람에 대한 사랑과 하나님께 대한 회개가 자연스럽게 이러한 무지한 이방인 선원들에게 일어나고 있었다. 이러한 사건을 통해 하나님께서는 이스라엘 사람들의 편협한 자기중심적인 사고방식을 깨뜨리시고 하나님의 구원은 모든 민족을 향하여 열려 있다는 사실을 일깨우고자 하신다. 이것은 오늘도 여전히 편협하고 폐쇄적인 사고방식을 가지고 세계 선교를 바라보는 교회에게 도전을 준다.

9) 이방인 선원들이 요나를 바다에 던지자 폭풍이 멈춤(15절)

4~16절은 하나님께서 바다에 폭풍을 보내심으로 시작되어 선원들이 요나를 바다에 던짐으로 끝난다. 요나의 도망침으로 야기된 풍랑은 요나를 바다에 빠뜨림으로 잔잔해지게 되었다. 폭풍의 멈춤과 더불어 요나서의 도입 단락에서 제기된 긴장감 중 하나가 예비적인 해결책에 이르게 되었다.

즉 '여호와의 낯을 피해 도망한 자는 어떻게 될 것인가'라는 질문에 대한 대답이 이 구절을 통해 명백해지게 되었다. 여호와의 낯을 피해 바다로 도망친 요나의 경우를 보라! 요나가 탄 배가 큰 풍랑을 만나 더 이상 전진할 수 없게 되었다. 요나가 바다에 던져지자 풍랑은 잔잔해지게 되었다. 요나 혹은 요나와 같이 하나님의 얼굴을 피해 하나님으로부터 도망치려고 하는 자들은 심지어 바다 밑에서조차도 하나님을 피할 수 없음을 배우게 된다(시

139:9).

10) 이방인 선원들이 구원을 받음(16절)

16절은 요나서의 두 번째 장면(4~16절)의 마지막 진술인데 일종의 부록으로써 배 안에 있던 선원들의 반응을 기록하고 있다. 바다에서의 폭풍 사건을 경험했던 선원들의 반응이 세 가지로 기록되어 있다. 첫째, 선원들은 여호와를 크게 두려워했다. 둘째, 선원들은 여호와께 제물을 드렸다. 셋째, 선원들은 서원을 했다.

선원들이 여호와를 크게 두려워했다는 것이 이 전체 장면(4~16절)의 결론으로 제시된다. 선원들은 이전에도 이미 두 번 바다의 풍랑으로 두려워한 적이 있었으며(5절), 또한 요나의 고백을 듣고 두려워한 적이 있었다(10절). 그러한 두려움은 단순한 공포였다. 그러나 16절의 선원들의 두려움은 이전의 두려움과는 다른, 여호와 하나님을 경외하는 두려움이었다. 이러한 두려움은 요나가 고백한 두려움(9절)과 성격을 같이하는, 하나님을 바르게 아는 지식을 가진 자로서의 두려움이었다. 이야기의 전체 과정을 통해 선원들은 처음에는 단순한 공포감(5, 10절)에서 출발해 하나님을 경외하는 두려움에 도달하여, 마침내 하나님과 바른 관계를 맺는다. 하나님께 대한 이러한 두려움은 곧 하나님께 제물을 드리며 서원을 드리는 행동으로 표현되었다. 한때 다른 이방신들을 섬겼던 선원들이(5절) 이제 요나가 고백한(9절) 여호와 하나님을 예배하게 되었다(16절).

여기서 우리는 하나님의 명령을 불순종하며 도망치는 요나를 다루시는 하나님의 솜씨를 본다. 요나의 불순종은 오히려 선원들이 구원을 받게 되는 결과를 낳았다. 얼마나 놀라운 하나님의 솜씨인가? 요나의 불순종과 도망이 하나님의 계획과 목표를 좌절시킬 수 없었다. 오히려 하나님께서는 요나의 불순종까지도 사용하셔서 이 과정에서 선원들을 구원하는 위대한 구속의 드라마를 연출해 내신다. 이 마지막 장면에서 우리는 다음과 같은 도전을 받는다. 하나님께서 요나의 불순종을 통해서도 선원들을 구원하셨다면, 요나의 순종을 통해서는 얼마나 더 큰 일을 하실 수 있겠는가? 우리는 이후 3~4장에서 요나가 니느웨로 가서 복음을 선포하라는 하나님의 말씀에 순종했을 때 일어날 니느웨 사람들의 구원에 관한 소식을 듣게 된다.

　주님의 세계 선교 명령에 불순종할 때조차도 지금까지 끊임없이 세상의 많은 민족을 구원해 오신 하나님께서 교회가 지상명령에 적극 순종하고자 할 때 하나님의 구원의 선물은 얼마나 신속하게 또한 얼마나 풍성하게 모든 미전도 종족에게 미칠 것인가? 그리하여 하나님의 영원 전부터 가지셨던 구원 계획, 하나님께서 구원의 역사를 통해 지속적으로 보여 주셨던 구원의 드라마가 드디어 완성될 것이다. 요나처럼 하나님의 낯을 피해 도망가려고 하는 열심보다, 도망가는 요나를 다시 사로잡아 결국 니느웨를 구원하려고 하시는 하나님의 열심이 더 크기 때문에 교회에게는 오늘도 소망이 있다.

03

요나의 기도
(욘 1:17~2:10)

우리가 선지서에 대하여 생각할 수 있는 일반적인 메시지가 아닌 특별한 내용이 요나서에 담겨 있다. 즉 이방인의 죄악을 용서하기 위해 선지자를 보내어 회개를 요청하시는 하나님, 또 그런 하나님의 뜻을 거역하여 도망치는 전혀 비상식적인 선지자, 그리고 그런 선지자를 열심히 설득하시는 하나님의 모습이다.

그중에서도 가장 특이한 점은 요나가 고기 뱃속에서 불렀던 '감사시' (thanksgiving psalm)이다. 하나님의 함께하심 혹은 구원하심에 대한 찬양과 기쁨을 이 감사시로 노래하고 난 뒤에 모든 문제가 다 해결되었어야 한다. 그러나 사실 그렇지 않고 문제는 형식적으로 해결되었고 선지자 마음속에는 여전히 문제가 남았으며, 그 문제를 다시 처리하시는 하나님의 열심과 사랑을 우리는 그다음 장에서 읽는다. 그러므로 이 감사시가 요나서 전체 속에서 어떤 위치를 차지하며 현재의 의미가 무엇인가를 아는 것이 중요할 것이다.

요나서 전체 속에서의 감사시(2:2~9)의 의미와 메시지

20세기 전반부터 전통적으로 학자들은 이 감사시가 요나서에 원래부터 존재했던 것이 아니라고 여겨왔다.[1] 이 감사시의 내용과 그 사용되는 단어가 문맥에 맞지 않다거나, 내용적으로 볼 때 반항적인 요나가 갑자기 경건한 사람이 되는 것이 정상이 아니라는 등의 이유 때문이었다.

그러나 최근의 학자들은 이 감사시의 내용이나 형식이 주위의 산문과 조화되도록 정교히 만들어져서, 오히려 요나서 전체의 산문 속에서 내용적으로 요나서의 메시지의 역동성을 잘 드러낸다는 쪽으로 설명하고 있다.[2] 가장 중요한 이유는 이 감사시에서 은혜롭게 구원받은 사람이, 다른 사람들이 은혜롭게 구원받는 것에 대해서 불평하는 요나서의 메시지를 잘 드러낸다는 것이다.[3]

또 이 시는 배가 폭풍우 속에서 진행되는 것을 불안하게 바라보다가 드디어 자신이 던져짐을 당하고 수장 될 일발의 위기에서 탈출하여 고기 뱃속에 들어가서 구출된 짧은 순간에[4] 하나님의 섭리와 그 뜻을 깊이 고려하지 못한 가운데서 만들어진 급조된 감사시로써의 성격이 강하기 때문에, 주위의 문맥과 서투르게 조화되는 것으로 여겨질 수 있다.

일반적인 선지서나 구약 메시지의 패턴은 '하나님의 뜻에 불순종 – 심판과 간구, 이어지는 구원 – 하나님의 뜻에 순종'하는 3단계로 이루어진다. 그러나 요나서는 그런 전통적인 패턴을 가질 수 없는 독특한 메시지를 담고 있다. 요나서는 전체적으로 다음과 같은 구조를 지닌다.

> 하나님의 뜻과 요나의 불순종 // 하나님의 훈계와 요나의 돌이킴(1장)
> 요나의 감사(2장)
> 하나님의 뜻과 요나의 순종 // 하나님의 니느웨에 대한 경고와 그들의 돌이킴(3장)
> 요나의 불평과 하나님의 설득(4장)

그런데 4장 이후에 요나가 어떻게 했다는 반응이 없이 갑자기 종결되므로 무엇인가 미진하게 마무리된 것처럼 보인다. 그러나 이런 점들은 오히려 요나서 메시지의 특이성과 역동성을 잘 드러내는 것이라고 할 수 있다.

우선 메시지 전체가 특이하다. 하나님이 이방의 미래적이 아닌 현재적인 구원을 위해서 선지자를 파송하는 것과 같은 열심을 다하시는 모습은 구약에서 예를 찾을 수가 없다. 그리고 그 선지자가 불순종하여 하나님을 피해서 달아나는 모습도 전혀 예외적이다. 그가 큰 고기로 구출되는 장면도 그러하며, 그가 순종했으나 무엇인가 석연치 않은 면을 보인 것도 그러하다. 마지막으로 이방인을 향한 하나님의 자비와 구원을 경험한 신약의 우리들에게는 어이없게 보이는 이 선지자의 불평 역시 그러하다. 또한 이런 선지자를 실물 교훈과 대화로 설득하시는 하나님의 찐득한 열심으로 전체가 마무리되는 점은 요나서를 자세히 읽는 사람들에게는 놀랍도록 특이하다.

그러므로 요나서는 이런 예상 밖의 메시지 진행에 대해서 계속적으로 의문을 품고서 끝까지 읽어갈 수밖에 없는 책이다. 또 다 읽고 나서도 미완성 교향곡을 들은 것같이 완료되지 않은 글을 읽는 느낌이 들어서 다른 책으로 넘어갈 수 없는 불편한 감정을 가지도록 한다. 그래서 다 읽고 나서도 멈추어서 그 의미를 반추해 보도록 요청한다. 음악의 예를 든다면 처음부터 끝까지 불협화음으로 진행되기 때문에 내내 불편한 마음으로 듣고 있으나, 전체를 다시 보면 불협화음이 철저하게 균형을 이룬 것을 발견할 때의 특이함을 요나서는 보여 주고 있다.

이런 전체 속에서 이 감사시는 또 하나의 불협화음을 연주한다. 우선 이 시로 된 부분은 주위의 산문과 화음을 이루지 못한다. 무엇보다도 시의 '형식'(genre)에 있어서 소위 장송곡이나 애가에 쓰이는 '3-2패턴'(3-2 stresses pattern)의 '키나 운율'(qinah-metre 韻律)은 감사시의 내용과는 너무나 불일치한다. 그리고 그 내용에 있어서도 우리가 기대할 수 있는 것이 빠졌다. 즉 요나의 불순종 행위에 대한 진정한 회개는 없고, 대신에 위기에서 구출하여 주신 하나님에 대한 감사가 표현되었다. 진정한 회개가 없는 가운데 드러진 감사의 표현은 문제 해결이 미진했다는 여운을 남기며, 그 과제를 미래에 해결될 것으로 남긴다.

즉 돌이킨 선지자는 3장에서 하나님의 원래의 말씀대로 선포했고 그 결과 선지자의 기대와는 달리 니느웨는 회개하여서 하나님의 용서를 받았다. 그러므로 4장에서 선지자는 하나님께 또 다른 도전을 하고, 이에 대해 하나님은 또 한 번의 실물 교훈을 하신다. 2장에서 진정한 회개가 없이 현실적인 문제 해결을 호소한 결과, 그에 대한 응답을 받고서 드리는 감사와 같은 내용이 있다고 볼 수밖에 없다.

그러므로 2장의 감사는 4장의 도전과 하나님의 설득을 다 알고 나서야 그 진정한 의미를 파악할 수 있다. 2장에서의 불순종에 대한 진정한 회개가 없는 현실적이고 순간적인 문제 해결에 대한 위선적 감사는, 4장에서 또 한 차례의 불순종의 도전과 거기에 맞서는 하나님의 훈계를 예고한다. 궁극적으로 이루어야 할 하나님의 뜻은 2장에는 나와 있지 않다. 그러나 전체를 통하여 하나님의 자비가 이방에 넘치고 그들을 심판에서 구속하려는 것이고, 하나님의 자비가 이스라엘의 원수에게 미치는 것을 받아들일 수 없었던 선지자를 이 책은 소개한다. 결국 이 책의 궁극적인 메시지는 하나님이 이방에 베푸시는 자비로움이라는 사실이라기보다(물론 이런 요소가 있다), 그런 하나님을 받아들이지 못하는 이스라엘에게 교훈하는 것일 가능성이 크다.

감사시의 내용과 형식의 불일치가 주는 의미

내용과 형식에 있어서 이 기도는 특이한 배합을 이루고 있고 이것이 요나서의 독특한 메시지 형성을 돕는다. 먼저 이 감사시의 내용은 정상적인 감사시 장르에서 발견할 수 있는 요소를 포함한다.[5] 즉 '도입(2절)-과거의 고통 묘사(3~6상절)-도움의 호소(7절)-하나님의 구속(6하절)-찬양의 서약과 증언(8~9절)'이다. 둘째로 형식에 있어서 이 감사시는 예레미야 애가에서 반복적으로 나오는 소위 키나 운율이 있다.[6] 고대 히브리 시의 운율을 일반적으로 확증하기 힘들지만, '3-2 패턴'으로 된 이 운율은 장송곡, 애가(哀歌)에 붙여지는 것으로써 오래 전부터 알려져 왔다.

그렇다면 우리는 2장에서 특이한 배합을 본다. 즉 내용은 감사를 말하나 그 형식은 죽음을 애도하는 곡으로 표현되었다. 이처럼 내용과 형식이 특이한 불일치는 요나서가 전달하는 아주 특이하고도 역동적인 메시지를 잘 나타낸다. 즉 감사의 내용을 슬프게 전함으로써 2장이 말하는 것이 진정한 의미의 감사가 아님을 즉각적으로 나타낸다. 이런 사실은 2장에서 이 감사시가 끝나고 난 뒤에도 모든 문제가 다 마무리되지 않고 하나님의 뜻이 원래대로 이루어지지 않음을 예고한다.

감사시로써의 구조와 요나서 전체에서의 의미(욘 2:2~9)

이 감사시는 산문으로 된 도입(1:17)과 결어(2:10) 안에 시가 담겨 있는 소위 'inclusio'(포괄), 혹은 'envelope figure'(봉투 구조)로 이루어졌다.

1:17~2:1 // 감사시(2:2~9) // 2:10

그리고 이 감사시 자체는, 성전 즉 오래된 셈족어의 원리적이고 긴 표현인 '헤이칼 코드쉐카'(קָדְשֶׁךָ הֵיכַל 4, 7절 '당신의 거룩한 큰 집')이라는 '핵심 단어'(keyword)를 중심으로 구성되어 있다.

A 나의 소리: 고난 중에서 하는 호소(2절)
　B 나의 고통스러운 상황: 하나님이 나의 고통을 만드심(3절)
　　C 쫓겨남 그러나 유일한 소망 '당신의 거룩한 큰 집'(4절)
　　　D 나의 삼중 고통(3-2/3-2/3-2패턴)(5~6중절)
　　　D′ 하나님의 구원(3-2패턴)(6하절)
　　C′ 쫓겨남 그러나 유일한 소망 '당신의 거룩한 큰 집'(7절)
　B′ 나의 주위의 고통스러운 상황: 하나님의 은혜를 포기하는 사람들의 형편(8절)

이 구조 속에서 요나는 '당신의 거룩한 집' 이라는 고색창연하고 고전적이며 권위적으로 표현된 하나님의 성전을 자신이 가진 소망의 전부로 생각한다. 왜냐하면 그곳에서 하나님이 나에게 주신 삼중 고통(5~6중절) 중에서도 구원(6하절)을 베푸시기 때문이다. 삼중 고통은 '3-2패턴'으로 된 문장이 셋으로 연결되었고, 반면에 하나님의 구원은 그 마지막에 하나의 '3-2패턴'으로 이루어졌다. 마치 'tricolon-monocolon' 형식처럼 중간 부분(D-D')이 만들어졌고, 여기서 하나님의 구원을 강력하게 표현하고 있다.

그러나 위에서 지적한 바와 같이, 이렇게 구조적으로나 내용적으로 정상적인 감사시의 모습을 가지고는 있으나 이 감사시는 요나서 전체에서 읽지 않으면 이 감사시의 위선적인 의미를 알 수 없다. 하나님이 그에게 주시는 고통의 원인이 무엇인지를 솔직하게 시인하고 하나님의 깊은 뜻에 진정으로 복종하지 않는 가운데서 나타나는 감사는 위선적일 수밖에 없는 것이다. 위선적인 하나님의 종에 대한 하나님의 교훈과 가르침이 요나서의 중요한 메시지라는 점이 드러난다.

개별 분석과 메시지

1. "그 하나님 여호와"(1절)

요나서에서 처음으로 요나가 '그의 하나님'(2:1)과 대면하는 모습을 소개한다. 그 앞에는 일반적인 '여호와'(1:1~3)로, 또는 요나 자신의 입으로 '하늘의 하나님 여호와'라는 일반적인 표현을 사용하였다. 그러나 여기서 여호와는 진정한 의미에서 '요나의 하나님'이 되었다. 그래서 그는 감사시 속에서 "나의 하나님 여호와"(2:6)라고 고백할 수 있게 되었다. 그러나 과연 이런 내밀한 관계의 고백을 하는 가운데서도 그는 '그의 하나님 여호와'의 뜻을 진정으로 깨달았을까?

2. 감사의 이유(2절)

요나서는 전통적인 감사시를 따라서 감사의 이유를 초두부터 명확하게 설명한다. 요나가 고난 속에서 기도하였고, 그 기도에 하나님은 응답하신 것이다. 일반적으로 어떤 상황에서 감사가 나오는 것은 당연하다. 그러나 요나의 상황 속에서 이것이 정당한가? 그에게 관건은 자신에게 왜 이러한 고난이 왔는가를 질문하고 답하는 것이다. 그 고난은 이미 주어진 것으로 치고 그것을 해결해 달라고 외쳤고 거기에 하나님은 응답하셨다. 그러나 그 하나님의 응답이 가지는 다차원적인 성격을 요나는 알지 못하고, 자신의 황급한 문제를 들어주신 하나님으로만 일차원적으로 알고 감사하게 되었다. 하나님은 이 순간에 요나의 기도에 응답하셨다. 그러나 요나의 요구보다 더 깊은 다차원적인 계획을 가지고서 일시적으로 이 기도를 들어주신 것이다. 이 응답에 대한 감사는 문제의 본질을 거쳐 간 것이 아니기 때문에 결과적으로 피상적 감사에 불과한 것이다.

3. 사건의 원인에 대하여 '반진실'(half-truth)로 설명함(3절)

이어서 사건의 원인을 설명하는데, 거기서 모든 원인이 자신에게 있었다는 것을 표현하기보다 하나님이 적극적으로 자신을 그렇게 하셨다고 말한다. '주께서 나를… 던지셨으므로'뿐만 아니라 "주의 파도와 큰 물결"이라면서 그 파도 자체가 하나님이 만드신 것이라고 말한다. 아담을 찾아오셔서 사건의 근본적인 원인을 물으신 하나님에 대하여, 아담은 근본적인 대답을 하기보다 단지 자신이 처한 현상 즉 벌거벗은 것을 발견한 사실(창 3:10 "내가 벗었으므로")만을 말한 것과 동일하다. 원인적 관찰보다는 현상적 관찰로 문제를 흐리고 있다.

4. "주의 목전", "주의 성전"(4, 7절)

논리적으로는 성전을 문자적으로 또는 은유적으로 해석할 수 있다. 그렇지만 성전을 향해서 모든 종교적 행위가 집중된 구약의 일반적인 상황 속에서 전자, 즉 실제적 성전을 사모한다는 해석(시 42:5)이 단순히 하나님 앞에 가기 원한다는 해석보다 나은 것 같다. 이제 3절에서 언급된 실제적 고통 상황은, 4절에서 하나님이 요나를 원리적으로 조치한 데서 나타난 결과일 뿐이다. 즉 요나가 현실적으로 당하는 고난과 죽음의 고통은 그가 하나님 앞에서 쫓겨난 결과일 뿐이다. 그러나 더 정직하고 정확하게 말하자면 자신이 하나님 앞에서 쫓겨난 것이 아니라 자신이 도망쳤을 뿐이다. '그럼에도 불구하고' 그가 피해 갔던 하나님의 성전에 다시 가겠다는 소망을 선포하는 것(4절)은 앞서 행했던 자신의 행동과의 일관성을 흐리는 것이다.[7] 즉 4절의 선포는 사건의 원인과 결과를 명확하게 따지지 아니한 현상적이고 피상적인 문제 처리일 뿐이다. 이 점은 7절의 경우도 마찬가지다. 그의 생명력과 기운이 썰물처럼 빠져나가는 상황 속에서 하나님을 기억하고(7상절), 성전을 향해서 마지막 힘을 모아서 기도를 하는(7하절) 엄청난 집중력을 하나님께 과시한다. 근본적인 변화는 없이.

5. "물… 깊음… 바다 풀… 산의 뿌리… 빗장", '나의 하나님 여호와의 구원'(5~6절)

2~3절에서 이미 말한 상황을 더욱 심도 있게 다루었고, 현란한 문학적인 표현들이 다 동원되었다. 그런 가운데서 베푸시는 '나의 하나님 여호와의 구원'은 더욱 감동적이고 절실할 수밖에 없다. 그러나 이런 것도 요나서 전체에서 보면 요나의 피상성을 더욱 드러낼 뿐이다. 현실적인 죽음의 고통만이 그의 관심일 뿐, 그것이 일어난 원인에 대해서는 침묵하는 피상성을.

6. 이방인과 이스라엘인인 자신의 위대함에 대한 철저한(?) 대조(8~9절)

여기서는 하나님의 은혜를 저버린 이방인과, 감사로 서원을 갚는 정통 이스라엘인인 자신의 행동을 철저하게 대조하면서 감사시를 마무리한다. 일반적인 표현대로 '헛된 것' 즉 우상을 섬기는 사람은 이방인을 의미할 가능성이 더욱 크다. 그런 이방인은 궁극적으로 하나님이 베푸시는 은혜를 저버리는 배은망덕한 자들이다. 그런 사람들과 구분되는 정통 이스라엘인들이 하는 감사의 목소리로 요나는 크게 소리치며 서원을 갚겠다는 것이다. 그러나 진정한 배은망덕은 바로 이스라엘 속에도 있을 수 있음을 그는 보지 못했다. 차고도 넘치는 은혜를 이방을 향해서 베푸시겠다는 하나님의 뜻에 거역하는 자신이 과연 은혜를 저버린 사람이 아닌가?

04
회개하는 자에게는
긍휼의 하나님으로
(욘 3장)

본문의 내용은 하나님께서 한 번 실패한 요나를 다시 불러 어떻게 그처럼 큰 역사를 이루셨는가 하는 기록이다. 그 역사의 내용은 참으로 놀랍다. 단 '하룻길'의 그의 설교가 어떻게 아시리아의 수도 니느웨 안에 회개를 가능케 했을까? 참으로 믿기 어려운 기적이다.

많은 비판주의 학자들은 요나의 물고기 '뱃속에서의 기적'을 고대 신화의 하나로 보려는 그들의 학문적 태도 때문에 '니느웨의 회개' 역시 하나의 신화로 보려는 경향이 있다.

그러나 신화와 기적은 다르다. 신화는 역사성이 없고 기적은 역사적 사건이다. 요나의 사건은 기적이지 신화는 아니다. 예수님께서도 그렇게 말씀하셨다(눅 11:29~30). 어떻게 그런 큰 기적이 가능했을까?

3장을 두 단락으로 나누어 보면 다음과 같다.

요나의 재기와 그의 설교(1~4절)
요나의 설교와 니느웨의 회개(5~10절)

요나의 재기와 그의 설교(1~4절)

하나님께서는 실패했던 요나를 버리지 않으시고 재기의 기회를 주셨다. 물론 이번에 그는 순종했다.

1. 1절

1절에서 "여호와의 말씀이 두 번째 요나에게 임하니라"고 되어 있는데, 여기에서 '두 번째'란 말에 유의할 필요가 있다. 성경을 보면, 실패했거나 낙심했던 자들을 다시 일으켜 불러 주시는 것을 보게 된다. 예컨대 모세, 엘리야, 다윗뿐 아니라 신약의 베드로 사도도 그렇다. 또한 요나의 경우도 그와 유사하다. 그런데 그가 두 번째 명령을 받은 장소는 어디이며 또 시간은 언제인지 분명히 단언하기는 어렵다. 단지 다음 두세 가지 가능성을 생각할 수 있을 것이다. 곧 그가 육지에 올라선 직후인가, 그렇지 않으면 그가 고향으로 돌아갔을 때인가, 또는 예루살렘 성전을 찾아가 거기에 머물러 있었을 때인가? 아마도 세 번째 경우가 설득력이 있는 것 같다. 요나는 물고기 뱃속에서 "내가 말하기를… 다시 주의 성전을 바라보겠다 하였나이다"(2:4), "나는 감사하는 목소리로 주께 제사를 드리며 나의 서원을 주께 갚겠나이다"(2:9)라고 기도했다. 이것을 본다면, 그가 물속에서 나왔을 때는 곧바로 성전으로 찾아가 감사의 제사를 드리며 서원의 예식을 드렸을 것으로 보인다.

주석가 푸세(Puseg)도 말하기를 2절의 '일어나 가라'(Arise! Go!)라는 두 개의 명령형은 장기간 어느 곳에 머물러 있던 자에게 주신 명령이라고 했다. 필자도 그와 의견을 같이한다. 왜냐하면 모든 일에는 대체로 준비 기간이 필요하기 때문이다. 아마도 요나의 경우도 그랬을 것이라고 생각된다. 더구나 그에게는 자기의 때가 오기까지 많은 반성과 묵상의 시간이 더욱 필요했을 것이다.

그는 한 번 불복종으로 실패했던 사람이 아니었던가. 그에게뿐 아니라 하나님 편에서도, '요나의 기적'이 니느웨까지 전파되어 그들에게 알려질 수 있는 시간적 여유를 원하셨을 것 같다. 그렇게 생각되는 것은 옛날 '모세의 기적'과 애굽의 '열 재앙' 때에도 그 소식이 온 세계에 알려져서 "온 천하에 나와 같은 자가 없음을 알게 하리라"(출 9:14)고 하나님께서 말씀하셨고 또 모세에게도 "내가 너를 세웠음은 나의 능력을 네게 보이고 내 이름이 온 천하에 전파되게 하려 하였음이니라"(출 9:16)고 하신 말씀을 보아 더욱 그렇다(참고 눅 11:30).

또 생각건대 '요나의 기적'의 소문이 니느웨에 전파됨과 동시에 하나님께서는 요나보다 먼저 니느웨로 가셔서 그곳 사람들의 '마음의 터'를 닦아 주었을 것으로도 생각된다. 왜냐하면 하나님께서는 주의 종들의 발걸음이 있기 전에 보다 앞서 가는 분이시라는 것을 알기 때문이다(출 13:21; 14:19; 민 10:33; 14:14 등). 하나님께서는 임마누엘의 하나님이실 뿐만 아니라 '우리 앞에서 행하는 왕이시며, 선두로 행하는 여호와'(미 2:13)이시기 때문이다. 그는 주의 백성들에게 약속하시기를 '막힌 담을 헐어 주며 닫힌 길을 열어 주리라'(미 2:13)고 하셨기 때문이다. 요나의 경우도 그 예외일 수 없을 것이다. 그러므로 그분이 '가라'고 명령하신다면 우리는 벌써 그 길이 열려져 있음을 믿고 행함이 성경적 신앙이라 믿어도 무방할 것이다.

2. 2절

계속하여 2절을 보면 "일어나 저 큰 성읍 니느웨로 가서"라고 했다. 그런데 이것을 원문대로 읽으면 '일어나라! 가라!'는 강한 두 개의 명령형이다. 하나님께서 이 같은 명령을 하실 때는 대체로 함께해 주시는 약속의 말씀이 있다. 여기에는 생략되어 있지만 '내가 너와 함께하노라'(임마누엘)는 말씀이 그것이다. 그리고 곧이어 주시는 말씀은 '그러므로 강하고 담대하라'는 것이다 (수 1:6, 7, 9; 학개 1:13; 2:4, 5 등). 이러한 약속과 권면은 예수님께서도 제자들을 이 땅에 남기고 떠나시면서 최후에 주신 약속이기도 하다(마 28:19, 20). 요나에게도 이 원칙에서 벗어나지 않았을 것으로 본다. 그러므로 우리가 요나의 사건에서 배워야 할 것은 하나님께서 '일어나라! 가라!'고 명하실 때는 그 명령에 합당한 능력과 권세가 동시에 부여되어 있다고 믿고 순종해야 한다는 것이다.

이어지는 2하절에서 "내가 네게 명한 바를 그들에게 선포하라"고 하셨다. 그런데 여기에서 '명한 바'[1]란 무엇인가? 그것은 하나님이 요나에게 벌써 주신 어떤 명령을 다시 회상케 하는 말인가? 필자는 그렇지 않다고 본다. 여기의 '명한 바'를 정확히 번역한다면 '명할 바'라고 하는 것이 좋을 것이다. 과거형보다 미래형이 좋은 번역이다(참고 주 1). 그것은 문법적으로는 분사형(קֹרֵא 베르)이다. NASB는 이것을 "which I am going to tell you"라고 했다. '내가 네게 명할 것(message)을 선포하라'는 내용이다.

그렇다면 그 '담긴 뜻'은 '네가 정한 목적지에 이르기 전후에 비로소 어떤 메시지를 주겠다'이다. 이것은 하나님이 주시는 메시지를 기다리며 기도하라는 뜻도 포함된 것이다. 하나님의 말씀을 전해야 하는 설교자들은 만사에 하나님을 바람이 필요하다. 설교자가 아무리 기교가 있고 능숙하다 할지라도 하나님을 바라며 그의 메시지를 기다려야 한다는 암시를 우리는 이 본문에서 찾을 수 있다.

루터(Martin Luther)는 다음과 같이 말했다. "설교는 설교자의 일이 아니라 하나님의 일이다." "설교는 하나님의 일이라고 믿고 하나님을 바라며 기도로 임해야 한다." "힘을 다해 하나님을 바라며 애써 준비하면, 하나님께서 은혜의 복을 내리신다." "네가 설교의 재능에 있어 뛰어갈 수 있다면 뛰어가고, 걸어갈 수 있다면 걸어가라. 그것도 저것도 안 된다면 힘을 다해 기어가라. 그러면 하나님께서는 반드시 그때에 가장 적당한 복을 적당한 자들에게 내리실 것이다."[2]

다시 본문으로 돌아가 보자. 앞서 말한 대로 '그 명할 바'(그 명할 바 메시지)란 무엇일까?[3] 70인역은 그 말의 히브리 원문(Hakkeria)을 '케리그마'라고 번역했다(참고 주 1). 히브리어 맛소라 원문이나 헬라역 70인역에서 이는 처음 나타나는 말이다.

사도 바울은 70인역의 '케리그마'(Kerigma)란 말을 빌려 그가 선포하는 그리스도의 복음을 가리키는 말로 그의 서신에서 처음 사용했다(고전 1:21). 후일 신학자들은 이것을 '십자가의 복음'이라는 신학적 용어로 사용했다. 그러므로 '사십 일이 지나면 니느웨가 무너지리라'는 이 '기한부 메시지'는 그 문장 표현과는 달리 멸망의 저주가 아니라 긍휼과 사죄의 복음을 가리킨다. 다시 말해 '사십 일 안'에 '하나님을 찾으면 살리라'(암 5:4, 5)는 말씀이다. 요나 선지자는 그 메시지를 외치면서도 그 숨은 뜻을 몰랐을 것이다. 그의 진심을 말한다면, 그 메시지의 표현대로 사십 일이 지나면 반드시 망하리라고 그대로 믿고 통쾌함과 흥분한 마음으로 외쳤을 것이다. 그랬기에 하나님이 뜻을 돌이켜 재앙을 거두시는 것을 보자 "심히 싫어하고 노"(4:1)하였던 것이 아니겠는가.

그때까지만 해도 요나의 마음은 굳게 닫혀 있었음이 분명하다. 지극히 편협하고 배타적인 애국심으로 꽉 차 있었을 것이다. 그러기에 그는 니느웨의 용서를 보고 성난 목소리로 "이제 내 생명을 취하소서 사는 것보다 죽는 것이 내게 나음이니이다"(4:3)라고까지 말하게 되었을 것이다. 하나님께서는 그의 편협함을 은근히 꾸짖으시며 "성냄이 어찌 합당하냐" 했으나 요나의 반응은 보이지 않는다. 이스라엘을 사랑하는 그의 애국심이, 니느웨를 미워하는 증오심과 직결되어 있었다는 것은 참으로 슬픈 일이었다. 요나서는 우리를 깨우치는 미완성의 책이다. 요나서는 대답 없는 하나님의 질문으로 끝난다. "하물며 이 큰 성읍, 니느웨에는 좌우를 분변치 못하는 자가 십이만여 명이요… 내가 아끼는 것이 어찌 합당치 아니하냐"(4:11). 이 질문이 요나서의 마지막 말이다. 이 해답 없는 하나님의 질문은 이제 우리가 대답해야 할, 넘어 온 공(볼)이다. 여기에서 우리는 요나서의 선교학적 의미를 본다.

3. 3절

이제 3절을 보자. "니느웨는 극히 큰 성읍이므로 삼 일 길이라"고 했는데 비평학자들은 흔히 말하기를 '삼 일 길'이란 신화적인 과장이라고 했다. 고대에 어찌 그렇게 큰 도성이 있을 수 있겠느냐는 것이다. '삼 일 길'이라면 적어도 직경 300리 가량의 큰 도성일 것인데, 그것은 상상할 수 없다는 것이다.[4] 그러나 여기의 '삼 일 길'이란 단순한 보행자가 아닌 전도자로서 행한 '삼 일 길'임이 분명하다. 다음 구절에 보면 '하룻길'(4절)이란 말이 나오는데, 그것은 곧 그가 이 골목 저 골목, 이리저리 장소를 옮겨가며 말씀을 선포한 그 '하룻길'을 말함일 것이다. 그러므로 그 '삼 일 길'도 전도자 요나에게 있어서의 '삼 일 길'이란 말로 이해해야 할 것이다.

4. 4절

계속하여 4절을 보면 "요나가… 외쳐 가로되 사십 일이 지나면 니느웨가 무너지리라"고 했다. 물론 요나는 역대의 모든 설교자가 그러했듯이 그의 주제를 상세히 풀어서 옛날 소돔과 고모라같이 무너질 것을 말했을 것이다.[5]

그러면 왜 하필이면 사십 일이 '기한부'일까? 히브리 풍속에 숫자는 많은 경우 상징적인 뜻을 가진다. 사십 일이란 흔히 시련의 기간이요, 깊은 기도와 묵상의 기간이요, 회개의 기간이기도 하다. 예컨대 노아 홍수의 사십 일, 모세의 시내산에서의 사십 일, 이스라엘 광야 생활 사십 년, 엘리야 고행 길 사십 일, 예수님의 광야 생활 사십 일 등을 말할 수 있을 것이다.

그런데 "사십 일이 지나면 니느웨가 무너지리라"고 했다. 여기의 사십 일 이라는 이 '기한부'의 경고는 단순한 멸망의 선포가 아니다. 회개와 사죄의 기회를 주기 위함이라고 생각된다. 그러므로 이 '사십 일'이란 표현 속에는 긍휼을 베푸시리라는 '용서의 메시지'(κήρυγμα케리그마)가 담겨져 있다고 할 수 있다.

앞서 "사십 일이 지나면… 무너지리라"는 이 '선포'[6]를 70인역은 '케리그마'로 번역했고, 사도 바울은 그리스도의 십자가의 복음에 연결시켰다고 말했다. 우리는 여기서 '사십 일'이라는 조건부가 갖는 신학적 의미를 좀 더 깊이 생각해 봄이 좋을 것이다.

하나님의 말씀은 확실하다. 하나님의 뜻은 변역되지 않는다. 한 번 선포한 것은 그대로 이루어져야 하고, 또 그대로 이루어진다. 그러나 '조건부'의 뜻은 언제나 유동적이다. 예컨대 하나님께서는 히스기야에게 "네가 죽고 살지 못하리라"(사 38:1)고 했다. 그러나 그것은 선포가 아니었고 '살지 못하리라'는 '미래형 조건부'이다. 그러므로 그는 회개함으로써 수한을 15년 연장받았다. 하나님께서 뜻을 돌이키신 것이다. 니느웨의 멸망은 하나님의 본뜻이 아니었다(참고 애 3:32, 33). 그것이 본뜻이었다면 선지자를 보낼 필요도 없었을 것이다. 요나의 '전도'(케리그마)로 니느웨는 돌이켜 회개했다. 이것이 하나님의 본뜻이었다.

요나의 설교와 니느웨의 회개(5~10절)

1. 5절

요나의 '전도'는 실로 놀라운 기적을 가져왔다. "니느웨 백성이 하나님을 믿고 금식을 선포하고"(5절). 여기에 나타난 대로 그 문맥의 배열을 보면, 그들은 먼저 믿었다. 그리고 금식을 선포했다. 금식에 앞서 믿음이 있었다. 그들은 사십 일이 용서의 기간임을 듣고 하나님을 믿었다. 본문의 표현으로 보면7 그들은 진심으로 하나님을 향하여 믿음으로 반응했음이 분명하다. 그들은 믿었기에 회개하게 되었고 그들은 믿었기에 금식을 선포하게 된 것이다. 흔히 회개를 믿음에 앞세우는 것은 잘못된 교훈이다. 신약의 사도들도 "주 예수를 믿으라 그리하면 너와 네 집이 구원을 얻으리라"(행 16:31)고 했지, 회개를 앞세우지 않았다. 물론 그와 달리 세례 요한은 회개를 앞세웠다. 그러나 그것은 벌써 믿었어야 할 '율법을 받은 유대인들'이었기 때문이다.

어쨌든 그들은 "하나님을 믿고 금식을 선포"(5절)했다. 여기서 금식은 회개의 증표다. 애통하며 호소하는 간절한 심정의 표현이다(삿 20:26; 삼상 7:6; 삼하 12:16). 금식 기간은 사십 일이 아니라 구약 시대의 일반적 규례대로 하루였을 것이다(Ellieott 주석). 짐승들까지 동참했음을 보아 더욱 그렇다. 또 "굵은 베를 입은지라"고 했다. 이것은 그들이 '베옷'을 입었다는 말이 아니다. 당시의 풍속은 오히려 입었던 옷이면 무엇이든지 찢어 버리거나 벗어버린다. 그 대신 베로 허리를 묶거나(창 37:34), 몸에 동이거나 뒤집어쓴다. 때로는 굵은 베 위에 눕기도 한다(왕상 21:27; 욜 1:13 등). '베를 입었다'는 말을 정확히 번역하면 '뒤집어썼다'[8]이다. 이것은 큰 슬픔의 표현이다. 말하자면 회개를 표현하는 간증이다. 예컨대 마음의 믿음을 입으로 말하며 신앙을 고백하는 간증과도 같은 것이다. 이러한 간증을 통하여 그들은 자신들의 신앙을 확증하고 객관화했는데, 옛날이나 지금이나 같은 것이다. 어쨌든 니느웨 왕의 회개는 더욱 철저했다. 그리고 요나는 큰 충격을 받았음이 분명하다.

2. 6절

6절은 "그 소문이 니느웨 왕에게 들리매 왕이 보좌에서 일어나 조복을 벗고 굵은 베를 입고 재에 앉으니라"고 했다. 그는 특별히 일반 백성들과 달리 땅에 앉지 않고 재에 앉았다. 이것은 한없이 낮아짐을 의미한다. 니느웨 왕은 지방의 한 분봉왕이 아니라 아시리아 대제국의 큰 왕이다.[9] 그는 자타가 모두 신의 화신(化身)으로 믿어온 자이다. 그런데 그가 이제 굴복하고 재에 앉았다. 그러나 여기에는 반론이 있을 수 있다. 즉 흔히 중동 사회에서는 전쟁에서 패배한 나라의 왕이 승리한 나라의 왕 앞에서 무릎을 꿇고 재에 앉는, 잠깐 동안의 의식과 같은 것에 지나지 않는다는 주장이다(사 58:5). 그러나 니느웨 왕의 경우는 다르다. 이 본문의 문장 표현이 그것을 증명한다.[10]

3. 7절

그리고 7절에 보면 "왕이… 조서를 내려… 가로되… 짐승이나 소 떼나 양 떼나 아무것도 입에 대지 말지니… 물도 마시지 말 것이며"라고 했다. 그런데 '조서'라고 쓴 히브리어 원문(타암ּטַעַם)은 아람 방언이요, 히브리어에서는 그렇게 쓰이지 않는다. 그러므로 어떤 학자들은 요나서도 에스라, 느헤미야, 다니엘서같이 포로기 이후의 책이라고 하지만 그것은 지나친 학설이다.[11]

어쨌든 그 조서에서는 모든 짐승들까지라도 먹지도 말고 마시지도 말도록 선포했다(참고 각주 5). 고대 동방 풍속에 어려운 일을 당하거나 지도자가 죽었을 때 특별히 짐승들까지도 금식 시킨 일이 있었고 후에는 파사와 유다에도 일시 그런 풍속이 있었다고 보는 학자들도 있다.[12] 요나서에 이러한 기록이 있다는 것은 요나서가 그러한 역사성을 갖고 있다는 하나의 증거 자료가 된다는 점에서 흥미롭다.

4. 8절

그 조서에는 8절이 말하듯 "힘써 여호와께 부르짖을 것이며 각기 악한 길과 손으로 행한 강포에서 떠날 것이라"고 했다. 여기에 '악한 길'(데렉 Way)이라는 단어는 사람이 '걸어온 일생의 과정'(신 28:29; 시 18:32), 혹은 '행동'(애 3:9, 11), 또는 습관(잠 5:6), '한 일'(창 6:12 '행위'), 심지어는 '성격'(시 39:1 '행위')까지도 모두 포함하는 폭넓은 말이다. 이러한 회개의 부르짖음과 행동은 그들의 전인격의 놀라운 변화를 보여 주는 것이라고 생각된다.

그렇다면 요나의 단 '하룻길'의 설교에 어떻게 이런 현상이 나타났을까? 많은 비평학자들은 이것을 의심하여 오히려 요나서를 믿지 못한다. 때문에 '어떻게 단 하루 만에 그런 철저한 회개가 가능했을까'에 대한 역사적 배경과 또 다른 설명을 간단히 정리하면서 이 글을 마치려고 한다.

부기

1. 니느웨 회개의 역사적 배경

주지하는 바와 같이 니느웨를 수도로 하는 아시리아는 당시 중동 지역을 지배하는 세계 국가였다. 그 나라는 주변의 많은 작은 나라들을 압박하고 약탈했기 때문에 이른바 '동방의 망나니'라는 별명을 듣기까지 했다. 특별히 다메섹(수리아)과 이스라엘에게는 항상 직접적 혹은 잠재적 원수였다. 그러므로 요나도 니느웨를 원수로 생각했고 싫어했다.

그런데 한 번은 아시리아가 다메섹을 침략했다. 물론 그다음은 이스라엘 차례였다. 당시 이스라엘의 여호아하스(여로보암 2세의 아버지) 왕 때에 하나님께서는 그의 간절한 기도에 따라 이스라엘에 '한 구원자'를 보내셨다고 했는데(왕하 13:5), 성경에는 그 구원자가 누구였는지 분명한 언급이 없다.[13] 그러나 역사의 기록을 추적해 보면, 그 구원자는 다름 아닌 이스라엘의 원수, 곧 아시리아였다.[14] 어떻게 아시리아가 오히려 이스라엘의 구원자가 되었을까? 그 이유는 이렇다. 앞서 말한 대로 당시 이스라엘에게 아시리아는 잠재적인 큰 원수였고, 다메섹은 직접적인 원수였다. 그런데 그때 아시리아가 다메섹을 침략함으로 다메섹은 심히 약해졌다. 그러므로 이스라엘은 다메섹의 굴레에서 벗어나게 되었다. 이런 의미에서 아시리아는 이스라엘의 구원자가 된 것이다.

그런데 당시 국제 정세의 변화로 아시리아는 이스라엘을 손대지 못하고 다메섹을 그대로 버리고 본국으로 후퇴하고 말았다. 그것은 아시리아가 북쪽 '아라랏'이라는 신흥 제국의 공격을 받았기 때문이다. 그때 아시리아는 완전히 아라랏 제국에게 패전하고 말았다. 아시리아는 패전 후 무서운 전염병과 흉년과 기근으로 말할 수 없이 곤고해지고 피폐해졌다. 더구나 그때에 아시리아에는 설상가상으로 태양이 완전히 사라져 없어지는 큰 일식이 있었다.[15] 천체(天體)를 숭배하고 태양을 우상으로 삼는 아시리아에게는 참으로 놀랍고 두려운 천체의 변화였다. 그들은 곧 공포에 질리게 되었다. 바로 이때 하나님께서는 요나를 니느웨로 보내셨던 것이다. 아시리아의 당시 형편은 문자 그대로 복음을 받아들이기에 적당한 환란의 '희어진 밭'이었다. 하나님께서는 이렇게 세속적인 역사까지도 주관하시면서 요나의 선교를 성공케 했고 니느웨를 구원케 하셨던 것이다. '모든 역사는 하나님의 수중에서 움직인다'는 아우구스티누스의 말이 여기서 더욱 실감난다.

2. 왜 하필이면 요나를 니느웨로 보내셨을까

'하나님께서 니느웨의 멸망을 불쌍히 여겨 선지자를 보내셨다'(4:11)는 말씀을 성경의 기록대로 선교학적으로 설명할 수 있을 것이나, 여기에서 우리는 먼저 구속사적으로 살펴봄이 필요할 것이다. 다시 말하면 요나를 앞서 보낸 것은 후일 포로로 끌려갈 이스라엘을 위해서라고 볼 수 있다는 것이다. 그것은 마치 요셉을 애굽으로 먼저 보내셨던 것과 흡사하다. 아시리아가 먼저 여호와를 알았기 때문에 여호와의 백성들은 거기서 종교의 자유를 누릴 수 있게 되었다고 본다. 그들은 거기에 정착하여 살 수 있는 기업 즉 호세아의 예언대로 거기서 '포도원의 기업'을 얻고, '아골 골짜기로 소망의 문을' 삼게 되었던 것이다(호 2:15). 이스라엘은 유다와 같이 다시 본국으로 돌아오지 못했으나 그 남은 자들은 이른바 영적 이스라엘이 되었고(호 1:10), 이방의 남은 자들의 대표자요 그 맏아들이 된 것이다. 호세아는 그들이 앞으로 받게 될 축복을 예언하여 말하기를 "유다 자손과 이스라엘 자손이 함께 모여 한 두목을 세우고 그 땅에서부터 올라오리니"(호 1:11)라고 했다. 그런데 이 예언은 그대로 유다 족속과 이스라엘이 함께 모여 그리스도의 교회를 이루는 신약 시대를 말한 것이다. 여기의 이스라엘은 이방의 남은 자를 포함한 영적 '온 이스라엘'을 말한다(롬 11:26; 9:24, 25). 이처럼 요나의 메시지는 니느웨를 구원할 뿐만 아니라 마침내는 이스라엘을 구원하여 영적 이스라엘의 맏아들이 되게 했다.

요나의 분노
(욘 4장)

사울은 다윗에 대한 질투와 피해의식에 사로잡혀 평생을 분노와 두려움과 외로움 가운데 어둡게 지냈다. 사울의 분노는 하나님도 다윗도 떠나게 하였고, 수많은 사람들의 가슴에 깊은 상처를 주었다. 이런 사울을 생각할 때 분노를 잘 다스려야 되겠다는 결심을 새롭게 하게 된다. 이제 요나의 분노를 살펴보자.

"여호와께서 이르시되 너의 성냄이 어찌 합당하냐 하시니라"(욘 4:4).

요나가 분노한 이유는 무엇이었을까?

요나가 분노한 이유

첫째로, 니느웨 백성에 대한 증오심 때문이었다. 1절은 "요나가 심히 싫어하고 노하여"라고 말씀한다. 요나가 그처럼 싫어한 까닭은 무엇이었을까? 3:10이 그 이유를 밝혀 주고 있다. 요나는 니느웨 백성이 회개하여 하나님의 재앙을 받지 않게 되는 것을 싫어했다. 니느웨 백성에 대한 요나의 증오심은 벌써 오래 된 것이었다. 그는 고국에 있을 때부터 니느웨 백성을 미워하였다. 요나는 불만을 토로했다.

"여호와여 내가 고국에 있을 때에 이러하겠다고 말씀하지 아니하였나이까 그러므로 내가 빨리 다시스로 도망하였사오나"(욘 4:2).

요나가 다시스로 도망한 이유는 니느웨 백성이 하나님의 말씀을 듣고 회개하는 것을 처음부터 바라지 않았기 때문이다. 오히려 그는 니느웨가 망하기를 소원한 사람이었다.

왜일까? 니느웨 백성이 괴로움과 위협을 주기 때문이었을까? 그들의 우상 숭배 때문이었을까? 요나의 편협한 민족 감정 때문이었을까? 그가 니느웨 백성을 왜 미워했는지는 성경이 분명히 밝히고 있지 않다. 그러나 한 가지 분명한 사실은 요나가 니느웨 백성에게 평소에 심한 증오심을 품고 있었다는 것이다. 그의 분노는 이 증오심에서 나온 것이었다.

둘째로, 습관화된 분노 때문이었다. 요나는 니느웨 백성이 재앙을 면한 것을 싫어했다(1절). 또한 박 넝쿨이 시든 것을 인하여 성을 냈다(9절). 요나는 마음에 안 드는 일이 있을 때마다 분노를 터뜨렸다. 그의 '습관화된 분노'는 틈만 있으면 또 다른 분노를 자극하였다.

셋째로, 극단적인 사고방식 때문이었다. 3절에서 요나는 "여호와여 원컨대 이제 내 생명을 취하소서 사는 것보다 죽는 것이 내게 나음이니이다"라고 말하였다. 8절에서도 시들어 버린 박 넝쿨 하나를 인하여 "사는 것보다 죽는 것이 내게 나으니이다"라고 하였다. 또한 9절에서도 자기를 책망하시는 하나님께 "내가 성내어 죽기까지 할지라도 합당하니이다"라고 하였다.

한편 6절에서는 박 넝쿨이 자기 위를 가려 그늘이 지게 하자 심히 기뻐하였다. 요나는 마음에 드는 것이 있으면 '심히 기뻐'하다가도 마음에 들지 않는 것이 있으면 그 대상이 니느웨 백성이든 박 넝쿨이든 하나님이시든 간에 좀 참으면 될 일을 차라리 죽는 것이 낫다고 하며 분노를 터뜨리는 것을 확인할 수 있다. 요나의 분노는 이와 같이 극단적인 사고방식으로 인하여 더욱 심화된 것으로 볼 수 있다.

요나가 분노한 과정

이제 요나가 분노한 과정을 보면 1절이 증거 하는 바와 같이 먼저 체내에서 분노의 감정이 분출되었다. 다음에 2절이 보여 주는 바와 같이 말로써 하나님께 불만을 토로하였다. 그다음에는 3, 8, 9절의 말씀에서 확인되는 바와 같이 자기 분에 못 이겨 죽기를 구하였다. 가인과 모세와 사울의 경우에는 분노의 대상이 다른 사람들이었다. 그런데 요나의 경우에는 자기 자신도 포함되었다는 데에 차이가 있다.

요나가 분노한 결과

첫째로, 하나님의 책망을 받았다. 하나님께서는 요나를 책망하여 말씀하시기를 "너의 성냄이 어찌 합당하냐"(4절)고 하셨다. 9절에서도 "네가 이 박넝쿨로 인하여 성냄이 어찌 합당하냐"고 하셨다. 요나의 분노는 합당치 못한 것이었다. 그가 책망을 받은 것은 당연한 일이었다.

둘째로, 자기의 어리석음이 드러났다. 끝까지 분을 풀지 않는 요나를 향하여 하나님께서는 말씀하셨다.

"네가 수고도 아나하였고 배양도 아니하였고 하룻밤에 났다가 하룻밤에 망한 이 박 넝쿨을 내가 아꼈거든 하물며 이 큰 성읍, 니느웨에는 좌우를 분변치 못하는 자가 십이만여 명이요 육축도 많이 있나니 내가 아끼는 것이 어찌 합당치 아니하냐"(욘 4:10~11).

4장은 11절로 끝맺고 있다. 요나는 아무 말 없이 책을 끝맺는다. 그것은 요나가 자기의 어리석음을 알고 더 이상 하나님 앞에 입을 열지 않았다는 증거라고 믿어진다. 합당치 못한 분노를 폭발한 결과 자기의 어리석음만 드러나고 말았다.

셋째로, 자기만 피곤해졌다. "내가 성내어 죽기까지 할지라도 합당하니이다"(9절)라고 말하며 하나님 앞에 대드는 요나의 모습을 보며 무엇을 느끼는가? 분노가 극도에 달한 요나는 영육 간에 몹시 피곤하지 않았겠는가? 그처럼 분노가 많았던 요나가 혈압으로 쓰러지지 않은 것은 기적이라는 생각이 들지 않는가? 합당치 않은 분노를 그처럼 품으면 결국 아무 유익도 없이 자기만 피곤해지고 만다. 요나처럼 분노 중에 나날을 보내는 사람은 머지않아 건강을 잃게 될 수가 있다.

요나의 극복

그렇다면 요나의 분노를 극복하는 길은 무엇일까? 요나의 분노가 우리를 지배하지 못하도록 우리 자신을 지키려면 어떻게 해야 할까?

1. 증오심 해결

첫째로, 증오심을 즉시 해결해야 한다. 풀지 않는 증오심은 분노의 노예가 되어 인간관계를 파괴하게 만든다. 분노를 습관화시키는 것이 증오심이다. 마음속에 누군가 미워하는 사람이 있다면 그 미움을 주님의 십자가 앞에서 즉시 해결해야 한다. 그 증오심이 해결되어야 요나의 분노를 극복할 수 있다.

우리 가슴에 못질을 하면서도 도무지 잘못했다는 생각조차 못하는 사람이 있다면 주님의 말씀을 기억해야 한다. 주님은 누가복음 23:34에서 자기를 십자가에 못박는 사람들을 위하여 "아버지여 저희를 사하여 주옵소서 자기의 하는 것을 알지 못함이니이다"라고 기도하셨다. 원수를 미워하면 그 원수가 주는 피해에다가 자기 자신의 증오심이 주는 피해까지 겹쳐서 이중으로 손상을 입게 된다. 차라리 불쌍히 여기는 마음으로 그들을 위하여 기도하고 원수 갚는 것을 주님께 맡기게 되면, 마음에 여유가 생겨 다른 일에 지장을 덜 받게 된다.

"내 사랑하는 자들아 너희가 친히 원수를 갚지 말고 진노하심에 맡기라 기록되었으되 원수 갚는 것이 내게 있으니 내가 갚으리라고 주께서 말씀하시니라 네 원수가 주리거든 먹이고 목마르거든 마시우라 그리함으로 네가 숯불을 그 머리에 쌓아 놓으리라 악에게 지지 말고 선으로 악을 이기라"(롬 12:19~21).

2. 분별

둘째로, 합당한 분노인지 먼저 분별해야 한다. 하나님께서는 요나의 분노가 합당치 못한 것이었음을 지적하셨다. 우리는 화를 낼 때 주님 앞에서 그것이 합당한 분노인지 아닌지를 먼저 살펴서 분별하는 것을 게을리하지 말아야 한다. 합당치 못한 분노라면 즉시 그것을 시정하도록 해야 한다. 합당한 분노라도 그것이 지나치거나 죄를 짓는 데로 발전하지 않도록 억제해야한다. 평소에 그렇게 하는 버릇을 들이면 요나의 분노를 줄이거나 예방할 수있을 것이다.

"어리석은 자는 그 노를 다 드러내어도 지혜로운 자는 그 노를 억제하느니라"(잠 29:11).

3. 습관화 방지

셋째로, 분노가 습관화되지 않도록 해야 한다. 요나같이 박 넝쿨 하나를 놓고도 한 번 화를 내게 되면 비슷한 상황에서 쉽사리 화를 낼 수가 있다. 이

것이 반복되도록 방치해 두면 이내 습관이 된다. 분노가 일단 습관화되면 고치기가 어렵다. 습관이 되기 전에 해결하도록 힘쓰는 것이 요나의 분노를 막는 데에 도움이 된다.

4. 극단적 사고방식 처리

넷째로, 극단적인 사고방식을 정리해야 한다. 요나는 박 넝쿨 하나를 놓고도 심히 좋아하다가 이내 성을 내어 죽기를 구하였다. 그는 극단적인 사고의 노예가 되어 있었다. 극단적인 사고방식에 사로잡힌 사람은 대개 고집이 강하여 타협할 줄을 모른다. 하나님의 뜻이 어디 있는지 알면서도 자기주장을 굽히지 않는다. 요나가 그런 사람이었다.

2하절에서 요나는 "주께서는 은혜로우시며 자비로우시며 노하기를 더디하시며 인애가 크시사 뜻을 돌이켜 재앙을 내리지 아니하시는 하나님이신 줄을 내가 알았음이니이다"라고 말했다. 요나는 하나님께서 니느웨 백성을 회개시켜 재앙을 내리지 않으실 것을 예측하고 있었다. 하나님이 그들을 아끼시는 것을 알았을 뿐만 아니라, 하나님이 그들의 멸망을 기뻐하지 아니하시는 것을 깨닫고 있었다.

그럼에도 불구하고 요나는 개인적인 감정 때문에 니느웨 백성에게 재앙을 내려야 한다고 하나님께 억지를 썼다. 그는 니느웨 백성이 망하든지 아니면 자기가 망하든지 둘 중에 한 길을 택할 수밖에 없다는 극단적인 흑백 논리를 전개하였다. 하나님께서는 요나와 니느웨 백성 둘 다 재앙을 면하는 것을 원하셨으나 요나는 둘 중에 하나를 택해야 한다고 주장했다. 물고기 뱃속에서 살아나온 그가 이런 고집을 부린다는 것은 있을 수 없는 일이었다. 이러한 극단적인 사고방식을 하루 속히 정리해야 한다. 그리할 때 요나의 합당치 못한 분노를 예방하고 해결할 수가 있다.

맺는 말

요나가 그처럼 싫어했던 니느웨 백성을 우리 주님은 사랑하신다는 것을 기억하자. 또한 요나가 아무리 성을 내고 고집을 부려도 결국에는 그의 합당치 못한 분노를 깨우쳐 바로잡아 주신 하나님의 사랑을 잊지 말자. 선교사로서뿐만 아니라 한 신자로서도 인격적인 결함이 많았던 요나를 끝까지 고쳐 가면서 사용하신 하나님의 은혜를 깊이 묵상해 보자. 그 은혜를 인하여 다시금 용기를 얻고 요나의 분노를 극복하기로 마음에 다짐하는 삶에 성령의 도우심으로 구체적인 변화가 일어날 것이다.

II. 본문연구

01

여호와, 그는 창조자시요 만물의 통치자이시다

요나 1:1~16 주해와 적용

"내가 주의 신을 떠나 어디로 가며 주의 앞에서 어디로 피하리이까 내가 하늘에 올라갈지라도 거기 계시며 음부에 내 자리를 펼지라도 거기 계시니이다 내가 새벽 날개를 치며 바다 끝에 가서 거할지라도 곧 거기서도 주의 손이 나를 인도하시며 주의 오른손이 나를 붙드시리이다"(시 139:7~10). 인간이 하나님이 창조한 세계에서 하나님을 피해 숨을 곳이 있는가? 이 질문에 대한 답을 시인은 위와 같은 고백으로 대신한다. 모든 세계가 하나님의 피조물이며 만물이 그의 통치 아래 있기 때문에 하나님의 피해 숨을 수 있다는 생각 자체가 어리석은 것이다. 1장의 이야기는 마치 시편 139:7~10의 내용을 생생하게 보여 주는 드라마같이 보인다. 요나가 여호와의 얼굴을 피해 저 바다 끝으로 가려 하지만 여호와는 그곳에 계셨고 오히려 요나가 피하기 위해 선택한 장소와 도구를 다스리고 계셨다. 여호와는 만물의 통치자이기 때문에 그에게 대항하는 자를 심판한다. 1장은 만물의 통치자 여호와의 명령을 거부한 요나를 비롯해서 자연 만물과 사람들을 어떻게 다스리는지, 또한 여호와의 통치를 거부한 자에 대한 하나님의 공격이 무엇인지 잘 보여 준다.

요나서의 독자는 누구인가? 요나서 독자는 니느웨 백성이 아니라 바로 이스라엘 사람들이다. 주전 8세기 정치적·경제적으로 풍부한 세계를 경험하면서도 종교적으로 타락하여 자신의 본질적 사명을 망각한 이스라엘 백성이 독자이다. 선지자 요나의 모습은 하나님의 명령에 불순종한 이스라엘 백성을 보여 준다. 요나는 불순종한 자신의 모습을 통해 감각을 상실하고 지나치게 교만한 이스라엘 백성을 일깨우려 한다. 어쩌면 요나서의 요나는 세상에 있는 죄인들에 대한 관심보다 물질적 풍요와 철저하게 자중심적인 현대 그리스도인과 교회를 반영하고 있는지도 모른다. 우리는 요나서를 통해서 철저하게 이기적이고 교만한 우리 자신을 발견할 뿐 아니라 타락한 세상의 사람들이 회개하여 구원에 이르는 것을 간절히 소망하는 하나님의 마음을 깨달아야 한다. 그래서 우리를 그분의 백성으로 부르신 하나님의 궁극적인 목적을 되새겨야 한다.

본문의 개요: 문학적 구조(욘 1:1~16)

1~16절은 크게 두 단락으로 구분된다. 첫째 단락(1~3절)은 표제(1절)와 여호와의 명령(2절)과 요나의 반응(3절)을 다루며, 요나서를 위한 배경을 제공한다. 둘째 단락(4~16절)은 불순종한 요나에 대한 여호와의 심판을 다룬다. 일반적으로 학자들은 이 단락이 다음과 같은 문학 구조를 형성하고 있음에 동의한다(Leslie C Allen, 1976: 197~198). 이러한 문학 구조를 통해 여호와는 창조자이요 만물의 통치자임을 선언한다.

> A 여호와와 선원들의 행동(4~5절)
>
>   B 선장과 요나의 대화(6~8절)
>
>   X 요나의 고백(9~10절)
>
>   B′ 선원들과 요나의 대화(11~13절)
>
> A′ 여호와와 선원들의 행동(14~16절)

AA′에서는 '던지다', '두려워하다', '부르짖는다'라는 어휘들이 평행을 이룬다. A에서 여호와는 큰 바람을 바다 위에 던진다. 그러자 큰 폭풍이 바다

위에 일어난다. A´에서 선원들은 요나를 바다 위에 던진다. 그러자 큰 폭풍이 그친다. A에서 선원들은 큰 폭풍 때문에 두려워한다. 그러나 A´에서 선원들은 여호와를 두려워한다. A에서 선원들은 그 두려움 때문에 자기 신들에게 부르짖는다. 그러나 A´에서 그들은 이 모든 사건의 원인이신 여호와께 부르짖는다.

BB´는 선장/선원들과 요나의 대화로 평행을 이룬다. B에서 선원들은 이 재앙이 누구 때문에 임하였는지 알아보기 위해 제비를 던진다. 그러나 B´에서 요나는 이 재앙이 자기 때문이라고 말한다. 그리고 그 중심에 요나의 고백(9~10절)이 자리한다. 그 고백의 핵심은 두 가지다. 하나는, 자신이 바다와 육지를 지으신 하늘의 하나님 여호와를 경외하는 자라는 것이다. 다른 하나는, 자신이 여호와의 얼굴을 피하였다는 고백이다. 따라서 이 문학 구조는 여호와께서 창조주시요 만물의 통치자라는 사실을 보여 주며, 동시에 그 하나님이 진정한 두려움(경외)의 대상임을 선포한다.

본문 주해

1. 여호와의 명령과 요나의 불순종(1~3절)

1~3절은 표제(1절), 여호와의 명령(2절), 요나의 반응(3절)으로 구분된다. 표제는 요나서의 성격과 역사적 배경과 선지자 요나에 대한 배경을 소개한다. 2~3절은 '일어나다'라는 동사와 '얼굴'이라는 명사의 반복이 내부 구조를 결속한다. 2~3절은 명령과 반응이 한 쌍으로 한 단락을 이루어 요나서를 위한 배경을 제공한다.

1) 표제(1절)

표제(1절)는 독자들에게 두 가지 정보를 준다.

첫째, 요나서의 문학 장르에 대한 정보이다. '여호와의 말씀이… 임하니라.' 이 문장 스타일은 다른 예언서들의 전형적 표제와 다르고(호 1:1; 욜 1:1, 미 1:1, 습 1:1). 오히려 여호와의 말씀을 선지자들이 수납하는 양식이다. 스튜어트(D. Stuart)는 요나서를 예언적 역사 내러티브로 정의한다. 따라서 이 표제는 요나서가 여호와께서 요나에게 주신 예언의 말씀이라는 것을 제공한다.

둘째, 이 표제는 여호와의 말씀의 수신자에 대한 정보이다. 표제는 여호와의 수신자가 요나이고, 그가 '아밋대의 아들'이라고 보고한다. 어떤 사람들은 '요나'라는 이름의 의미에 주목한다. 그들은 '비둘기' 혹은 '억압, 포악'이라는 의미(A. J Hauser 1985:22, 우택주, 131)의 '요나'를 주목한다. 그리고 방향 감각을 잃어버린 어리석은 비둘기와 같은 요나(참고 호 7:11~12), 하나님을 억압하고 하나님께 횡포 부리는 요나를 상징적으로 표현한다고 본다. 또한 '진리의 아들'(아밋대의 아들)이라는 의미의 '요나'를 주목한다. 이런 입장은 표제에 담긴 문학적 기능에 초점을 두었다. 그럼에도 불구하고 독자들은 이 표제가 담고 있는 역사적 인물로서 요나를 주목해야 한다. 공교롭게도 열왕기하 14:25은 요나 1:1과 동일한 문구로 '아밋대의 아들 요나'를 소개하고 그가 가드헤벨 출신이라는 정보를 제공한다. 열왕기하 14:25은 여로보암 II세가 하맛 어귀에서 아라바 바다까지 이스라엘 땅의 경계를 회복한 것은 여호와께서 요나를 통해서 말씀하신 것의 성취라고 언급한다. 이것은 요나서가 역사적 내러티브로 구성된 하나님의 계시의 말씀이라는 사실을 보여 준다.

2) 여호와의 명령(2절)과 요나의 반응(3절)

2~3절은 여호와의 명령(2절)과 요나의 반응(3절)을 기록한다. 여호와의 명령에는 '일어나라', '가라', '외치라'라는 세 동사의 명령형이 사용되었다. 첫째와 둘째 동사의 명령형은 하나의 쌍을 이루어 신속한 행동과 반응을 요청하는 관용어로 사용된다(참고 왕상 17:9~10; 렘 13:6). '일어나 가라'의 목적지는 '큰 도시 니느웨'이다. 니느웨는 주전 약 4500년부터 고대 아시리아의 주요 도시 중 하나로 티그리스강 동쪽에 위치했다. 스미스는 '큰 도시'라는 의미를 그 도시의 규모로 국한하여 이해하려고 하지만, 스튜어트는 '크다'에

해당하는 히브리어 '하게돌라'(הַגְּדוֹלָה)를 '중요한'이라는 의미로 해석한다. 그러나 요나서 전체적인 문맥에서 볼 때 '하이르 하게돌라'(הָעִיר הַגְּדוֹלָה)라는 어휘는 단순히 '도시의 규모'라는 의미를 넘어 특별히 여호와와의 관계에 있어서 '중요한 도시'라는 의미가 있다. 셋째 동사 '외치라'는 그 중요한 도시 니느웨에 (여호와의 말씀을) 선포하라는 요나의 사명을 전달한다. 특별히 '외치라'는 명령 뒤에 오는 문장은 그 이유를 설명한다. '왜냐하면 그들의 악이 내 앞에 올라왔기 때문이다'(사역). 이 문장은 니느웨의 악이 여호와의 면전으로 올라가는 영상 기법을 통해 회화적으로 표현한다. 여기에 아이러니가 있다. 여호와께서 중요시 여기는 도시 니느웨에서 악이 피어 올라, 여호와께서 참을 수 없는 상황에 도달했다는 것이 아이러니다. 이런 아이러니가 니느웨뿐이겠는가! 하나님의 창조 세계가 악으로 가득하지 않은가! 그럼에도 불구하고 하나님은 그 세계를 중요하게 여기고 요나에게 여호와의 말씀을 선포하라고 사명을 부여하듯이 현대 그리스도인들에게 그 사명을 부여하고 있지 않는가! 요나서는 처음부터 악한 세계에 대한 하나님의 관심으로 시작한다.

그렇다면 요나의 반응은 무엇인가? 3절에 기록된 요나의 반응은 대칭 구조라는 문예 형식을 통해 전달된다.

    A 요나가 여호와 앞(얼굴)에서 다시스로 도망하기 위해 일어섰다(3a절)

      B 그가 욥바(야포)로 내려갔다(3b절)

        C 그가 다시스로 가는 배를 발견했다(3cA절)

        C′ 그가 뱃삯을 주었다(3cB절)

      B′ 그가 배 안으로 내려갔다(3dA절)

    A′ 여호와 앞(얼굴)에서 다시스로 그들과 함께 가기 위하여(3dB절)

AA′는 요나가 일어선 목적을 설명한다. 2절에서 여호와는 '일어나 가라'고 명령했다. A는 요나가 그 명령대로 '일어섰다'(וַיָּקָם바야콤)고 보고한다. 그러나 목적을 설명하는 부정사는 요나가 일어난 목적이 '다시스로 도망하기 위해'라고 서술한다. 특별히 저자는 '여호와 앞에서', 좀 더 직역하면 '여호와의 얼굴에서'라고 표기함으로 요나의 도망의 구체적인 목적이 여호와의 얼굴에서 벗어나는 것임을 보고한다. A′는 다시 '여호와의 얼굴에서'라는 단어를 반복 사용하여 요나의 목적을 다시 강조한다. 또한 그 목적지가 다시스라는 사실을 재차 강조한다. 이것은 여호와의 목적지 니느웨와 요나의 목적지 다시스의 차이가 분명하게 다르다는 사실을 보여 준다. 특별히 '그들과 함께'라는 표현을 통해서 뒤따르는 사건을 준비한다. 이런 표현은 2절과 비교할 때 선지자 요나의 무지 혹은 어리석음을 드러낸다. 2절에서 니느웨의 악은 '여호와의 얼굴'에서 벗어날 수 없었다. 그런데 3절에서 그 사실을 잘 알고 있을 법한 선지자 요나는 '여호와의 얼굴에서' 벗어나려고 한다. 여호와 앞에 서는 것이 여호와를 섬기는 자들의 기본자세이다. 그런데 요나는 여호와의 종 선지자로서 그 기본자세를 포기한다.

BB′는 '내려가다'라는 어휘를 통해 요나의 행동을 표현한다. BB′는 그 자체로 점층적 성격을 띤다. B에서 요나는 욥바 즉 항구 도시로 내려간다. 그후 B′에서 요나는 배 안으로 내려간다. CC′는 BB′를 연결하면서 여호와의 얼굴을 벗어나기 위한 그의 행동을 묘사한다. 특별히 '배를 발견했다'와 '뱃삯을 주었다'의 평행은 여호와의 종 요나가 여호와의 명령에 대한 대가를 지불하는 것이 아니라 자신의 목적을 성취하기 위해 그 대가를 지불하고 있음을 주목하게 한다. 결국 3절은 요나가 여호와의 얼굴을 벗어나 다시스로 도망하기 위해 대가를 지불했음을 보고한다.

2. 여호와 그는 하늘과 땅과 바다의 창조자이다(4~16절)

4~16절은 세 개의 장면(4~6, 7~13, 14~16절)이 서로 긴밀한 관계 속에 불순종한 요나에 대한 하나님의 공격을 다룬다. 이 에피소드에서 여호와는 하늘과 땅과 바다의 창조자임과 동시에 만물을 다스리는 자로 소개된다.

1) 여호와께서 바람을 바다에 던지다(4~6절)

4~6절은 세 단위(4, 5abc, 5d~6절)가 한 쌍을 이루어 4~16절을 위한 배경 역할을 한다. 4ab절은 이렇게 시작한다. '여호와께서 큰 바람을 바다에 던졌다. 그러자 큰 폭풍이 바다에 있었다'(사역). 이 표현은 큰 폭풍이 하나의 자연 현상이 아니라 하나님의 의도가 있는 사건임을 드러낸다. 고대 근동의 사고는, 바다는 신의 통제 아래 있을 뿐 아니라 인간이 조정할 수 없는 혼돈의 힘으로 구체화 되어 있었다(참고 시 24:2; 33:7; 65:7; 74:13; 77:19; 89:9; 114:3, 5; 사 27:1; 51:10; 63:11; 렘 5:22; 31:35). 그러나 본문은 그 무서운 현상의 통제자가 바다의 신이 아니라 하나님이심을 선언한다. 시편은 이렇게 진술한다.

"여호와께서 명하신즉 광풍이 일어나서 바다 물결을 일으키는도다 저희가
하늘에 올랐다가 깊은 곳에 내리니 그 위험을 인하여 그 영혼이 녹는도다"
(시 107:25~26).

위의 고백은 여호와를 자연을 다스리는 통치자로 선언한다. 또한 4ab절과 함께 하나의 피조물인 바람과 바다도 여호와의 명령에 순종함을 보여 준다. 특별히 저자는 하나님의 통치 결과를 의인법을 사용해 '그 배가 깨어지게 되었다고 생각했다'고 표현한다. 저자는 이 수사법을 통해서 배 조차도 여호와의 통치 결과를 인지하고 있는 것으로 표현한다. 특별히 '깨어지다'로 해석한 히브리어 '솨바르'(שָׁבַר)는 종종 하나님의 심판을 표현할 때 사용된다(참고 호 1:4). 따라서 이 폭풍은 단순한 자연 현상이 아니라 불순종한 요나에 대한 하나님의 심판이며 공격임을 말해 준다.

5abc절은 하나님의 행동에 대한 선원들의 반응을 세 동사를 사용해 전달한다. 첫째 동사 '두려워하다'는 선원들의 정서적 반응이다. 그들은 주변에서 발생한 긴급한 상황에 지배되어 두려워한다. 둘째 동사 '부르짖다'는 위협의 상황에서 도움을 위한 간청을 표현한다. 그 대상은 '그들의 신들'이다. 선원들은 자신의 신앙에 근거해 신들에게 도움을 요청한다. 셋째 동사 '던졌

다'는 위기 상황에서 벗어나기 위한 선원들의 행동을 표현한다. 그들은 배를 가볍게 하기 위해 배 안에 있는 물건을 바다에 던졌다. 바다를 다스리는 여호와의 통치에 바람과 바다와 배와 선원들이 반응한다.

그렇다면 요나는 어떻게 반응하는가? 5d절은 '요나'를 문두에 위치시켜 그의 행동을 강조하며 주목하게 한다. '요나는 배 밑창으로 내려갔다. 그가 누웠다. 그가 깊이 잠들었다.' '내려갔다', '누웠다', '잠에 빠졌다'는 동사의 연속은 요나의 신속한 행동을 표현한다. 특별히 '깊이 잠들다'라는 의미의 히브리어 '라담'(נָרְדַּם)은 구약성경에서 여호와께서 여자를 만들기 위해 아담을 깊이 잠들게 했을 때(창 2:21), 시스라가 깊이 잠들었음(삿 4:21)을 표현할 때 사용되었다. 이것은 요나가 판단력을 상실하고 무감각한 자로 전락함을 보여 준다.

6절은 이런 요나에 대한 선장의 반응을 기록한다. 트리블은 선장의 반응에서 놀람과 희망이라는 수사적 기법을 주목한다. 선장의 말을 어순을 따라 배열하면 다음과 같다.

> A 무엇이냐(מַה־לְּךָ 마) / 너에게 / 깊은 잠을 자는 것이
>
> X 일어나 / 부르라 / 네 하나님에게
>
> A′ 아마도(אוּלַי 울라이) / 행할 것이다 / 그 하나님이 / 우리에게
>
> 그러면 않을 것이다 / 우리가 멸망하지

AA′의 첫 단어는 모두 불변화사(마/울라이)이다. 트리블은 '무엇이냐'라는 감탄사가 요나에 대한 놀람 혹은 분노를 표현하고, '아마도'라는 불변화사가 위험 중의 희망을 표시한다고 본다. 그 중심에 있는 명령문은 그 희망의 가능성을 표기한다. 그 가능성은 바로 요나의 행동에 달려 있다. 특별히 '일어나 부르라'는 선장의 명령은 2절에 기록된 '일어나… 외치라'는 여호와의 명령을 상기시킨다.

우리는 4~6절에서 하나님의 통치에 대한 두 반응의 아이러니를 본다. 우

선 바다를 다스리는 하나님의 행동에 바람과 바다와 배와 이방인들도 각기 나름대로 반응한다. 그러나 여호와의 종 선지자 요나는 반응이 없다. 이방인들은 각기 자기 신들에게 도움을 요청하지만 요나는 그런 의식이 전혀 없다.

2) 여호와는 누구인가(7~13절)

7~13절은 세 개의 단위(7, 8~12, 13절)가 서로 연결되어 폭풍의 원인 규명과 그 대책을 다룬다.

7절은 폭풍의 원인 규명을 위한 선원들의 행동을 묘사한다. 선원들은 이 폭풍을 '재앙'(악)으로 규정하고 그 원인 파악을 위해 제비를 던지자는 전략을 세운다. 이것은 폭풍이 누군가의 잘못된 행동에 대한 신의 심판이며 그 뜻은 제비를 던짐으로 드러난다는 전제를 담고 있다. 이와 같은 방식은 고대 근동에 광범위하게 사용된 방법이며 또한 성경에서 여호와의 뜻을 분별하는 분명한 수단으로 언급된다(수 7:14~18, 18~20; 삼상 10:20~22). 잠언 16:33은 "사람이 제비는 뽑으나 일을 작정하기는 여호와께 있느니라"고 말한다. 7하절은 그 제비가 요나 위에 떨어졌다고 기록한다.

8~12절은 선원들과 요나의 대화이다. 8절에서 선원들은 요나에게 다섯 번의 질문을 연속으로 퍼부어 그들의 감정을 표출한다. 1) 누구 때문에 이 재앙(악)이 우리에게 닥쳤는지 말해라? 2) 네 직업은 무엇이냐? 3) 너는 어디서 왔느냐? 4) 네 땅은 어디냐? 5) 너는 어느 민족에 속했느냐? 요나는 융단 폭격 같은 선원들의 질문에 간결한 두 문장으로 대답한다. 첫째, 요나는 '나는 히브리인이다'라고 답한다. '히브리인'이란 이방인들이 이스라엘 사람들을 부를 때 사용하는 말이다. 둘째, 요나는 다음과 같은 대칭 구조를 통해 그의 하나님을 소개한다.

하늘의 하나님 여호와를 // 나는 경외한다 // 바다와 육지를 만드신 분을

이 문장 구조는 중앙에 주어와 동사를 위치시키고 목적어를 좌우에 위치

시킨다. '경외하다'로 해석한 히브리어 '야레'(ירא)는 기본적으로 '두려워하다'라는 의미이다. 요나가 경외하는 하나님은 '여호와'이다. 여기서 여호와는 이중적으로 묘사된다. 하나는 '하늘의 하나님'이다. 바알 신을 숭배하는 페니키아 선원들에게 이 표현은 '지고의 신'을 의미한다. 그러나 요나는 '하늘의 하나님'이라 표현하지 않고 '여호와 하늘의 하나님'이라 표현함으로 하늘의 하나님은 바알이 아닌 여호와라고 분명히 한다. 더 나아가 그 여호와는 '바다와 육지를 만드신 분'이라고 구체화한다. 이것은 여호와가 하늘과 땅과 바다의 창조자임을 선포하는 기능을 한다.

10절은 요나의 선포에 대한 선원들의 반응이다. 그 반응은 '큰 두려움으로 두려워했다'이다. 5절에서 선원들에게 폭풍은 두려움의 대상이었다. 그러나 이제 그 두려움의 대상이 변하고 있다. 그 대상은 바로 자연 만물을 창조하고 다스리는 여호와 하나님이다. 특별히 선원들의 여섯 번째 질문 '네가 행한 이것이 무엇이냐?'는 그들의 두려움을 담는다. 뒤따르는 이유 절은 선원들의 두려움이 무지에서 온 것이 아니라 그들의 '지식'에 근거한 것임을 드러낸다. 그들은 요나가 여호와 얼굴에서 벗어나 도망하고 있다는 것을 말했기 때문에 그 사실을 알았다. 그 지식은 선원들을 두려움으로 몰아넣었다. 그들은 이 폭풍이 여호와의 명령을 거절한 요나에 대한 여호와의 공격이라는 사실을 알게 되자 더 큰 두려움에 쌓이게 되었다. 우리는 종종 주변 환경의 문제로 두려워한다. 그러나 더 큰 두려움의 대상은 그 환경을 주관하는 하나님이다.

11절은 선원들의 일곱 번째 질문을 소개한다. '우리가 너에게 무엇을 행해야 하느냐? 그 바다가 우리 위에서 잠잠하겠느냐?' 이 질문의 원인은 '바다가 점점 흉용'했기 때문이다. 특히 저자는 '걷다'를 의미하는 '할라크'(הלך)의 분사형을 사용한다. '그 바다가 걷고 있고 폭풍이 일고 있다.' 이것은 바다의 풍랑이 마치 선원들을 삼키기 위해 높이 서서 사납게 걸어오고 있는 모습으로 영상화 하는 것이다. 4절은 '큰 폭풍이 있었다'라고 기록한다. 그러나 11절은 그 풍랑이 위협적으로 다가옴을 사실적으로 표현한다. 선원들은 긴급한 위기 상황에서 문제의 원인 요나에게 그 해결책을 요구한다. 이에 요나는 그 답을 간결하게 전달한다. '너희는 나를 들어 바다에 던져라. 그러면 그 바다가 너희 위에서 잔잔할 것이다.'

13절에는 요나의 대책 제안에 대한 선원들의 반응이 나타난다. '그 사람들은 육지로 돌리기 위해 노를 저었다.' 요나는 해결책으로 자신을 던질 것을 요구했지만 선원들은 그를 죽음에 던질 수 없기 때문에 육지로 돌아가려고 했다. 그러나 뒤따라 나오는 '그들이 할 수 없었다'라는 짧은 문장은 선원들의 무능과 한계를 드러낸다. 그 이유는 바다가 그들을 대항하여 높이 서서 걸어오고 폭풍이 일고 있었기 때문이다. 이것은 자연의 힘조차도 다스리지 못하는 인간의 한계를 드러내기도 하지만 그 자연을 주관하는 하나님의 절대 주권적 통치에 인간은 전적으로 무능하다는 것을 드러낸다.

3) 하나님의 주권적 행동에 항복하는 사람들(14~16절)

14~16절은 두 단락으로 구분된다. 하나는 선원들의 부르짖음(14절)이다. '그들이 여호와께 부르짖었다.' 5절에서 선원들은 각자 자신들의 신에게 부르짖었다. 그러나 그 기도는 허공을 치는 소리에 불과했다. 그런데 그 선원들이 그 대상을 '그들의 신들'에서 '여호와'로 바꾸었다. 그 이유는 요나의 고백 때문이다. 그들은 요나의 고백만 듣고 여호와를 분명히 인식했다. 따라서 그들은 여호와께 부르짖는다. 그 내용은 두 개의 '~하지 말라'는 간청으로 이루어져 있다. 하나는 '이 사람의 생명 때문에 우리를 파멸하지 마십시오'이다. 이 '파멸하다'라는 단어를 이미 4절에서 배가 파멸된다고 인식했음을 의인법으로 표현했을 때 사용했다. 하나님의 심판의 결과로 파멸에 대한 인식이 배에서 선원들로 넘어가고 있다. 다른 하나는 '우리에게 무죄한 피를 돌리지 마소서'이다. 뒤따르는 이유 절은 선원들의 간청 이유를 설명한다. 선원들은 '당신은 당신이 원하는 것을 행하시는 여호와이기 때문입니다'라고 말한다. 선원들은 분명히 여호와의 주권적 행위가 무엇을 가져오는지 분명히 알고 있음을 알려 준다. 우리는 여기서 몇 가지를 주목할 필요가 있다.

첫째, 요나는 하나님에 관하여 말하지만 하나님에게 전혀 말하지 않는다는 점이다. 그는 폭풍의 원인이 자신 때문이라는 것을 알면서도 여호와께 간청하지 않는다. 이것은 저자가 요나의 완악함을 은근히 드러내는 것이다.

둘째, 선원들의 행동(15절)이다. 선원들의 행동은 두 국면으로 나타난다. 하나는 요나를 들어 바다에 던지는 것이다. 4절에서 여호와는 바람을 바다에 던졌다. 그러자 폭풍이 일었다. 그런데 이제 선원들은 그 문제의 원인인 요나를 들어 바다에 던진다. 그러자 본문은 '그 바다가 멈추어 섰다'고 표현함으로 문제가 해결되었음을 표현한다. 다른 하나는 선원들의 정서적 반응이다. 그들은 '큰 두려움으로 여호와를 두려워했다.' 5절에서 선원은 폭풍 때문에 두려워했다. 그리고 그들은 9절에서 요나의 고백을 듣고 '큰 두려움으로 두려워했다.' 그런데 이제 그들이 폭풍이 멈추는 사건을 경험하고 여호와를 '큰 두려움으로 두려워했다.' 여기에 또한 아이러니가 있다. 선원들은 요나의 고백과 폭풍이 멈추는 사건을 경험하면서 여호와를 크게 두려워하지만, 요나는 자신의 입술로 '나는 여호와를 두려워한다'고 고백하고도 여호와를 두려워하지 않는다. 16하절은 '그들이 여호와께 제물을 드리고 맹세를 했다'고 기록한다. 이것은 이방인들이 여호와를 섬김에 대한 가능성을 제시할 뿐 아니라 문학적 견지에서도 복선의 기능을 한다. 그것은 뒤따르는 2:9을 예기하기 때문이다.

설교를 위한 적용

1~3절은 요나서 이해를 위한 배경을 제공한다. 이 배경은 독자들에게 몇 가지를 주목하게 한다.

첫째, 여호와에 대한 소개이다. 여호와는 그분의 말씀을 그의 종 선지자에게 하는 분이시다. 그 말씀은 여호와의 종 요나의 삶의 목적을 규정한다. 이것은 요나의 삶의 궁극적인 의미가 여호와의 말씀에서 시작됨을 가리킨다. 그렇다. 우주 만물이 창조주 여호와의 말씀에서 시작되었듯이 그리스도 인의 삶의 궁극적 의미는 여호와의 말씀에서 시작된다. 이것은 우리 삶의 규범과 권위가 여호와의 말씀임을 상기시킨다. 또한 1~3절은 세상의 악이 여호와의 얼굴에서 숨겨질 수 없으며, 여호와께서는 그 악한 세계에 중요한 관심을 보이는 분이심을 드러낸다. 그 이유는 무엇일까? 그것은 악한 세계도 여호와께서 창조한 세계이기 때문이다. 여호와의 관심은 이스라엘에게만 국한되지 않고 이방 세계까지 미친다. 그것은 여호와가 우주의 통치자이시기 때문이다.

둘째, 요나에 대한 소개이다. 요나는 여호와의 명령의 수행자로 묘사된다. 그러나 그가 일어섬은 여호와의 명령을 수행하기 위함이 아니라 마치 그의 명령에 대항하기 위해 '일어선' 것처럼 묘사된다. 그것은 요나가 여호와의 얼굴에서 벗어나기 위해 일어선 것이기 때문이다. 요나는 여호와께서 중요하게 여기는 일에 대해 관심이 없고 자신의 목적을 위해 대가를 치르는 자로 묘사된다. 이런 행동은 요나를 매우 어리석게 보이도록 한다. 왜냐하면 시편 139:7~10에서 시인이 편재하신 여호와 앞에서 피할 수 없다고 고백했던 것처럼, 여호와의 얼굴에서 벗어난다는 것은 불가능하기 때문이다.

우리는 4~16절에 대한 고찰을 통해 다음과 같은 몇 가지 신학적 주제를 생각할 수 있다.

첫째, 여호와는 창조주이며 동시에 만물의 통치자라는 선언이다. 4~16절에서 바람과 바다, 배와 이방인 선원들도 하나님의 통치에 순종한다. 이와 같은 사건이 복음서에 나타난다. 예수님께서 풍랑이 일고 있는 바다를 잔잔케 했을 때 사람들은 두려워하며 '저가 뉘기에 바람과 바다도 순종하는고'(마 8:27; 막 4:41; 눅 8:25)라고 의아해 했다. 그러나 하나님을 알고 있는 유대인들은 예수님께 순종하지 않았다. 모든 피조물도 통치자 하나님께 순종하는데 진정 하나님의 백성들은 순종하지 않는다.

둘째, 진정 두려움의 대상은 여호와이시다. 이방인 선원들은 처음에 폭풍을 두려워하다가 여호와를 큰 두려움으로 두려워했다. 전도서는 "하나님을

경외(두려워)하고 그 명령을 지킬지어다 이것이 사람의 본분이니라"(전 12:13)
고 선포한다. 여호와는 이스라엘만이 두려워할 대상이 아니라 '모든 사람'이
두려워하며 섬길 대상이다. 그러나 요나는 입으로 여호와를 경외한다고 말
하면서 실상 여호와를 두려워하지 않는다. 이러한 요나의 모습은 주전 8세
기 이스라엘 백성의 모습일 뿐 아니라 오늘 현대 그리스도인의 모습은 아닌
가? 하나님을 입술로 두려워하는 것이 필요하지 않고 실제 삶 속에서 두려
워하는 것이 필요하다.

02

물고기 뱃속에서 드리는
요나의 기도

요나 1:17~2:10 주해와 적용

심판과 구원은 여호와 하나님의 주권적 행동이다. 요나는 여호와 하나님의 명령을 거부하고 여호와의 얼굴을 피하려다 하나님의 심판 폭풍을 만난다. 그리고 자신이 물속에 던져져 죽음이라는 위기의 심판을 경험한다. 그러나 그 심판은 구원이라는 하나님의 놀라운 은혜로 나타난다. 여호와 하나님은 큰 물고기를 준비하여 그를 삼키게 했다. 이 사건 자체가 죽음에 처한 자신의 백성을 구원하는 하나님의 은혜로운 행동이었다. 삼 일 삼 야 물고기 뱃속에서 요나는 하나님의 심판 행위와 구원을 묵상하며 하나님께 기도한다. 그리고 결국 그는 구원은 여호와께 있음을 선포한다. 하나님의 심판과 구원에 대한 선포 그것이 선지자의 궁극적 사명이 아닌가? 요나는 자신의 죽음에 이르는 고통 속에서 여호와의 구원을 노래한다.

1:17~2:10에 기록된 이 사건은 예수 그리스도의 구원을 설명하는 데 사용되었다. 요나의 표적으로 제시된 이 사건은 표적을 구하는 음란한 세대에게 그리스도의 죽음과 부활을 설명하는 도구가 되었다. 예수님은 "요나가 밤낮 사흘을 큰 물고기 뱃속에 있었던 것같이 인자도 밤낮 사흘을 땅 속에 있으리라"(마 12:40)고 말씀했다. 요나가 물고기 뱃속에 삼 일 삼 야 동안 있었다는 것을 이성적으로 이해하기 어렵다. 또한 예수께서 삼 일 삼 야 동안 땅속에 있다 부활하셨다는 사실 또한 이성적으로 이해하기 어렵다. 그러나 1장이 보여 주었듯이 창조주요 만물의 통치자이신 여호와 하나님은 인간의

이성에 갇혀 있는 분이 아니시고 그 이성을 초월하여 일하는 분이시다. 따라서 요나의 표적은 삶과 죽음의 주권자가 하나님이라는 사실을 명백하게 보여 준다. 따라서 요나의 표적은 하나의 문학 혹은 비유가 아니라 하나님의 놀라운 권능을 드러낸 역사적 실제 사건이다.

본문의 개요: 문학적 구조(욘 1:17~2:10)

1:17~2:10은 요나가 큰 물고기 뱃속에서 여호와께 드리는 기도이다. 내러티브적 서술이 서론(1:17~2:1)과 결론(2:10)이라는 틀을 형성하고 그 안에 시 형식으로 된 요나의 기도(2:3~10)가 자리한다.

> **틀1: 여호와께서 물고기를 준비하여 요나를 삼키게 하다(1:17~2:1)**
>   A 제1연: 하나님이 내 기도에 대답하셨나이다(2:2)
>   B 제2연: 하나님이 나를 던져 산 뿌리까지 내려갔나이다(2:3~6중)
>   B′ 제3연: 하나님이 나를 올렸고 여호와를 기억했나이다(2:6하~7)
>   A′ 제4연: 구원은 여호와께 있나이다(2:8~9)
> **틀2: 여호와께서 물고기에게 요나를 토하게 명령하다(2:10)**

틀1과 틀2는 모두 산문 형식의 서술로 '여호와'와 '물고기'가 서로 대칭을, '삼키다'와 '토하다'가 서로 평행을 이루어 단락을 열고 닫는 기능을 한다. A는 요나가 고통 중에 기도하자 여호와께서 응답하셨다고 말하고, A′는 구원은 여호와께 있다고 말한다. B에서 요나는 산 뿌리까지 내려갔다고 말하고, B′에서 여호와는 그 요나를 올라오게 했다고 말한다. 또한 B에서 요나는 성전을 주목하겠다고 말한다. 그러나 B′에서 요나는 자신의 기도가 성전에 도달했다고 고백한다. 이렇게 함으로 1:17~2:10에서 요나는 고통 중에서 자신을 구원한 하나님께 감사한다.

본문 주해

1. 틀1(1:7~2:1)과 틀2(2:10)

틀1과 틀2는 운문 형식으로 구성된 요나의 기도를 열고 닫는 기능을 한다. 그러나 큰 물고기가 요나를 삼키고 토했다는 사실과, 요나가 물고기 뱃속에 삼 일 삼 야를 있었다는 사실이 학자들의 주목을 끌었다. 따라서 어떤 사람들은 이 이야기가 실제가 아니라 하나의 상징이며, 또한 하나의 문학적 장치나 신화적 요소로 보려고 한다. 그러나 이 표현은 창조주 하나님의 절대적 권능을 나타낸다. 1장에 계시된 하나님은 우주의 창조자이며 동시에 만물의 통치자이시다. 창조주께서 피조물인 큰 물고기를 준비하여 그 속에 요나를 삼 일 삼 야 동안 머물게 했다가 다시 나오게 했다는 것은 놀라운 하나님의 권능을 계시한다. 특별히 예수께서 표적을 구하는 음란한 세대에 '요나의 표적'을 제시했다는 것은 이 요나의 사건이 역사적 사건이요 동시에 하나의 표적으로 제시된다는 것을 알 수 있다. 요나의 표적이 하나님의 놀라운 권능을 드러낸다면 예수의 죽음과 부활 또한 하나님의 놀라운 권능을 드러낸다.

2. 제1연: 하나님이 내 기도에 대답했나이다(2:2)

제1연은 4행으로 구성되어 요나의 기도를 요약 진술한다. 각 행들은 두 행이 한 쌍을 이루어 대칭 구조를 형성한다. 히브리어 어순을 따라 사역하여 배열하면 다음과 같다.

> 1~2행 (A) 내가 불렀나이다 / (B) 내 고통 중에서 // (B') 여호와를 / (A') 그가 내게 대답하셨나이다.
>
> 3~4행 (A) 스올의 뱃속에서 / (B) 내가 부르짖었나이다 // (B') 당신이 들었나이다 / (A') 내 소리를

1~2행에서 AA′는 부름과 대답이 평행을 이룬다. 특별히 A에서 요나는 '내가 불렀나이다'라고 말한다. '부르다'(קרא 카라)는 단어는 요나서에서 네 번째 사용되고 있다. 1:2에서 이 단어는 여호와께서 부여한 요나의 사명을 표현하는 데 사용되었다. 여호와는 요나에게 니느웨에 '외치라'(카라)고 했다. 그러나 그는 불순종하여 다시스로 도망할 때 여호와는 풍랑을 일으켰다. 1:6에서 선장은 잠자는 요나에게 '네 하나님을 부르라'(카라)고 책망한다. 그러나 요나는 하나님을 부르지 않는다. 1:14에서 선원들은 요나의 고백을 듣고 그들의 신들에게 부르짖던 태도를 바꾸어 여호와를 '부른다'(카라). 그러나 요나는 여전히 여호와를 부르지 않는다. 그런데 이제야 요나는 여호와를 '부른다'(카라). 3~4행의 '내가 부르짖었나이다'(B)는 '내가 불렀다'의 평행으로 '부름'이 단순한 부름이 아니라 도움을 위한 간절한 절규임을 구체화시켜 준다. 그 결과 A′는 '그가 내게 대답했나이다'라고 고백한다. 3~4행의 '당신이 들었나이다'(B′)라는 여호와의 대답은 곧 그가 들으심으로 구체화한다.

1~2행의 B는 요나의 상황을 표현한다. '고통'은 공포를 일으키는 극도의 상황을 말한다. 3~4행은 '고통 중에서'와 평행을 이루는 '스올의 뱃속에서'(A)라는 표현을 문두로 이끌어 내면서 그 상황을 구체화한다. 구약에서 '스올'은 지리적으로 가장 낮고 깊은 곳으로, 사람이 죽어 가는 곳(참고 욥 7:9)을 가리킨다. 그곳은 절망의 자리이며 죽음의 자리이다. 요나는 더 이상 소망이 없는 절망과 죽음의 자리에서 부르짖고 있다. 이 절망과 죽음의 자리에서 절규의 소리를 누구에게 하고 있는가? 1~2행에서 B′는 '여호와'라고 말한다. 1:2에서 요나에게 명령하여 그의 삶의 목적을 규정했던 여호와, 우주 만물을 다스리는 통치자 여호와이다. 요나는 절망과 죽음의 자리에서 유일한 희망인 여호와께 간청한다. 여호와는 그 요나의 소리(A′)를 들으셨다. 본문은 1~2행과 3~4행의 배열을 교차적으로 구성함으로 절망과 죽음의 자리에서 간구하는 요나의 모습과, 그 소리에 응답하신 하나님에 대한 고백을 이중적으로 묘사하여 강조한다.

3. 제2연: 하나님이 나를 던져 산 뿌리까지 내려갔나이다(2:3~6상)

제2연은 세 개의 절(3, 4, 5~6상절)이 한 쌍을 이루어 3절에서 제시된 요나의 '고통' 즉 '스올의 뱃속'의 상황을 전달한다. 이 세 개의 절은 AXA'라는 동심원 구조를 형성한다.

    A 요나의 상태(3절)

      X 요나의 고백(4절)

    A' 요나의 상태(5~6상절)

A는 세 행으로 구성되었다. 첫 행(3상절)은 요나가 고통의 상황에 이르게 된 그 근본적 원인에 대해 말한다. 요나는 하나님께서 자신을 던졌다고 고백한다. '던졌다'는 히브리어 '쌀라크'(שׁלך)는 1:15에 기록된 '던졌다'(טוּל)에 대한 다른 표현이다. 이 단어는 요셉을 구덩이에 '던졌다'(창 37:20)라는 표현에 사용되었다. 1:15에서 선원들은 요나를 바다에 던졌다. 그러나 요나는 '하나님이 던졌다'고 고백한다. 이제야 요나는 하나님을 인식한다. 요나는 하나님께서 자신을 던진 장소를 '메쭐라 빌르바브 야밈'(מצוּלה בּלבב יַמִּים)이라고 말한다. '메쭐라'는 '깊음'이란 뜻으로 '바다의 깊은 곳'(참고 출 15:5; 미 7:19)을 가리킨다. '빌르바브 야밈'을 직역하면 '바다의 중심'이란 의미로 '메쭐라'에 대한 부연 설명이다. 따라서 이 어구는 하나님이 깊은 바닷속 즉 인간이 도저히 어쩔 수 없는 극도의 절망적 상황에 이르게 했음을 고백한다. 둘째 행(3중절)과 셋째 행(3하절)은 그 결과를 고백한다. 특별히 '강'과 '주의 파도'와 '큰 물결'은 평행을 이루어 물이 요나를 위협함을 설명한다. 특별히 '주의 파도'로 번역된 '미쉬바르'(מִשְׁבָּר)는 '파괴자'라는 뜻으로, 1:4에서 동일한 어근이 폭풍이 배를 부수는 상황을 묘사하는 데 사용되었다. 또한 '둘렀다'는 동사와 '넘쳤다'는 동사는 '에워싸다'와 '지나갔다'는 표현으로, 요나의 자의적 행동이 전적으로 불가능한 상황을 묘사한다. 3절은 하나님이 요나를 바다의 중심 깊음에 던짐으로 요나가 파멸의 위기에 처했음을 묘사한다.

A′(5~6상절)는 요나의 절망적 상황을 좀 더 구체적으로 묘사한다. 5상중절은 ABB′A′라는 대칭 구조를 통해 요나의 절망의 상황을 묘사한다.

나를 둘렀나이다(A) / 물이(B) // 영혼까지(X) // 깊음이(B′) / 나를 에웠나이다(A′)

AA′에서 '둘렀다'와 '에워싸다'는 동의적 평행으로 요나가 갇힌 상황을 표현한다. BB′에서 '물'과 '깊음'은 동의적 평행으로 후자가 전자를 구체화시켜 준다. '깊음'이라는 히브리어 '테홈'(תְּהוֹם)은 창세기 1:2에서 하나님의 창조 이전 흑암의 상황을 묘사하는데 사용된 용어다. 여기서는 이 단어가 절망에 대한 은유적 표현으로 사용되었다. X는 그 절망에 대해 '영혼까지'라고 표현한다. '영혼'으로 번역된 히브리어 '네페쉬'(נֶפֶשׁ)는 역본마다 다양하게 번역되었다. 어떤 역본은 '영혼'으로, 다른 역본은 '목' 혹은 '목구멍'으로, 또 어떤 역본은 '생명'으로 번역했다. 본문의 정황에서 볼 때 '목구멍 혹은 목'으로 번역하는 것이 좀 더 사실적이다. 그러나 이것은 또한 '생명'의 위협을 표현하는 은유이기에 '생명'이란 번역도 가능하다. 따라서 이 표현은 요나 자신이 생명의 위협 아래 있음을 고백하는 어법이다. 5하~6상절 또한 문학상 대칭 구조를 통해 요나의 절박한 상황을 구체적으로 독자들에게 전달한다.

    A 바다 풀이 내 머리를 쌌나이다(5하절)
     X 내가 산 뿌리까지 내려갔사오며 (6상절)
    A′ 땅은 빗장으로 오랫동안 막았나이다(6중절)

AA′는 의미상으로 평행을 이룬다. A는 요나가 '바다 풀'에 매임으로 움직일 수 없는 상황을 묘사한다. '바다 풀'로 번역된 히브리어 '쑤프'(סוּף)는 일반적으로 '갈대'(출 2:3; 사 19:6) 혹은 '바다갈대'(출 10:19; 왕상 9:26)를 가리키지만 문맥과 정황상 바다 깊은 곳에서 자라는 억센 풀을 가리킬 것이다. 이 풀이 사람을 감을 경우 생명을 잃을 수도 있다. A′는 요나가 지형적으로 갇힌 상황을 묘사한다. '빗장'으로 번역된 히브리어 '베리헤하'(בְּרִחֶיהָ)는 문과 문을 연결하는 기능을 하는 나무로 된 기구를 가리킨다. 또한 이 단어는 지하 세계를 가리키는데 사용되기도 한다. 따라서 이 단어는 바다 가장 깊은 곳 암흑의 세계에 갇혀 있는 것을 표현한다.

X는 그곳이 '산 뿌리'라고 말한다. '산 뿌리'는 '산들의 토대'라는 의미로, 바다의 가장 깊은 곳을 가리키는 또 다른 표현이다. 그곳은 절망의 자리임에 틀림없다. 특별히 요나는 '내가 내려갔다'는 표현을 사용한다. 이 말은 단순히 지리적으로 '내려갔다'는 의미 차원을 넘는다. 1:3에서 요나는 여호와를 떠나 욥바로 내려갔다. 그리고 다시 요나는 배 밑으로 내려갔다. 그런데 이제 요나는 바다의 가장 깊숙한 곳 '산 뿌리'까지 내려갔다. 이런 지리적 거리는 분명히 요나가 하나님을 벗어난 거리를 상징적으로 드러낸다. 요나는 여호와의 얼굴을 벗어나려고 했으나 결국 죽음의 자리까지 내려간 것이다.

이런 상황에서 요나는 어떻게 했는가? 4절은 요나의 고백을 기록한다. 요나의 고백은 두 국면으로 나타난다. 하나는, 하나님의 심판에 대한 인정이다. 요나는 '내가 주의 목전에서 쫓겨났다'고 고백한다. '쫓겨나다'로 해석한 히브리어 '가라쉬'(גָּרַשׁ)는 '추방되다'(출 34:11) 또는 '이혼하다'(레 21:7)를 의미하는데 수동형(니프알)으로 사용될 때 '던져지다'라는 의미가 된다. 요나는 여호와의 눈앞에서 던져진 것이다. 요나는 현재 자신의 상황이 하나님의 심판임을 직시하고 있다. 다른 하나는, 여호와 하나님의 긍휼에 대한 기대이다. 요나는 '다시 주의 성전을 바라보겠다'고 고백한다. '다시'로 표현된 히브리어 '아크'(אַךְ)는 확신과 강조를 표현하는 불변화이다. 따라서 이 단어는 '분명히, 진정으로'라고 번역되며 대조적인 의미로 '그러나'로 번역이 가능하다. 요나는 자신이 여호와의 눈앞에 던져졌지만 그러나 주의 성전을 바라보겠다'고 말한다. 특별히 '바라보겠다'로 번역된 히브리어는 '오씨프 레하비트'(אוֹסִיף לְהַבִּיט)이다. '레하비트'는 특정한 곳을 주목하는 것을 표현하고 '오씨프'는 '~을 더하다' 또는 '~하기를 지속하다'는 의미가 있다. 따라서 이 표현은 요나가 성전 즉 하나님이 계신 곳을 주목하기를 지속하겠다는 고백이다. 이것은 하나님의 긍휼에 대한 간절한 소망을 담고 있다. 요나가 파멸의 자리 즉 죽음 앞에서 하나님의 긍휼을 기대하고 있는 것이다.

4. 제3연: 하나님이 나를 올렸고 여호와를 기억했나이다(2:6하~7)

제3연(6하~7절)은 죽음이라는 절망의 상황 속에 있는 요나가 어떻게 되었는지 설명한다. 6하절은 단언적으로 말한다. '주께서 내 생명을 구덩이에서 건지셨나이다.' 특별히 '구덩이'로 번역된 히브리어 '솨하트'(שַׁחַת)는 '구덩이'를 의미하기도 하지만 죽은 자의 거처로써 '무덤'을 가리키는 말로 '스올'과 동의어로 사용된다. 또한 '건지셨다'의 히브리어는 문자적으로 '올라가다'를 의미하는 '알라'(עָלָה)의 히필형이다. 따라서 이 단어는 '올라오게 하다'라는 의미이다. 3절에서 여호와께서 자신을 바다의 중심인 깊음 즉 죽음의 세계에 던졌다고 고백했는데 이제 그는 여호와의 구원을 경험하면서 '나의 하나님 여호와께서 무덤에서 내 생명이 올라가게 했다'고 고백한다. 이 고백은 또한 앞 문맥에서 볼 때 '내려감'과 '올리심'의 대조를 이룬다. 이는 분명한 하나님의 심판과 구원의 행동을 드러낸다.

7절은 요나의 기도와 그 결과를 보여 준다. 자신이 처했던 죽음의 상황을 '내 영혼이 내 속에서 피곤하게 될 때에'라고 고백한다. '피곤하다'에 해당하는 히브리어 '아타프'(עָטַף)는 '실신하다, 기절하다'(시 77:4; 107:5; 142:4)라는 의미이다. 요나는 실신한 상태에 있을 때에 '여호와를 기억했다'고 고백한다. 그리고 자신의 기도가 '주의 성전에' 도달했다고 고백한다. 여기서 '주의 성전'이란 솔로몬의 성전이라기보다 여호와께서 계신 곳을 가리킨다.

5. 제4연: 구원은 여호와께 있나이다(2:8~9)

제4연(8~9절)은 두 개의 절로 구성되어 요나의 감사 기도를 소개한다. 9절은 구문 구조상 동사 '지키는 자들'과 '잊어버릴 것이다'가 서로 평행을 이루어 의미를 전달한다. 이 두 동사는 주제적으로 '충성'과 '배반'이라는 상반된 의미를 전달한다. 그 중앙에 '거짓되고 헛된 것'과 '은혜'가 대조된다. 전자는 히브리어로 '하브레–샤베'(הבלי־שוא)인데, 무가치하고 헛된 것을 가리킨다. '은혜'는 히브리어로 '하스담'(חסדם)인데, 기본적으로 언약에 충성하는 것을 가리킨다. 따라서 이 두 행은 무가치하고 헛된 우상을 지키는 즉 숭배하는 자는 여호와께서 베푼 충성 즉 은혜를 잊어버릴 것이라고 말한다.

9절 또한 '나는 감사의 소리로'와 '구원은 여호와께 있나이다'가 평행을 이룬다. 특별히 '나는'이라는 인칭 대명사는 '강조'로, 9절과 관련이 있다. 9절에서 요나는, 헛된 우상을 지키는 자들은 은혜를 잊어버리지만 '나는' 아니라고 하는 의미를 포함한다. 요나는 여호와의 은혜를 잊어버리지 않고 감사의 소리를 여호와께 드리겠다고 고백한다. 그러면서 '구원은 여호와께 있다'고 고백한다. 그리고 그 중앙에 '제사'와 '서원'이 자리한다. '내가 당신에게 제사를 드릴 것입니다.' 이것은 분명히 감사제를 가리킨다. 헛된 우상을 숭배하는 자들은 여호와의 은혜를 잊지만 요나는 오히려 여호와께 감사제를 드릴 것이라고 고백한다. 또한 요나는 '나의 서원을 주께 갚겠나이다'라고 고백한다.

설교를 위한 적용

1:17~2:10에 기록된 요나의 기도는 우리에게 몇 가지 중요한 사항을 알려 준다.

첫째, 절망과 죽음의 상황에 있는 요나를 구원하는 하나님의 권능이다. 여호와는 요나를 구원하기 위해 인간의 상식과 경험으로 이해할 수 없는 방법, 즉 큰 물고기를 준비하여 요나를 삼키게 했다가 토하게 함으로 그를 구원하였다. 이것은 인간을 구원하는 하나님의 특별하신 놀라운 권능을 보여 준다. 위에서 언급한 것처럼 하나님께서 예수 그리스도를 통해서 우리를 구원한 방법 또한 인간의 경험의 한계를 뛰어넘는다. 요나가 삼 일 삼 야를 물고기 뱃속에 있다가 살아났다는 것 자체도 이해하기 어렵지만 예수 그리스도가 삼 일 동안 무덤에 있었다가 부활했다는 것 또한 이해하기 어렵다. 이 모든 것은 초월자 하나님의 권능을 드러낸다. 우리에게 필요한 것은 바로 믿음이다.

둘째, 절망과 죽음의 상황에서 유일한 희망은 창조주 하나님이다. 요나는 스올의 뱃속 즉 죽음과 절망의 자리에서 하나님이 계신 곳을 생각하고 그에게 부르짖는다. 그는 산들의 뿌리까지 내려가 갇힘으로 자신의 힘으로 그 어떤 것도 할 수 없는 무기력한 상황에서 여호와께 부르짖는다. 우리가 놀라운 권능으로 일하는 하나님을 기억한다면 우리에게 절망은 의미가 없다. 왜냐하면 우리가 창조주이며 만물을 다스리는 하나님을 기억하고 그분에게 도움을 요청할 수 있다면, 우리의 절망은 곧 희망이 되기 때문이다. 절망 없는 희망은 없다.

03

이방 니느웨가 회개하고 돌아오다

요나 3장 주해와 적용

세상에는 항상 아이러니가 존재한다. 예상했고 반드시 그렇게 되리라고 생각했던 것은 전혀 발생하지 않고, 절대 그렇지 않을 것이라고 생각했던 것이 발생되었을 때 우리는 이것을 아이러니라고 말한다. 니느웨는 이방 민족의 도시이다. 고대 근동의 민족주의와 민족주의 신관에 집착해 있던 당시 상황에서 볼 때 이스라엘의 신 여호와의 심판의 메시지를 듣고 그들이 회개하고 돌아온다는 것은 아이러니다. 또한 역사적으로 여호와 하나님을 섬기던 이스라엘이 '돌아오라'는 선지자들의 선포에도 불구하고 여호와께 돌아오지 않는다는 것 역시 참으로 아이러니가 아닐 수 없다. 아마 이 아이러니는 이스라엘의 자만과 거만을 보여 주고, 이방인의 순전한 믿음의 반응을 대비적으로 보여 준다.

니느웨의 믿음의 반응은 분명히 말씀을 받았던 완고한 유대인들을 책망하는 도구로 신약성경에서 사용되었다. 예수님은 "심판 때에 니느웨 사람들이 일어나 이 세대 사람을 정죄하리니 이는 그들이 요나의 전도를 듣고 회개하였음이어니와 요나보다 더 큰 이가 여기 있느니라"(눅 11:32; 마 12:41)고 말씀한다. 이 땅에 존재하는 수많은 그리스도인들을 향해 돌아오라고 외치고 있음에도 불구하고 과연 그 소리에 귀를 기울이고 있는가! 초신자들은 순수한 믿음으로 말씀에 반응하며 그들의 삶을 새롭게 함에도 불구하고, 소위 신앙의 연수와 직분을 자랑하는 거만한 그리스도인은 예수의 말씀에도 회개하지 않는 유대인들과 같지 않은가!

본문의 개요: 문학적 구조(욘 3장)

3장은 크게 두 단락으로 구분된다. 첫째, 1~3상절로 여호와의 두 번째 명령과 요나의 순종을 다룬다. 이 단락에서 요나는 1장과는 달리 여호와의 명령에 순종하는 자로 나타난다. 둘째, 3하~10절로 요나의 선포와 니느웨의 회개를 다룬다. 이 단락은 니느웨의 즉각적인 믿음과 회개를 상세하게 서술하고 여호와의 용서를 소개한다.

본문 주해

1. 여호와의 명령과 요나의 순종(1~3상절)

림버그는 "요나가 감사제를 약속하고 서원을 했기 때문에(2:9) 우리는 내러티브가 예루살렘 성전을 방문하는 기사가 계속될 것으로 기대한다… 그러나 이 장면은 놀랍게도, 요나서의 첫 장면으로 돌아간다"고 말한다. 그의 주목처럼 3장은 1장과 동일한 명령으로 시작한다. "여호와의 말씀이 두 번째 요나에게 임하니라 이르시되." '아밋대의 아들'이라는 요나에 대한 생물학적 정보를 빼고 '두 번째'라는 서수를 첨가한다. 이 문장은 여호와께서 요나에게 다시 기회를 제공함을 드러낸다.

2절은 여호와의 명령을 기록한다. 그 명령은 '일어나 가라… 외치라'는 1:2의 구문과 동일하지만 내용에 있어서 약간의 차이가 있다. 첫째, 1:2에서 니느웨는 '악한 도시'로 언급되어 있지만 여기서는 그것을 생략한다. 더 이상 설명이 필요하지 않기 때문이다. 따라서 니느웨는 여전히 악한 도시로 남는다. 둘째, 1:2은 요나가 외쳐야 하는 이유(בִּי)를 설명하지만 여기서는 이유 절이 나타나지 않고 명령만 있다. 요나는 단지 니느웨로 가서 '선언'(하크리야)을 외치라는 명령을 받는다. 특별히 '선언'을 부연 설명하는 관계 절의 '내가 네게 말하고 있는'이라는 언급은 여호와 하나님의 신적 권위를 드러낸다. 요나의 사명은 단지 여호와께서 말씀하신 '선언'을 외치기만 하면 되는 것이다.

3절은 요나의 반응을 '요나가 일어나서 갔다'고 기록한다. 1:3에서는 '도망하려고'라는 목적어를 사용해 요나의 목적을 드러내지만, 여기서는 그 목적어 대신 '여호와의 말씀처럼'이란 문구를 사용해 요나가 여호와의 말씀에 순종했음을 묘사한다.

2. 요나의 선포와 니느웨의 회개(3중~10절)

3중~10절은 세 장면(3중~5, 6~9, 10절)이 한 쌍을 이루어 어떻게 니느웨가 악에서 돌이키고 여호와께서 그들을 심판하지 않았는지를 설명한다.

1) 요나의 선포(3중~4절)

3하~4절은 요나의 선포를 기록한다. 3하절은 '니느웨'라는 고유 명사를 문두에 위치시켜 주목하게 한다. 니느웨는 두 방면으로 소개된다. 하나는 하나님의 관점에서 니느웨에 대한 소개이다. 일반적으로 역본들은 '극히 큰 성읍'(도시)으로 번역한다. 하지만 히브리어 본문에는 '렐로힘'(레로힘)이 첨가되어 있다. 역본들은 이 단어를 '최상급'으로 보아 '극히'로 번역했다. 그러나 이 단어는 '하나님에게' 혹은 '하나님에게 속한' 또는 '하나님을 위한'으로 번역할 수 있다. 이것은 니느웨에 대한 하나님의 관점을 표현하는 것으로, 악한 도시 니느웨는 하나님에게 중요한 도시임을 드러낸다. 이것은 하나님이 하나의 민족 신이 아니라 모든 열방에 대한 주권적 통치자임을 드러낸다. 1장에서는 바다의 폭풍과 요나의 고백을 통해 여호와가 하늘과 땅과 바다의 주관자임을 선포했다. 그런데 3하절에서는 '여호와께 속한 큰 도시'라는 기록을 통해, 하나님은 세상 역사의 주관자임을 선포하고 있다. 다른 하나는 니느웨의 규모가 도보로 '삼 일'이 걸리는 규모의 도시라고 설명한다.

4절은 요나의 선포를 기록한다. 요나는 하룻길을 걸으며 외치기 시작했다. 림버그는 요나가 선포한 메시지가 '3+2'라는 장송곡 리듬과 유사하다고 말한다.

'오드 아르바임 욤'(עוֹד אַרְבָּעִים יוֹם, 3) + '베니느베 네흐파케트'(וְנִינְוֵה נֶהְפָּכֶת, 2)

이내에 사십 일(3)　　　　+　　　　니느웨는 무너지리라(2)

여기서 우리가 주목할 단어는 '무너진다'라는 뜻의 히브리어 '하파크'(הָפַךְ)이다. 이 단어는 소돔과 고모라에 대한 하나님의 심판 선언에 사용되었다(창 19:24~25, 29). 이것은 니느웨의 악이 소돔과 고모라에 유사하다는 것을 암시적으로 드러낸다. 이것은 또한 1:2에 언급된 '악'이 단순한 악이 아니라 소돔과 고모라의 멸망과 같은 악이라는 사실을 드러낸다. 만일 우리가 니느웨에 대한 메시지를 담고 있는 나훔서의 증언에 귀를 기울인다면 니느웨의 악에 대한 정보를 좀 더 구체적으로 얻을 수 있을 것이다. 나훔서는 니느웨를 '피의 성'(1절)이라고 언급한다. 이 표현 하나만으로도 니느웨는 하나님의 공의가 상실된 도시라는 것을 짐작할 수 있다.

2) 5~9절

5~9절은 요나의 간결한 심판 선언에 대한 니느웨의 반응을 기록한다. 우선 5절은 니느웨 사람들의 반응이다. 니느웨 사람들의 반응은 '믿었다', '선포했다', '입었다'라는 동사를 통해 전달된다. '믿었다'는 니느웨 사람들의 내적 반응을 표현한다. 그들은 요나의 선포에 '하나님을 믿었다.' 둘째 반응은 금식을 선포하고 베옷을 입은 것이다. 이것은 자신을 낮추는 행동일 뿐 아니라 참회 혹은 애곡을 표현하는 상징적 행위이다(참고 삼하 12:16; 대하 20:3; 시 35:13). 특별히 '큰 자'와 '작은 자'는 문학 기법상 '메리즘'(merism)으로 니느웨 사람 전체를 가리킨다. 그런데 본문은 니느웨 사람들이 하나님을 믿은 이유

를 밝히지 않는다. 아마 그것은 저자가 독자들에게 1장에 기록된 선원들과 요나 자신과 3장의 니느웨 사람들을 비교하도록 유도하는 장치일 수 있다. 요나는 전적으로 여호와의 말씀을 신뢰해야 하는 선지자임에도 불구하고 신뢰하지 않는다. 그는 고통의 긴 과정을 통해서 여호와를 찾는다. 선원들은 폭풍이라는 고통과 요나의 선포를 듣지만 즉각적으로 반응하지 않는다. 그러나 악한 도시 니느웨 사람들은 요나의 선포에 '하나님을 믿는다.' 니느웨 사람들은 요나의 심판 선언에 즉각 반응한다. 선원들과 요나에 비할 때 그들은 즉각적으로 믿는다. 바로 여기에 아이러니가 있다.

6~9절은 니느웨 왕의 반응이다. 니느웨 왕의 반응은 그의 개인적인 행동(6절)과 그의 선포(7~9절)로 구성된다. 니느웨 왕의 행동은 ABB′A′라는 대칭 구조를 통해 그 의미를 전달한다.

  A 그가 그의 의자에서 일어났다(6b절)

   B 그가 그의 왕복을 벗었다(6c절)

   B′ 그가 굵은 베옷을 입었다(6d절)

  A′ 그가 그 먼지 위에 앉았다(6e절)

AA′는 '일어났다'와 '앉았다'는 동작이 평행을 이룬다. 특히 '의자에서 일어나', '먼지에 앉았다'는 표현은 단순히 위치의 변화를 말하는 것이 아니라 그의 태도의 변화를 말한다. BB′는 '왕복을 벗었다'와 '베옷을 입었다'는 말이 서로 평행을 이루어 의미를 전달한다. 이 또한 태도의 변화를 보여 준다. 즉 AB는 왕이 자신의 신분을 상징하는 의자에서 내려와 왕복을 벗고 베옷을 입고 먼지 위에 앉음으로 자신을 낮춘다. 이런 니느웨 왕의 태도는 우주의 통치자 하나님의 말씀 앞에서 취한 인간의 모습을 반영해 준다. 세상의 통치자로 언급되는 왕이라 할지라도 우주의 통치자 앞에 자신을 낮추는 겸허한 태도가 필요하다.

7~9절은 니느웨 왕이 내린 조서의 내용을 기록한다. 7~8절에 기록된 조

서는 적용 범위와 내용을 기록한다. 그 적용 범위는 '사람'과 '짐승' 즉 살아 있는 모든 이들이다. 그 내용은 부정 명령과 긍정 명령을 통해서 전달된다. 부정 명령은 삼중의 '~하지 말라'를 사용해 그 의미를 강조한다. 그 대상은 (1) '아무것도 입에 대지 말라', (2) '먹지 말라', (3) '물을 마시지 말라'이다. 이 삼중의 부정 명령은 5절의 '금식'을 구체화시켜 준다. 긍정 명령은 회개의 구체적 행동을 요구한다. 그것은 '각 사람은 그의 악한 길과 그 강포에서 돌이키라'이다. 여기서 '강포'는 히브리어로 '하마스'(חָמָס)로써 모든 사회적 불의 즉 공동체의 억압과 착취를 표현하는 문구이다. 니느웨 왕의 선포는 회개의 구체적 행위를 보이라는 것이다. 9절은 그 이유를 설명한다. 왕의 말인 '누가 알겠는가'는 그와 그의 백성의 모든 기대를 담고 있다. 그 기대는 무엇인가? 그것은 여호와께서 그의 계획을 돌이키실지 모른다는 것이다. 그러면서 니느웨 왕은 '우리가 망하지 않을 것이다'라고 말한다. 이 마지막 말은 1:6에서 선장이 잠자고 있는 요나에게 한 말이다. 그는 요나에게 '네 신을 부르라 그러면 우리가 망하지 않을 것이다'라고 명령한다. 그러나 요나는 여호와를 부르지 않는다. 9절에서 니느웨 왕은 그의 모든 백성들에게 '악한 길' 즉 '강포'의 행동에서 돌이키라 그러면 우리가 망하지 않을 것이다'라고 말한다.

그 결과는 하나님의 반응을 기록한 10절에 나타난다. 10절은 문학 구조상 ABB′A′라는 대칭 구조를 형성한다.

> A 그 하나님은 그들의 행위를 보셨다(10aA절)
>> B 그들이 그 악한 길에서 돌이킨 것을(10aB절)
>> B′ 그 하나님이 그 악에 대하여 돌이키셨다(10b절)
> A′ 그가 그들에게 행하기로 말했던 것을 행하지 않았다(10c절)

AA′는 '보셨다'와 '행하지 않았다'가 행동과 결과 관계로 평행을 이룬다. A에서 하나님께서는 니느웨 사람들의 행위를 보셨다. 그 결과 A′에서 하나님은 그들에게 행하기로 말했던 것 즉 니느웨의 멸망을 행하지 않았다. BB′는 그 원인을 제공한다. 그 원인은 니느웨 사람들이 왕의 명령대로 악한 길에서 돌이켰기 때문이고 그 결과 하나님이 그 계획을 돌이켰기 때문이다.

8~9절의 니느웨 왕의 선포는 마치 선지자들의 선포를 듣는 듯하다. 선지서에 기록된 심판 선언의 궁극적인 목적은 무엇인가? 그것은 악인이 그 행위를 돌이켜 여호와께로 돌아오라는 것이다. 그런데 여기서 그 선포를 선지자 요나가 하지 않고 이방인의 왕 그것도 멸망의 대상인 니느웨 왕이 선포한다. 동시대 선지자 호세아는 이스라엘이 돌아오기를 선포했다. 그러나 그들은 여호와께 돌아오지 않았다. 그런데 요나서는 하나님의 백성이 돌이키지 않고 이방의 사람들이 돌이킨다. 이 어찌된 일인가?

설교를 위한 적용

우리는 3장에 대한 고찰에서 몇 가지를 주목해야 한다. 첫째, 심판보다 회개를 원하는 하나님이다. 선지서에서 심판 선언의 목적은 완전한 파멸을 의미하는 멸망이라기보다 회개하고 여호와께로 돌아오는 것이다. 3장에서 이 사상은 분명하게 드러난다. 요나 자신의 선포 의도와는 상관없이 니느웨 백성들이 회개하여 그들의 행실을 돌이켰을 때 여호와는 그들을 용서하고 그들에게 내리기로 했던 심판을 행하지 않았다. 베드로후서 3:9에서 언급하고 있는 것처럼 '여호와 하나님은 모든 사람들이 멸망에 이르지 않고 회개에 이르기를 원하신다.' 또한 하나님은 창세기 12:3에서 "땅의 모든 족속이 너를 인하여 복을 얻을 것이니라"고 말씀했다. 이 구절들은 세상 모든 사람들이 회개하여 구원에 이르기 원하는 하나님의 마음을 선포한다. 하나님께서 모든 족속이 복을 얻고 세상 모든 사람이 멸망치 않고 회개에 이르기 원한다면 이스라엘을 선택하신 목적은 무엇인가? 그것은 '너로 말미암아'라는 표현에서 알 수 있듯이 모든 족속이 복을 얻는 통로로 삼기 위함이다. 하나님이 이스라엘을 그분의 백성으로 제사장의 나라로 삼은 것은 세상 모든 민족이 하나님께로 돌아와 영광을 돌리도록 하기 위함이다. 왜 하나님은 모든 민족이 복을 얻기 원하는가? 그것은 하나님은 한 민족 신이 아니라 만물의 창조자요 우주의 통치자이시기 때문이다. 하나님은 자기 백성 이스라엘을 통해 하나님이 세상을 다스리고 역사를 주관하는 통치자임을 선포하고 세상 모든 사람들이 그분의 통치 아래 거하여 진정한 샬롬을 얻기 원하기 때문이다.

둘째, 역사적 맥락에서 볼 때 3장에서 니느웨가 여호와께 돌아오는 내용은 이스라엘과 대비적으로 보여 주는 효과가 있다. 하나님은 선지자들을 통해서 언약을 파기한 이스라엘 백성들이 여호와께 돌아오기를 요청했다. 그러나 그들은 여호와께 돌아오지 않았다. 그런데 요나의 선포에 이방인이 돌아온다. 이 어찌된 일인가? 마태복음과 누가복음은 "심판 때에 니느웨 사람들이 일어나 이 세대 사람을 정죄하리니 이는 그들이 요나의 전도를 듣고 회개하였음이어니와 요나보다 더 큰 이가 여기에 있으며"(마 12:41; 눅 11:32)라고 하신 예수님의 말씀을 전달한다. 이 아이러니를 통해 역설적으로 언약 백성을 책망한다.

04

박 넝쿨을 아낀 선지자, 생명을 아낀 하나님

요나 4장 주해와 적용

선지자의 본질적 사명은 여호와의 말씀을 선포하는 것이다. 하나님의 마음을 알고 그것을 독자들에게 전달하는 것이다.

그런데 요나는 여호와가 어떤 분인 줄 알면서도 여호와께서 행하신 일을 받아들이지 못한다. 그 이유는 무엇일까? 그것은 요나가 자중심적 사고에서 벗어나지 못하고, 자신의 사고 범주 안에서 여호와의 사역을 이해할 수 없었기 때문이다. 아니, 그는 여호와 하나님의 행사를 이해하기 싫었는지 모른다.

그는 박 넝쿨을 사랑하고 아끼면서도 생명을 소중히 여기는 하나님의 모습을 받아들이기 싫었다.

이와 마찬가지로 우리도 요나와 같은 모습으로 신앙생활을 할 수 있다. 자신의 욕구와 필요를 간구하면서, 하나님의 뜻과 목적을 수용하려고 하지 않는 모습이 우리에게 있다.

아니, 우리는 창조자요 만물의 통치자인 여호와를 우리 사고 범주 안으로 가두어 놓고 우리 식으로 여호와께서 행해야 한다고 억지를 부리고 있는지도 모른다.

우리는 생명을 아끼는 하나님의 마음을 이해해야 한다. 요나가 그토록 싫어하는 이방 민족이라 할지라도, 그들이 회개하고 하나님께 돌아오기를 원하는 하나님의 마음을 이해해야 한다. 우리는 물질에 집착하거나 물질을 사랑하지만, 여호와는 생명을 사랑한다.

본문의 개요: 문학적 구조(욘 4장)

4장은 두 단락으로 구분된다. 첫째 단락은 1~4절로, 자비로운 하나님의 사역에 대한 선지자 요나의 불만을 다룬다. 둘째 단락은 5~11절로, 이 단락은 세 개의 소단락(5, 6~9, 10~11절)으로 구분되어 생명을 사랑하는 하나님을 강조한다.

이 두 단락은 서로 긴밀하게 연결되어 이방인을 향한 하나님의 자비로운 행동과 그들을 향한 하나님의 사랑을 강조한다.

본문 주해

1. 은혜롭고 자비로운 하나님에 대한 선지자의 불만(1~4절)

1~4절은 요나의 반응(1절), 요나의 기도(2~3절), 여호와의 반응(4절)으로 구성되어 요나의 불만과 여호와의 반응을 기록한다. 또한 문학 구조상 대칭 구조를 통해 그 의미를 전달한다.

> A 요나의 반응: 요나가 매우 싫어하고 분노했다(1절)
>
>   B 요나의 기도1: 여호와여! 이것이 아니지 않습니까(2상중절)
>
>   X 요나의 기도2: 내가 알았기 때문에 다시스로 도망했습니다 (2하절)
>
>   B′ 요나의 기도3: 여호와여! 나를 취하소서(3절)
>
> A′ 하나님의 반응: 너를 위해 분노함이 합당하냐(4절)

AA′는 내용상 '요나의 반응'과 '하나님의 반응'이 대조를 이룬다.

A에서는 '요나가 매우 싫어하고 성내며'라고 요나의 반응을 묘사한다. 이에 대해서는 히브리어 본문의 고찰이 필요하다.

히브리어 본문은 '그러나 그것이 요나에게 불쾌했다'고 보고한다. 여기서 '그것'이라는 3인칭 대명사는 앞의 사건을 가리킨다. 니느웨가 그 악한 길에서 돌이킴으로써 여호와께서 그분의 뜻을 행하지 않은 것이다. 그것이 요나에게 불쾌했다.

그런데 '불쾌하다'는 동사는 히브리어로 '라아'(רָעַע)로, 기본적으로 '악하다'는 의미이다. 좀 더 문자적 의미로 볼 때 니느웨 사람들의 회개와 하나님의 용서가 선지자 요나에게 악한 것으로 여겨진 것이다.

특별히 뒤따르는 어구 '라아 케돌라'(רָעָה גְדוֹלָה)는 '큰 악'이라는 의미로 이 단어는 본래 1:2에서 니느웨에 대한 묘사에 사용되었다. 그런데 이 단어가 이제 요나에게 사용되고 있다. 그 결과 요나는 화를 냈다.

여기서 '화를 내다'라고 해석된 히브리어 '하라'(חָרָה)는 기본적으로 '불타오르다' 혹은 '뜨겁게 되다'라는 뜻이다. 따라서 A(1절)는 니느웨 사람의 회개와 하나님의 용서가 선지자 요나에게 악이며 동시에 그의 감정을 불타오르게 했다는 것을 표현한다.

A′(4절)는 여호와의 반응이다. 그 반응은 의문형으로 나타난다. '너의 성냄이 어찌 합당하냐.' 여기서 '성냄'은 1절의 '분노'와 동일한 단어이다.

또한 '합당하다'의 히브리어는 '야타브'(יָטַב)로 기본적으로 '선하다'라는 의미이다. 하나님은 선한 것을 악으로 여기는 요나의 행위가 선하지 않다고 간접적으로 책망한다.

BB′는 요나의 기도로, '여호와여!'라는 호격이 서로 평행을 이룬다.

B에서 요나의 기도는 히브리어 '아나'(אָנָּא)로 시작한다. 이 단어는 강조를 표현하는 감탄사로, '오' 혹은 '제발'이란 말로 번역된다.

요나는 '오 여호와여! 내 말은 이것이 아니지 않습니까?'라고 간청한다. 이 문장은 요나가 자신의 생각대로 여호와께서 행하지 않았다고 하는 서운함을 담고 있다.

B′(3절)는 '아타'(עַתָּה)로 시작한다. 이 단어는 현재 상황을 표현하거나, 어떤 사건이 발생한 그 결과적 표현을 시작할 때 '자' 혹은 '이제'라는 의미로 사용된다. 요나는 '자 이제 여호와여 내 생명을 취하소서'라고 요청한다.

요나는 자신의 뜻대로 이루어지지 않자 생명을 거두기를 간청한다. 그 이유를 '내 죽음이 사는 것보다 선하기 때문이다'라고 밝힌다. 우리는 여기서 니느웨의 회개와 여호와의 용서가 요나가 원했던 것이 아니라는 것을 알 수 있으며 또한 그것이 요나가 죽도록 싫어하는 것임을 발견할 수 있다.

더 나아가 X(2하절)는 요나가 과거에 여호와의 얼굴을 벗어나 도망했던 이유를 요나의 고백을 통해서 밝힌다. '왜냐하면 당신은 은혜롭고 자비로우며 노하기를 더디 하고 인자가 많으며 악에 대하여 돌이키는 하나님이심을 내가 알았기 때문입니다.'

이 고백은 출애굽기 34:6~7에서 선포된 여호와 하나님의 성품을 반영하고 있다. 즉 요나는 여호와의 성품을 정확히 이해하고 있다. 그럼에도 불구하고 요나는 니느웨에 대한 여호와의 행동이 자신의 뜻에 합하지 않으며 그것은 자신에게 죽도록 싫다고 주장하고 있는 것이다.

2. 생명을 사랑하는 하나님(5~11절)

5~11절은 세 단위(5, 6~9, 10~11절)가 한 쌍을 이루어 니느웨 사람들을 용서한 하나님의 뜻을 전달한다.

1) 5절

'요나'라는 등장인물의 변화와, 성 밖이라는 배경의 변화는 새로운 국면을 만들어 낸다. 요나는 니느웨 동편 밖으로 나가 초막을 만들고 거기에 앉는다.

'초막'이라는 히브리어 '쑤카'(סֻכָּה)는 가축의 우리 혹은 원두막 같은 것으로, 피난처 혹은 보호의 장소를 가리키기도 한다. 또한 '초막'은 이스라엘의 3대 절기 중 하나인 초막절과 관련이 있을 수 있다. 초막절은 광야에서 베푼 하나님의 은혜를 기억하는 절기이다.

그러나 요나는 초막 아래 앉아서 놀라운 하나님의 은혜를 기억하지 않는다. 그는 하나님이 그 성읍에 무엇을 행하는지를 관찰하는 관찰자의 태도를 취한다. 그는 지금 하나님의 행동의 감시자로 변하고 있다.

2) 6~9절

6~8절에 세 사건이 배열되었다. 이 세 사건은 모두 '마나'(מָנָה)라는 히브리어로 시작한다. '마나'는 기본적으로 '할당하다', '결정하다', '임명하다'라는 의미이다. 하나님은 '박 넝쿨'(6절), '벌레'(7절), '동풍'(8절)에게 요나를 위한 사역을 부여했다. 1장에서 하나님은 요나를 공격하여 교훈하기 위해 '폭풍'과 '큰 물고기'를 사용했다. 그런데 이제 하나님은 하나님의 선한 행위를 악으로 인식하는 요나를 교훈하기 위해 다시 '박 넝쿨', '벌레', '동풍'에게 그 역할을 부여한다.

6절은 요나를 위한 하나님의 첫 사건을 기록한다. 하나님은 요나를 위해 박 넝쿨로 그늘을 만들어 주셨다. 그 하나님의 사역에 대한 요나의 반응이 6하절에 기록되었다. 이 반응은 1상절에 기록된 요나의 반응과 대조를 이룬다(아래에는 히브리어 평행법을 살리기 위해 히브리어 성경을 직역함).

> 그것이 악했다 / 요나에게 / 큰 악으로(1상절)
>
> 요나가 기뻐했다 / 박 넝쿨로 인해 / 큰 기쁨으로(6하절)

1상절은 '악했다'는 동사로 시작하고 '큰 악으로'라는 어구로 마감한다. 반면에 6하절은 '기뻐했다'는 동사로 시작하고 '큰 기쁨으로'라는 어구로 마감한다. 따라서 이 두 문장은 '악하다'는 개념과 '기뻐했다'는 개념이 서로 대조되고 있다. 전자는 니느웨의 회개와 여호와의 용서에 대한 요나의 감정이고, 후자는 요나의 괴로움(악)을 면하도록 하기 위한 여호와의 행동에 대한 요나의 감정이다.

요나는 니느웨에 대한 여호와의 행동을 악하게 여기면서 자신을 위한 여호와의 행동을 매우 기쁘게 여긴다. 이것은 요나의 자중심적 사고를 은근히 비판한다.

7절은 둘째 사건을 소개한다. 하나님은 1장에서 바다를 공격하기 위해 바람을 던지셨듯이 이제는 박 넝쿨을 공격하기 위해 벌레를 준비하셨다. 이 둘의 공통점은 그 직접적 대상이 바다와 박 넝쿨이 아니라 요나라는 점이다.

1장에서 하나님이 바다에 바람을 던져 풍랑을 일으킴으로 요나를 공격하셨다면, 이제 벌레를 통해 박 넝쿨을 마르게 하여 요나를 공격하기 위한 준비를 한다.

8절은 셋째 사건이다. 8절은 둘째 사건과 연결되어, 요나에 대한 하나님의 직접적인 공격을 소개한다. 하나님은 '태양'과 '동풍'을 통해 요나의 머리를 쪼이게 했다. '쪼이다'의 히브리어 '나카'(נכה)는 기본적으로 '치다, 때리다, 공격하다'라는 의미이다. 이것은 분명히 요나에 대한 하나님의 공격을 말한다.

8d절은 하나님의 공격에 대한 요나의 반응을 기록한다. 요나의 반응은 이중적으로 전달된다. 하나는 간접 화법을 통한 요나에 대한 진술이다. '그가 그의 생명을 죽이기를 구했다.' 다른 하나는 요나의 직접 화법을 통한 신술이다. 요나는 '내 죽음이 사는 것보다 좋습니다'라고 고백한다. 이 고백은 3절을 반복한다.

9절은 하나님과 요나의 대화를 기록한다.

하나님은 요나에게 이렇게 질문한다. '박 넝쿨에 대한 네 분노가 선한 것이냐?' 이 질문은 1절을 반향하고 있다. 요나는 1절에서 니느웨의 회개와 하나님의 용서에 대해 '분노'했다. 그런데 요나는 이제 박 넝쿨을 준비하고 또한 제거한 하나님의 행동에 대해 분노한다. 따라서 이 하나님의 질문은 하나님의 주권적 행동에 대한 요나의 분노가 선한 것이냐고 책망하고 있는 것이다.

이 질문에 대한 요나의 대답은 간결하고 어조가 강하다. '내 분노가 죽기까지 선합니다.' 요나는 하나님의 책망의 어조를 담은 직접적 질문에도 불구하고 자중심적 사고를 버리지 못한다.

3) 10~11절

10~11절은 이런 요나에 대한 여호와의 선포이다. 이 선포는 문학 구조상 반복 평행을 이루어 그 의미를 전달한다.

> A 너는 정말 박 넝쿨을 소중히 여겼다(10b절)
>   B 네가 수고도 하지 않고 자라게도 하지 않은(10c절, בוֹ ...אֲשֶׁר아쉐르… 보)
>   C 밤사이에 있다가 밤사이에 망한(10d절)
> A′ 내가 정말 그 큰 도시 니느웨를 소중히 여기지 않겠느냐(11a절)
>   B′ 그 안에 십이만 명 이상 많은 사람이 있는(11b절, בָּה ...אֲשֶׁר아쉐르… 바)
>   C′ 오른쪽과 왼쪽을 알지 못하는(11c절)

AA′는 인칭 대명사 '너'와 '나' 즉 '요나'와 '여호와'가 대칭을 이룬다. 특별히 구문론상 '2인칭 대명사+2인칭 동사'와 '1인칭 대명사+1인칭 동사'라는 배열은 각각의 행동을 강조한다. A는 요나의 행동 즉 요나가 박 넝쿨을 소중히 여겼다는 것을 강조한다.

그러나 A′는 여호와께서 니느웨 즉 니느웨 사람들을 소중히 여겼다는 것을 강조한다. '소중히 여기다'라는 뜻의 히브리어 '후쓰'(חוּס)는 '~에 대해서 연민의 정을 가지고 고통스러워하는 모습'을 담고 있다. 만약 이 개념을 더 부각시킨다면, 요나는 박 넝쿨에 대해 연민의 정을 가진 반면 여호와는 물질이 아닌 니느웨에 대한 연민의 정을 가지고 괴로워하셨다는 개념을 전달한다.

BB′는 박 넝쿨과 니느웨에 대한 부연 설명이다. B에서 하나님은 그 박 넝쿨이 요나가 수고도 하지 않고 자라게도 하지 않은 것이라고 말한다.

반면에 B′에서 하나님은 니느웨에 십이만 명 이상의 많은 사람이 있다고 말한다. 즉 하나님은 박 넝쿨과 십이만 명 이상의 사람들을 대조시키고 있는 것이다.

CC′는 BB′에 연속되는 부연 설명이다. C에서 하나님은 하루 동안 있다가 사라지는 박 넝쿨의 무력함을 표현한다. 반면에 C′에서는 좌우를 알지 못하는 사람들의 무지함을 표현한다.

하나님은 10~11절을 통해서 이 한마디를 하려는 것이다. '너는 박 넝쿨을 소중히 여겼냐? 나는 니느웨 사람을 소중히 여겼다.'

설교를 위한 적용

우리는 4장에 대한 고찰에서 두 가지를 주목해야 한다.

첫째, 이방인이 회개하고 여호와께 돌아오는 것을 기뻐하지 않는 선지자 요나의 모습이다. 회개와 용서는 성경 전체가 가리키는 중요한 주제이다. 하나님은 회개를 원하고, 회개하면 용서하는 분이시다. 그런데 이런 하나님의 선하신 행동을 분노하는 요나가 있다. 이것은 그가 가진 잘못된 선민의식 때문이다. 언약 백성 혹은 선지자라는 자신의 신분과 위치가 이방을 섬기기 위해 하나님께서 주신 특권이라는 사실을 망각한 데서 온 것이다. 그는 하나님 중심이 아니라 오히려 자중심적이며 그는 하나님의 마음보다 자신의 마음과 기분에 충실한 자이다. 마치 신약에서 탕자가 돌아왔을 때 형이 기뻐하지 않고 불평하는 것처럼 말이다.

둘째, 물질에 집착하는 인간과 생명을 아끼는 하나님이다. 박 넝쿨 사건은 바로 이 내용을 교훈한다. 요나는 한 생명이 회개하고 하나님께 돌아오는 것을 기뻐하지 않고, 자신을 시원케 하는 박 넝쿨 즉 하루 만에 시들어지는 무가치한 것을 기뻐한다. 그러나 하나님은 무지한 사람들을 소중히 여긴다고 역설적으로 말씀한다.

혹시 우리도 하나님의 이름을 운운하면서 하나님의 마음이 아닌 우리의 독선적 사고 때문에 하나님이 기뻐하는 사람을 소중히 여기지 않고 오히려 그들을 자신의 목적을 이루기 위한 도구로 사용하려 하지는 않는지 되돌아 봐야 한다.

하박국
어떻게 설교할 것인가

I. 하박국 배경연구

II. 하박국 본문연구

I. 배경 연구

01

하박국과 그의 시대
그리고 그의 메시지

하박국, 그 인물

하박국 그는 어떤 사람인가? 그가 어떤 사람인지에 대한 정보를 알려 주는 것은 하박국서 밖에 없다. 그러므로 그의 정체를 알기란 쉽지 않다. 어떤 학자들은 말하기를, '하박국'이라는 히브리어에 '안으리라'(embrace)는 뜻이 있음을 들어 열왕기하 4:16에 나타난 수넴 여인의 아들일 것이라 했다. 그와 달리 초대 교회의 유명한 교부 제롬(Jerom)은 '하박국'이라는 히브리어가 '씨름하다'(הַתְאַבְּקוּ 히트아브쿳 wrestle)라는 말과 유사함을 들어 그 이름의 뜻이 '씨름하는 자'(wrestler)라고 했다. 그는 하박국서의 내용이 바로 하나님과 씨름하듯 대질하며 고민하던 것을 그 이름에 표현했다고 생각한다. 그러나 이것 역시 추측에 불과하다.

그래도 하박국의 신분만은 거의 확실한 것 같다. 그는 아마도 성전에서 노래하던 찬양대의 대원으로, 레위의 후손일 것이다. 3:19은 "이 노래는 영장(지휘자)을 위하여 '내 수금'에 맞춘 것이니라"(참고 3:1)고 했는데, 이것은 찬양대의 대원이 아니고서는 할 수 없는 말일 것이다. 또 3장에 '셀라'라는 음악 술어가 자주 나타남을 보아(3:3, 9, 13), 이 노래는 성전에서 합창으로 부르던 노래임이 확실하다. 여기의 '셀라'라는 음악 용어는 성가대가 합창할 때, 음의 강조를 표시하는 기호인가? 혹은 음의 장단을 조절하는 휴지 기호를 말하는 것인가? 아마도 후자일 가능성이 많다. 이러한 점들을 고려할 때 그의 신분은 분명한 듯하다. 어쨌든 그는 선지자 중에서도 특이한 선지자이다. 선지자란 본래 하나님의 말씀을 받아 그것을 백성들에게 전파하고 설교하는 하나님의 대언자이다. 그러나 하박국은 이 점에서 독특하다.

본래 선지자를 일컫는 히브리어 '나비'(נביא)는 '대언자'(spokesman)를 말한다. 출애굽기 7:1에도 보면, '나는 말할 줄 모르나이다'라고 하는 모세에게 하나님께서는 "네 형 아론은 네 '대언자'(나비)가 되리니"라고 했다. 많은 번역 성경들도 '네 대언자'(your spokesman, NEB)라고 번역했다. 선지자란 미래를 말하는 예언자(豫言者)만이 아니라, 과거와 현재와 미래를 가를 것 없이 하나님의 말씀을 그대로 대언하는 자를 말한다. 선지자를 '예언자'(豫言者)로만 오해하게 된 것은 70인역의 번역인 'prophetes'를 바르게 이해하지 못한 때문이다. 여기에 사용된 접두사 'pro-'가 '시간 개념'(beforehand)이냐 혹은 '장소 개념'(local-sense)이냐의 논란이 있을 수 있다.

초대 교회 교부 크리소스톰(Chrysostom)은 'pro-'를 오직 시간 개념의 미래로만 생각하여 선지자는 '예'(豫)언자임을 강조했다. 그러나 아우구스티누스는 어원적으로 그것을 바로잡아 장소 개념으로 보아서 '하나님 앞'(before of God)으로 생각했다. 그는 선지자를 오직 하나님의 말씀(과거, 현재, 미래와 관계없이)을 맡은 자로, 그 앞에서 그것을 대언하는 자로 보았다. 굳이 한문을 사용한다면 '예'(預, 맡을 예)언자로 쓰면 좋을 것이다. 이런 점을 고려하여 필자는 선지자를 '예언자'라고 말할 경우에는 굳이 '豫'도, '預'도 아닌 약자 '子'를 쓰기를 좋아한다. 어쨌든 선지자는 곧 하나님의 대언자요, 다시 말하면 '그의 입이다'(렘 15:19). 그러므로 선지자는 하나님 '앞에서' 그의 말씀을 받아 그것을 백성들에게 전달하며 교훈하는 것이 큰 사명이다.

그러나 하박국은 다르다. 그는 하나님의 말씀을 받아 대언하며 백성들에게 설교한 일이 없다. 오히려 그는 하나님을 향하여 대질하며 불평한 사람이다. 즉 '어느 때까지니이까?' '어찌하여 하나님은 잠잠하시니이까?' 이처럼 불평 섞인 말을 거듭거듭 했던 사람이다(1:2, 3, 13, 14). 이러한 하박국을 보고 많은 사람들은 그의 신앙을 의심했다. '의심에 찬 하박국', 심지어 '믿음을 버린 회의주의자 하박국'이란 말을 서슴지 않은 주석가들도 있었다.

그러나 여기에서 먼저 알아야 할 것은, 하박국의 이러한 대질은 애절한 기도요 탄식이지, 신앙 고백은 아니라는 것이다. 이러한 탄식은 시편, 욥기, 예레미야에서도 자주 볼 수 있는 기도였다. 그것은 그들의 심령을 하나님 앞에 물 쏟듯 토한 것뿐이다. 어찌 남의 탄식의 기도를 듣고 그 사람의 신앙을 평가할 수 있겠는가. '아버지여, 어찌 나를 버리시니이까'라고 기도했다고 해서 그것을 불신앙자의 기도라고 말할 수는 없다. 오히려 "너는… 눈물을 강처럼 흘릴지어다… 네 마음을(근심, 슬픔, 의심까지도) 주의 얼굴 앞에 물 쏟듯 할지어다"(애 2:18, 19)라고 권면한 것이 하나님의 말씀이었다. 그렇게 탄식한 하박국에게 하나님께서는 큰 소망의 기쁜 계시를 보여 주셨던 것이다(2장).

그러한 큰 계시, 앞으로 다시 말할 하나님의 메시지를 받은 하박국은, 드디어 하나님과 대질하던 그런 사람의 위치가 아니라, 온전히 하나님만 바라는 큰 신앙의 소유자가 되었다. "오직 여호와는 그 성전에 계시니 온 천하는 그 앞에서 잠잠할지니라"(2:20)고 한 이 고백이야말로 오고 오는 모든 성도들의 '신앙 고백의 진수'라고 해도 지나친 말이 아닐 것이다.

그러나 하박국은 이처럼 변화됐지만 그의 환경은 변함이 없었다. 시국은 더욱 어려워졌고 더욱 험난해져만 갔다. 이제 그 시대는 어떠한 때였는지 살펴보자.

하박국, 그의 시대

그 시대는 벌써 갈대아의 세력이 크게 예견되었던 때였다(1:6~10). 여기서 갈대아란 신흥 세력으로 재편성된 바빌론을 말한다. 그것을 흔히 '신바빌론'(Neo-Babylonian)이라고도 한다. 본래 갈대아는 바빌론 남쪽 한 지역을 말했으나 신바빌론 시대에는 바빌론 전체를 갈대아로 불렀다.

그 세력이 활발해진 것은 요시야 왕(주전 626~609년) 때부터이다. 그러나 그때의 갈대아는 아직도 잠재 세력이었고, 계속 아시리아가 세계 국가로 군림해 있었다. 그때에 또 다른 강대국 애굽은 아시리아와 동맹 관계에 있으면서 신흥 바빌론을 견제하고 있었다.

그러나 드디어 두 강대국, 아시리아와 바빌론은 서로 패권을 다투는 전쟁을 일으켰다. 그때의 애굽은 물론 친아시리아적이었으나, 반대로 유다의 요시야 왕은 반아시리아적이었다. 그는 아시리아의 패망이 유다의 독립을 위하여 유익하다고 판단하였음이 분명하다.

그러므로 애굽이 아시리아를 '도우려고'[1] 지중해를 거쳐 북부 가나안 므깃도로 진출했을 때 요시야 왕은 애굽을 대항하여 싸웠다. 그러나 요시야 왕은 슬프게도 므깃도에서 전사했다. 그날에 유다와 예루살렘에는 왕의 전사로 인하여 큰 통곡이 있었다. 그때에 예레미야는 애가를 지어 백성들을 위로하며 죽은 자를 위하여 울지 말고 산 자들을 위하여 슬퍼하라고 말했다(대하 35:25). 그러나 그들의 슬픔은 '이스라엘의 규례가 되어 오늘날까지 이르렀다'(대하 35:25). 여기서 '오늘날'이란, 전통적인 학설을 따른다면 에스라 시대일 것이다. 그러므로 포로 후 선지자인 스가랴도 이스라엘의 큰 슬픔을 말할 때는 '므깃도 골짜기에 있던 애통 같을 것이라'(슥 12:11)고 하기도 했다.

이러한 슬픔이 특별히 하박국 시대의 예루살렘과 유다의 민심을 크게 자극하는 사회적인 분위기였을 것이다. 하박국의 슬픈 질문, 즉 '어찌하여 이런 일이~'라고 하나님 앞에 대질하던 그의 고민도 그러한 배경과 무관하지 않다고 보아 좋다. 사실 하박국의 그러한 질문은 이스라엘의 전체 분위기를 대표한 것이라고 볼 수도 있다. 어찌 보면 이스라엘의 '므깃도의 슬픔'은 이스라엘의 자기들의 군왕을 잃어버린 단순한 슬픔만이 아니라, 하나님의 섭리를 의심하게 되는 신앙적 고민이 그들을 더욱 당황케 했고 슬프게 했을 것이다.

말하자면 '어찌하여 요시야 왕과 같은 의인이 원수의 칼에 죽어야 하는가? 하나님은 왜 저를 버렸을까?'이다. 하나님께서는 "요시야와 같이 마음을 다하며 성품을 다하며 힘을 다하여… 모든 율법을 온전히 준행한 임금은 요시야 전에도 없었고 후에도 그와 같은 자가 없었더라"(왕하 23:25)고 하지 않으셨던가? 사실 이때야말로 슬픈 눈물이 앞을 가릴 뿐만 아니라, 하나님께 대한 신앙의 먹구름이 이스라엘의 군중들을 절망케 한 때였다. 하박국은 바로 그러한 때의 인물이었다. 그러나 요시야 왕의 죽음에 대한 하나님의 깊으신 뜻은, 몇몇 선지자들 외에는 아무도 알 수 없었다. 요시야 왕에게는 하나님께서 일찍이 알려 주신 말씀이 있었다(대하 34:27, 28). 또한 이사야 선지자도 이 사실을 예언한 바가 있다(사 57:1, 2).

예레미야 선지자도 그것을 알았음이 분명하다. 그러기에 앞에서 말함같이 '죽은 자를 위하여 슬퍼 말고 산 자를 위하여 슬퍼하라' 했을 것이다. 여기서 산 자들이란 말은 특별히 요시야 왕의 아들들을 가리키는 말이었다.

요시야 왕이 죽은 후에 유다의 장로들은 요시야의 둘째 아들 여호아하스를 왕으로 세웠으나, 요시야를 죽였던 바로 왕이 그를 폐위시키고 애굽으로 끌고 가서 죽였다(왕하 23:34). 바로 왕 느고는 장남 엘리야김을 대신 왕으로 세웠다. 유다의 장로들이 그를 왕으로 세우지 않고 그 동생을 세운 것은 그럴 만한 이유가 있었을 것이다. 그는 본래 포악한 인물이었다. 그는 왕위를 동생에게 빼앗긴, 그 불편한 심기를 바로 왕에게 연락했을 것으로 학자들은 생각한다. 애굽 왕 바로는 오히려 그것을 이용했다. 애굽 왕은 엘리야김이란 그 이름을 바꾸어 '여호야김'이란 새 이름을 주었다. 이것은 그가 애굽 왕의 괴뢰임을 입증하기에 충분하다. 그는 왕위에 오르자 애굽 왕의 힘을 의지하여 자기 백성들을 억압했다. 유다 왕국은 점점 어려워졌다. 이때에 많은 군중들은 다시 생각했을 것이다. 요시야 왕은 이스라엘에 큰 부흥을 일으킨 사람이었다. 그 부흥은 이스라엘 역사상 전무후무한 것이었다. 그러나 그 부흥은 도대체 무슨 의미가 있었던가. 요시야 왕은 전사했고, 예루살렘과 유다는 바빌론에 점령될 위기에 처해 있다. 이것이 부흥의 대가인가. 그들은 의심했을 것이다. 뿐만 아니라 그들이 당하는 고통에 대해, 요시야 왕이 모든 우상들을 제거했기 때문이라고 믿게까지 된 것이 그때의 분위기이기도 했다.

그들은 말했다. '우리는 우리의 하던 것… 우리 선조들이 하던 대로 하늘 여신에게 분향하고 그 앞에 전제를 드리리라 대저 그때에는 우리가 식물이 풍부하며 복을 받았고 재앙을 만나지 아니하였더니… 그것을 폐한 후부터는 모든 것이 핍절하고 칼과 기근에 멸망을 당하였느니라'(렘 44:17~18). 이 말은 후일 애굽으로 피난간 자들이 요시야 왕 부흥 이후의 일을 회상한 말이지만, 어찌 그들만의 생각이었겠는가. 그것은 당시의 유다 백성들에게 침투했던 불신앙, 즉 요시야 왕의 부흥의 참뜻을 의심하는 자들의 공통적인 심정을 표출한 말일 것이다. 신앙의 부흥과 또 하나님만을 전심전력으로 섬기기로 결심한 것이, 달리 말하면 모든 우상을 제거한 것이, 큰 화를 만나게 했다는 것이 그때의 분위기였다.

이것이 유다 멸망 직전, 하박국 시대의 유다 왕국의 신앙적 타락상이기도 했다. 여호와김과 시드기야의 학정도 이러한 분위기와 무관하지 않았다. 그랬기에 그 통치자들은 많은 성도를 죽일 뿐 아니라 위대한 하나님의 종 예레미야까지도 죽이려 했던 것이다.

요시야 왕의 부흥! 그것은 큰 파멸을 이기고, 또 오래 계속될 포로 생활의 고통을 이길 수 있는 '힘'을 주시기 위한 하나님의 특별한 섭리였음을 그들은 알지 못했다. 다니엘, 에스겔, 에스라, 느헤미야, 스룹바벨, 학개, 스가랴 같은 위대한 하나님의 사람들은 모두 요시야 왕의 부흥의 첫 열매들이 아니었던가. 그들이 있었기에 예루살렘이 다시 회복된 것이 아니었던가. 그러나 그 시대에는 그것을 몰랐다.

요시야 왕의 부흥 이후 그 왕이 죽자 유다의 통치자들은 더욱 악해졌다. 여호야김이 그 대표적 인물이다. 율법책은 불태워졌고, 의인들은 오히려 큰 박해를 받았다.

이러한 악한 시대에 보내진 하박국 선지자는 탄식의 기도를 한다. "어찌하여 나로 간악을 보게 하시며 패역을 목도하게 하시나이까 대저 겁탈과 강포가 내 앞에 있고 변론과 분쟁이 일어났나이다 이러므로 율법이 해이하고 공의가 아주 시행되지 못하오니 이는 악인이 의인을 에워쌌으므로"(1:3~4).

하박국의 질문은, 통치자의 학정과 그것을 편드는 관료들과 많은 제사장들을 슬퍼하는 선지자의 탄식이었다.

이때에 물론 하나님의 답변이 있기는 했다. 그러나 그것이 하박국을 더욱 괴롭게 했다. 그러면 하나님의 답변은 무엇이었던가? 그것은 곧 갈대아인을 일으켜 악한 유다를 징벌하리라는 것이었다(1:5~11). 여기에서 하박국은 더 큰 고민을 호소했다. 그것은 곧 '악인을 멸하기 위하여 더 큰 악인을 보내는 것이 옳으니이까?'(1:6~17) 하는 것이었다.

이러한 슬픈 환경과 고민 속에서 하박국은 하나님의 계시 즉 그분의 메시지를 받게 되었다(2장).

하박국, 그의 메시지

그러므로 여기에서 "내가 내 파수하는 곳에 서며 성루에 서리라"(2:1)는 말의 뜻은, 선지자가 '자기의 본 임무로 돌아가는 것'을 말한다고 보는 것이 좋다. 지금까지 선지자는 고민하며 질문하는 위치에 있었으나, 이제는 선지자로서 자기의 본분을 다하기 위하여 고요히 기도하며 하나님을 우러러 바라보며 기다리는 제 위치로 돌아가는 것을 의미한다. 하나님의 일꾼들이 자기의 분량을 알고 '제 위치를 찾아 선다'는 것은 모든 어려운 문제를 해결하는 첫 단계일지 모른다.

로마서 12:3에서 사도 바울은 "너희 중 각 사람에게 말하노니 마땅히 생각할 그 이상의 생각을 품지 말고 오직 하나님께서 각 사람에게 나눠 주신 믿음의 분량대로 지혜롭게 생각하라"고 말했는데, 여기서 우리는 자기의 분량을 알고 제 위치를 찾아 선다는 것이 얼마나 중요한지를 알아야 한다. 나라의 일꾼이나 교회의 일꾼이나 똑같다. 국방을 지키는 군대가 그 위치를 굳게 지켜야지 정치에 간섭해서는 안 된다. 학생이 교사의 위치에 있어도 안 된다. 장로가 목사의 위치에 있어도 안 된다. 우리는 모두 자기의 위치를 알아야 하고, 자기의 영역을 지켜야 한다.

하박국의 성공은 바로 여기에 있었다. 그는 이제 비로소 제 위치로 돌아왔다. 그리고 그는 결심했다. 그 결심이란 곧 '하나님께서 내게 무엇이라 말씀하실는지 보기 위하여 내가 기다리리라'(2:1하)는 것이었다. 여기에서 특별히 '기다리리라'("and I will keep watch" NASB)의 히브리 원문은 문법적으로도 매우 강조된 형태(piel형)이다. 이러한 문법 형태는 '기다리라'는 말이 중요하게 강조된 것임을 보여 준다. 2:3에서도 계속 "비록 더딜지라도 기다리라"고 하셨다. 기다림! 이것은 신앙의 중요한 기본 요소이다. '기다림'에 해당하는 히브리어 '짜파'(חָכָה)는 그저 막연한 기다림이 아니라, '기대와 소망을 갖고 하나님을 바라며' 모든 것을 참고 '살펴보는 것'(watch)을 의미한다. 그 말의 어원에는 '소망'(hope)이란 뜻이 깔려 있다(BDB 859).

소망 없는 기다림이란 무의미하다. 기다림이란 우리의 소망과 직결되어 있고, 우리의 신앙과도 연결되어 있다. 이렇게 볼 때 선지자가 말한 바, "내가… 기다리고 바라보며"(2:1)라는 결심은 매우 중요하다. 이것은 그가 큰 계시를 받을 수 있는 좋은 준비였다. 그리고 그는 "나의 질문에 대하여 어떻게 대답하실는지 보리라" 즉 '그분이 내게 무엇이라 말씀하실지'라고 했다. '그가 내게 말씀하실지'를 영문으로 직역하면 'He will speak in me'다. '내게'란 말이 'to me'가 아니라 'in me'이다. 이것이 영문법에는 맞지 않지만 선지자들의 글에서는 자주 볼 수 있는 말이다(삼하 23:2; 민 12:6, 8; 슥 1:9, 13, 14 등). 선지자들은 하나님께서 주시는 말씀을 육체의 청각(to me)으로 듣고자 한 것이 아니라, 그의 심령에 들려지는(in me) '마음의 소리'(영음)를 듣고자 했다. 우리의 신앙생활에 중요한 것은 '영음'이지 '청음'이 아니다. 개역한글의 "나의 질문에 대하여 어떻게 대답하실는지 보리라"의 히브리 원문을 직역하면 '나의 질문에 대하여 내가(나로) 어떻게 대답하실는지 보리라'가 될 것이다 ('and what answer I am to give in this complaint' NIV). 여기에서 선지자가 말한 '나의 질문'과 '나의 대답'은 그 차원이 전혀 다름을 알아야 할 것이다. 앞서 말한 대로 선지자는 하나님의 말씀을 심령의 귀로 듣기를 원했고, 또 그렇게 들었다면 그 질문에 대한 대답을 자기 스스로 할 수 있게 됨은 당연하다.

그렇다! 우리가 하나님께 무엇을 간구했을 때, 그 대답을 육신의 청각으로 듣기를 원한다면 그것은 잘못이다. 하나님의 음성은 우리 심령에 받아야 하고, 마침내 입의 말로 나 자신이 그것을 증거 해야 할 것이다.

어쨌든 하나님께서 들려주신 그 묵시의 말씀이 얼마나 중요한 것인지에 대해, 하나님께서 계속 이렇게 말씀하셨다. "너는 이 묵시를 기록하여 판에 명백히 새기되 달려가면서도 읽을 수 있게 하라"(2:2하). 개역한글의 번역대로라면 '비록 바쁘게 뛰어가는 자라도 그 계시만은 반드시 읽어야 한다'는 뜻이다. 개역한글같이 번역한 책들도 없지는 않다(Berkley, JB). 그러나 원문의 직역은 '그것을 읽는 자는 뛰어 달려가도록 하라'(NIV, NASB, KJV 등)이다. 그렇다면 그 뜻은 곧 '그것을 읽는 자는 뛰어가면서 그것을 전파하도록 하라!'는 말이 될 것이다. 현대의 많은 번역들이 이것을 따르고 있다. 그렇다면 이제 주어질 계시가 얼마나 중요한 것인지를 보여 주는 것이다. 그러면서 하나님께서는 2:3에서 보는 대로 다음 몇 가지로 그 묵시의 성격을 강조하셨다.

1. 그것은 '정한 때'가 있다.
2. 그 종말이 속히 이르겠다.
3. 결코 거짓되지 아니하다.
4. 비록 더딜지라도 기다리라.
5. 지체치 않고 정녕 응하리라.

이러한 조목들을 보기만 해도 이 예언이 메시아의 강림과 연결되는 종말론적 계시임을 누구나 알 수 있을 것이다. 특별히 마지막 다섯 번째 '지체치 않고 정녕 응하리라'는 말의 원문을 직역한다면 'Surely it(He) will come, it(He) will not tarry'가 될 것이다. 그런데 현대의 많은 번역들은 대명사 'it'을, 앞서 보여 주신 '묵시'를 가리키는 것으로 보았다. 그러나 신약성경 히브리서의 기자는 본문을 인용하면서(히 10:37) 그것을 "오실 이"('The One who is coming')라고 했다("He who is coming will come and will not delay" NIV, NASB). 히브리서 기자가 '오실 이'라고 번역한 것은 70인역의 번역과 같다고 할 수 있으나 완전히 똑같지는 않다. 히브리서 기록에는 정관사가 있으나 70인역에는 정관사가 없다. 그렇다면 히브리서 기자는, '그 오실 이'는 분명히 약속된 그분이심을 확실히 선포한 것이 분명하다(마 3:11; 요 1:15, 27, 30; 3:31).

그러나 아직도 문제는 남아 있다. 하박국이 본 그 위대한 계시 즉 "그러나 의인은 그 믿음으로 말미암아 살리라"는 문장을, 사도 바울은 '그 믿음으로 의롭게 된 자는 영생을 얻으리라'는 말로 이해했고, 히브리서 기자는 '의롭게 된 자는 믿음으로 (세상을) 살아야 한다'는 말로 이해했다.[2]

사도 바울은 이 중요한 계시의 말씀에서 그의 신학의 기초가 되는 '믿음으로 의인이 되고'(以信得義), '믿음으로 구원을 얻는다'(以信得救)는 진리를 찾게 되었다(롬 1:17; 갈 3:11). 그리고 히브리서 기자는 '의인된 자'는 계속 믿음으로 살아서 세상을 이겨야 된다는 진리를 발견하게 됐던 것이다. 다시 말해 '의인된 자는 뒤로 물러가지 않는 인내가 필요하다'(히 11:35~39)는 것이다.

하박국 선지자는 이처럼 한 문장에서 두 가지 뜻을 함축한 표현을 사용했다. 그렇다면 오늘날 많은 성경학자들이 말하는, '성경 본문의 한 문장은 오직 한 뜻만을 나타낸다'고 하는 것은 좀 더 깊이 생각해야 할 문제이다. 어쨌든 하박국의 메시지는, '그의 기도'(3:1)라고도 하고 '그의 노래'(3:19)라고도 하는 예언적인 기도요, 예언인 노래로 끝난다. 이것은 분명히 공중의 예배용으로 사용되었을 것이다. 앞에서 말했듯이 이 노래의 시작과 끝은 악기(시기오놋, 수금)에 맞춘 것이며, 중간에 '셀라'라는 음악 술어가 삽입되어 있음을 보아 더욱 그렇다. 이는 하박국서가 많은 성도들에게 암송되었던 것을 알 수 있게 한다.

마지막 3장의 메시지는 하나님의 주권이 어떻게 온 천하에 미치고 (3:3~6), 그의 영광이 어떻게 충만하며(3:3), 그의 심판이 어떻게 철저하며 (3:4~15), 그의 구원이 어떻게 확실할 것을 잘 나타내 준다. 이러한 모든 일들은 마침내 주의 강림으로 이루어질 것을 말씀하였는데(3:3), 그가 강림하시되 초림 때같이 베들레헴 객사의 구유가 아니요 또는 나귀 새끼를 타고 오심도 아니라, 병거를 거느리시고(3:8, 15) 하늘과 땅을 진동시키며(3:6, 10) 강림하실 것을 보여 준다. 아우구스티누스는 이 본문에서 그리스도의 재림을 설명했고, 칼빈(Calvin)은 마지막 그날에 성도들의 구원의 확실성을 말했다.

이러한 소망이 있는 선지자는 비록 지금 환란을 당하고 그 몸이 떨리며 (3:16) 먹을 양식이 없어도(3:17) 구원의 하나님을 인하여 기뻐하리라는 신앙의 승리를 선포했다.

3장의 첫머리에서 이러한 '하나님의 일'을 "수년 내에 나타내시옵소서"라고 하는 선지자의 간절한 기도로 시작되는 것(3:2)도 매우 돋보인다. 특별히 그 마지막 결론에서 "주 여호와는 나의 힘이시라 나의 발을 사슴과 같게 하사 나로 나의 높은 곳에 다니게 하시리로다"(3:19)라고 하신 말씀은 선지자의 차원 높은 역사관을 보여 주는 듯하다. 여기에서 그는 "나의 높은 곳"이라는 말을 했다. 그는 이제 현실에 울고 웃는 사람이 아니었다. 그는 '그의 높은 곳'에서 현실 세계를 하감하는 차원 높은 위치에 선 사람이었다. 역사를 하감하는 '나의 높은 곳'을 가진 사람! 하박국의 이러한 모습을 보는 우리는 기쁘다.

하박국서의 구조와
신학적 주제

하박국서는 그 형식과 내용에 있어서 구약의 선지서들 가운데 매우 독특한 위치를 차지한다. 선지서는 대체적으로 선지자가 여호와의 계시를 받아 백성들에게 말씀을 선포하는 형식으로 기록되었으나, 하박국서는 하나님께 드리는 선지자의 질문과 그 질문에 대한 여호와의 답변으로 구성되어 있다. 하박국 기자의 기록 중심은 백성들에게 선포하는 메시지에 있는 것이 아니라, 선지자의 질의(백성들의 대표가 되어 그들이 안고 고민하는 문제에 대하여 하나님께 질문)와 그 질문에 대한 하나님의 응답을 기록하는 모습을 취하고 있다. 내용에 있어서도 하박국은 다른 선지자들처럼 이스라엘의 현실적인 문제를 다루고 있는 것이 아니라, 그들의 현실이 안고 있는 철학적인 질문으로 고민하고 있다. 그는 '공의와 정의의 하나님께서 창조하신 이 세상에 왜 부정과 악행이 후환을 두려워하지 않으며 성행할 수 있는가?'라는 질문으로 번뇌하고 있는 것이다. 물론 그에게도 주변으로부터 정통적이고 때로는 틀에 박힌 듯한 대답이 주어졌을 것이다(참고 욥의 세 친구). 그러나 선지자는 이러한 대답에 만족할 수 없었다. 그래서 그는 이 문제에 대하여 여호와 하나님과의 직접적인 대화를 원했던 것이다. 이러한 차원에서 때로는 하박국 선지자가 욥에 비교되기도 한다. 어떠한 전통에도 굽힐 줄 모르며 몸부림치는 선지자의 노력과 역할은 그에게 '종교 철학자'(the philosopher of religion)라는 타이틀을 안겨주기도 했다(Heflin). 이 글은 이처럼 선지서들 가운데 독특한 위치를 차지하고 있는 하박국서의 구조와 신학적 주제들을 살펴보고자 한다.

구조

하박국서를 읽어가다 보면 비교적 매우 단조로운 흐름으로 진행되어 가는 듯한 느낌을 받는다. 거의 모든 학자들이 특별한 어려움 없이 하박국서를 다음과 같이 여섯 단락으로 세분화한다. 그러나 이 단락들을 어떻게 묶느냐 하는 것에는 아직도 논란의 여지가 있다.

> 1. 여호와의 정의에 대한 하박국의 첫 번째 질문(1:1~4)
>
> 2. 하박국의 질문에 대한 여호와의 응답(1:5~11)
>
> 3. 여호와의 정의에 대한 하박국의 두 번째 질문(1:12~17)
>
> 4. 하박국의 질문에 대한 여호와의 응답(2:1~5)
>
> 5. 다섯 개의 재앙(2:6~20)
>
> 6. 하박국의 노래(3장)

전통적으로 대부분의 학자들은 위의 내용을 세 단락으로 구분했다(Childs; Rudolph; Armerding; Elliger).

> A 선지자와 여호와의 대화(1:1~2:5)
>
>   a 선지자의 첫 번째 질문(1:1~4)
>
>   b 여호와의 첫 번째 응답(1:5~11)
>
>   c 선지자의 두 번째 질문(1:12~17)
>
>   d 여호와의 두 번째 응답(2:1~5)
>
> B 다섯 개의 재앙(2:6~20)
>
> C 하박국의 노래(3장)

그러나 위의 구조에 문제를 제기하는 사람들에 의하면 A, B, C 단락의 상호 관계가 명백하지 않다는 것이다. 마치 서로 연결 고리가 결여된 세 단락이 임의적으로 하나로 묶인 듯한 느낌을 받는다는 것이다. 또한 표제로 사용되고 있는 1:1과 3:1의 역할이 이 구조에서는 무시되는 점이 문제로 제기되고 있다(Sweeney). 대체적으로 표제는 책을 구분하는 데 있어서 가장 기초적 역할을 한다. 하박국서에서는 이처럼 가장 기본적인 단락 표시가 두 군데밖에 사용되지 않고 있으며, 만일 단락을 구분하려면 이 표제들을 중심으로 해야 한다는 주장인 것이다. 그러므로 상당수의 학자들은 다음과 같은 구조를 선호하는 입장이다(Bruce; Rober-tson; Heflin; Sweeney; Széles).

      A. 하나님과의 대화(1:1~2:20)

         a 선지자의 첫번째 질문(1:1~4)

         b 여호와의 첫번째 응답(1:5~11)

         c 선지자의 두번째 질문(1:12~17)

         d 여호와의 두번째 응답(2:1~5)

         e 다섯 개의 재앙(2:6~20)

      B. 하박국의 노래(3장)

위의 구조를 선호하는 학자들은 책에 대한 접근이 상당히 새로워진다는 주장을 하지만, 실제적으로 첫 번째 구조와 별 차이는 없으며 본문을 주해함에 있어서도 이렇다 할 영향력을 미치지 않는다. 또한 하나님과 선지자와의 대화는 상대적으로 짧게 진행되는 것에 비해 다섯 개의 재앙에 대한 선언(2:6~20)은 상당히 길게 지속되고 있다. 그러므로 '하나님과 선지자와의 대화'라는 테두리 안에서 이 재앙에 대한 선포가 어떠한 역할을 하는가에 대해서는 좀 더 깊이 연구해야 할 것이다. 뿐만 아니라 텍스트의 분량을 감안한다면 마치 재앙에 대한 언급이 여호와와 선지자 간의 대화의 목표 혹은 결과가 되는 듯하다는 점도 다시 검토되어야 할 줄 안다.

배일리(Bailey)는 하박국서 전체를 짜임새가 느슨한 탄식시로 간주한다. 그에 의하면 하박국서의 성향과 진행은 탄식시와 매우 비슷한 점이 많다는 것이다. 그는 다음과 같은 증거를 제시한다.

탄식시 요소	하박국서
기원(invocation)(시 13:1)	1:2
도움 요청(plea to God for help)(시 13:1~2)	1:2, 17; 2:1
항의(complaints)(시 13:2)	1:3~4, 13~16; 2:6~19
하나님 신뢰 고백(statement of trust in God)(시 54:4)	1:12; 2:20
선지적 선포(prophetic oracle)(시 14:3~4; 89:3~4, 19~37; 91:14~16)	1:5~11, 2:2~5
죄의 고백(confession of sin)(시 69:5) 혹은 무죄 확신(assertion of innocence)(시 17:3)	
원수 저주(curse of enemies or imprecation)(시 109:8~9)	2:6~19
하나님의 응답 확신(confidence in divine response)	3:2
찬양 혹은 축복(hymn or blessing)	3:3~19

위에 제시된 증거들은 슬픔을 표현하는 시라면 어디서나 발견되는 너무 나도 보편적인 것들이며, 또한 탄식시의 요소들이 일관성을 지니고 순서적 으로 나열되어 있지 않음을 쉽게 알 수 있다. 그러므로 하박국서 전체가 탄 식시의 구조에 바탕을 두고 형성되었다는 주장은 더 많은 증거를 필요로 한 다. 물론 책의 전반적인 분위기는 분명히 탄식시 성향을 내포하고 있기는 하 다. 저자는 지금 하나님의 침묵과 자신이 스스로 해결할 수 없는 신학적 문 제를 껴안고 고민하고 있으며, 이 과정에서 그는 하나님 앞에서 신음하고 있 는 것이다. 그러므로 하박국서가 탄식시 성향을 띠는 것은 당연하다. 그러나 위와 같은 제안은 책의 흐름, 성향을 이해하는 데는 다소의 도움이 되겠지만 구조를 갈파하는 데 있어서는 도움이 되지 않는다.

최근 들어 성경의 전반적인 대칭 구조(symmetric structure)에 대한 연구가 활성화되고 있으며, 하박국서도 예외는 아니다. 도르세이(Dorsey)는 그의 근간[1]에서 3장을 1~15, 16~19절로 구분한 다음과 같은 구조를 제시한다.

    a 하박국의 첫 번째 항의: 얼마 동안이나 주님의 정의를 기다려야 합니까?(1:2~4)

      b 여호와의 첫 번째 응답: 바빌론의 군대가 온다(1:5~11)

        c 하박국의 두 번째 항의: 어떻게 악한 바빌론 군대를 사용하실 수 있습니까?(1:12~17)

          d 중앙: 악인이 벌을 받을 테니 기다려라. 그러나 의인은 믿음으로 살리라 (2:1~5)

        c′ 여호와의 두 번째 응답: 재앙들이 악인들(바빌론)에게 임하리라(2:6~20)

      b′ 여호와의 마지막 응답: 여호와의 군대가 온다(3:1~15)

    a′ 첫 번째 항의에 대한 하박국의 최종적인 각오: 내가 하나님을 기다리리라 (3:16~19)

이와 같은 구조의 장점은 개신교 전통에서 하박국서를 유명하게 만들었던 '의인은 믿음으로 살리라'는 말씀이 책의 중심 사상일 뿐만 아니라 구조적으로도 중앙에 놓여 있다는 점을 시사해 준다는 것이다.

그러나 문제는 도르세이가 주장하는 것처럼 여호와의 두 번째 응답이 2:6~20이 아니라, 2:1~5이라고 하는 것이 더 자연스럽다는 점이다. 뿐만 아니라 대부분의 학자들은 3장을 한 편의 통일성 있는 노래로 취급하고 있는데, 1~15절과 16~19절로 나누어 책 전체의 구조에서 역할을 감당하게 하는 것은 좀 더 신중해야 할 부분으로 여겨진다.

이처럼 책을 여섯 단락으로 세분화하는 것에는 대부분이 동의하지만, 세분화된 단락들을 어떻게 서로 연결하여 책의 전체적 짜임새를 이해할 것인가에 대하여는 의견이 분분하다. 지금까지 제시된 하박국서 구조에 관한 여러 입장들은 제각각의 어려움을 안고 있다. 어쨌든 필자는 각 문단의 나눔과 구분이 가장 자연스럽고, 다섯 재앙 선포(2:6~20)가 따로 구분되어 취급되는 것이 바람직하다고 여기며 첫 번째 제안을 선호한다. 그렇다면 세 단락(A, B, C)의 상호 관계를 어떻게 이해할 것인가? A 단락인 '하나님과 선지자의 대화'(1:1~2:5)는 '왜 악인들이 성행하는가?'라는 기본적인 논제를 제시하고 있으며, B 단락인 '악인들에게 임할 다섯 재앙'(2:6~20)은 이전 A 단락에서 제시된 질문에 대해 '악인들을 꼭 망하게 할 것이다'라는 하나님의 확고한 의지를 선포하고 있다. C 단락인 3:1~19은 악인을 향한 하나님의 확고한 의지는 선지자로부터 여호와의 정의에 대한 새로운 확신과 고백을 자아내게 하는 것으로 이해함이 바람직할 것이다.

신학적 주제

하박국 선지자를 통해 예언이 질문형으로 변하고 있다. 그는 신정론(神正論, theodicy)에 대하여 하나님께 질문을 던지고 있는 것이다. 의롭고 공평을 사랑하는 하나님께서 지으신 이 좋은 세상에 어찌하여 악인이 성행하며, 어찌하여 의인들은 이들로부터 착취를 당하며 괴로워해야 한단 말인가? 하박국은 공평과 의를 지향하거나 전제하는 사회의 가장 기본적이고 실존적인 문제를 제기하고 있는 것이다. 그러나 그는 결코 하나님의 의로우심을 의심하여 질문을 던지고 있는 것은 아니다. 그의 논지를 자세히 살펴보면 그는 하나님의 정의를 의심하기보다는 오히려 먼저 전제하고 있음을 알 수 있다.

그는 하나님의 의로우심을 신뢰할 수 없거나 그분의 능력을 믿을 수 없어서 고민하는 것이 아니라, 전적으로 믿고 있기에 이러한 사실에 상충되는 듯한 현실이 빚어내는 혼돈에 대하여 진솔한 의문을 제기하고 있는 것이다. 그러므로 하박국서는 (1) 하나님의 공의에 관한 책이 아니며, (2) 인간의 의심이나 불신에 관한 책도 아니며, (3) 세상의 악의 권세 앞에 무자비하게 당해야만 하는 인간의 연약함에 관한 책은 더더욱 아니다. 하박국서는 그 무엇보다도 하나님의 계획에 관한 책이며, 또한 이 세상에서 그 계획이 어떻게 실현되어 가는가에 관해 쓰인 책이다(Achtemeier). 이 책은 곧 하나님의 '섭리'(providence)에 관한 책인 것이다.

선지자는 하나님은 선하며 공의를 사랑하며 악을 미워하시는 것을 전적으로 믿고 있다. 하박국은 하나님이 그분의 백성, 특히 의로운 자들을 매우 사랑하신다는 것을 확신하고 있다. 그렇다면 하나님께서는 왜 이토록 그분의 백성들의 이 같은 고통에 대하여 아무런 조처도 취하지 않으신단 말인가? 왜 하나님은 묵묵히 지켜보기만 하신단 말인가? 이에 선지자는, 하나님이 뒷짐 지고 묵묵히 지켜보고만 있는 분이 아니시며 설령 악이 걷잡을 수 없이 세상을 휘젓고 지배하는 것처럼 느껴지는 순간까지라도 그분은 항상 이 세상의 일에 깊이 연루되어 있으며, 그분의 계획대로 모든 일을 진행해 나가신다고 대답해 주고 있다.

왜 악이 이 세상에 존재하는가? 어떻게 하나님의 계획 속에 악이 포함되어 있단 말인가? 선지자는 비록 하나님께서 자신의 계획을 성취하기 위해서 악을 사용하시되, 그 계획 자체가 본질적으로 악하거나 악을 내포하고 있다는 주장은 수용하지 않는다. 그분은 선하시고, 선한 계획을 진행해 나가시기 때문이다. 그렇다면 하나님께서는 선하기는 하지만 악을 퇴치하거나 거부하기에는 너무나 무능력하여 그분의 백성들이 악의 세력에 피해를 당하는 것을 지켜보고만 계시는 것인가? 그러나 선지자는 이러한 가능성도 단호히 부인한다. 하박국도 다른 선지자들처럼 여호와를 이스라엘이라는 제한된 테두리를 초월하신 온 세상의 창조주이자 주권자로 묘사함으로써 이 세상에는 그 어떠한 신(神)도, 권세가도 여호와와 견줄 수 없음을 단언하고 있다. 그분은 이스라엘을 보호하고 인도하는 분이시지만, 또한 바빌론 사람들도 통치하는 분이신 것이다.

그렇다면 믿음과 현실에서 빚어지는 차이는 무엇을 뜻하고 있는가? 여호와를 신뢰하는 믿음은 분명히 선포와 약속을 통하여, 공평과 공의를 사랑하는 여호와 하나님이 전지전능(全知全能)하시며 그분의 백성을 무척 사랑하신다는 사실로써 일깨움을 받는다. 이처럼 적극적인 관심과 사랑으로 백성들을 지켜보고 계시기에 하나님께서는 그들이 의롭고 공평한 대우를 받도록 배려를 아끼지 않으실 것임을 기대할 수 있다. 그러나 하박국 선지자가 처한 현실은 주의 백성들의 삶이 얼마나 불의에 의하여 위축되어 있고 악인들에 의하여 유린당하고 있는가를 극명하게 보여 주고 있지 않은가! 이러한 믿음과 현실의 대립을 어떻게 이해해야 한단 말인가?

하박국 선지자는 이 믿음과 현실의 대립 원인을 아주 간단하게 설명한다. 즉 우리가 '사이/진행 과정'(in between/in the meantime)을 살고 있기 때문이라는 것이다(참고 Achtemeier). 믿음은 오랜 세월 동안 하나님에 대하여 많은 것을 계시하고 선포했다. 하나님께서 의와 공평을 사랑하기에 공의와 공평으로 그분의 백성들을 다스리실 것이라는 가르침도 이러한 선포의 한 예이다. 그러나 이것들이 계시되고 선포되자마자 인간의 현실에서 즉각 성취되고 완성되는 것은 아니다. 이것들은 점차적으로 완성되어 가고 있으며, 언젠가(이를 다른 말로 하면 '종말' 때)는 완전한 성취를 이루실 것이다. 하나님께서 의와 공평으로 이 세상을 통치하고 다스리실 날이 분명히 올 것이다. 옛적 선포가 그대로 성취될 날이 다가오고 있는 것이다. 그러나 그날이 올 때까지 우리는 과거에 있었던 '계시/선포'와 미래에 있을 '성취/완성'의 '사이/진행 과정'을 살아가고 있다. 우리가 바로 이 '사이/진행 과정'에서 살고 있는 한 믿음과 현실은 항상 대립한다는 것이 하박국 선지자의 신학적 통찰이다. 그러므로 하박국서는 시대와 장소를 초월해서 '사이/진행 과정'을 살아가고 있는 주의 모든 백성들의 책인 것이다.

그렇다면 '사이/진행 과정'을 살아가는 주의 백성들은 어떤 자세로 현실에 임해야 하는가? 믿음과 현실이 빚어내는 갈등에 어떻게 대처해야 한단 말인가? 선지자는 가르침과 자신이 취하는 태도를 통하여 그의 책을 읽는 주의 백성들에게 여러 가지 실용적인 제안과 가르침을 제시하고 있다. 그중 중요한 것 몇 가지만 살펴보고자 한다.

1. 하나님과의 관계

사람들은 흔히 평안, 건강, 장수, 풍요로움, 공의 등 우리가 삶에서 누릴 수 있는 '축복들'의 있고 없음으로 하나님과의 관계에 대한 지표로 삼는다. 이러한 것들을 많이 누릴수록 하나님께서 우리의 삶을 인정하시는 것으로 생각하며, 그렇지 않으면 하나님께서 무엇인가에 대하여 우리를 징계하고 계신다고 생각하는 것이다. 그런데 하박국 선지자는 하나님과 건강한 관계를 유지하고 있으면서도 이러한 '축복들'을 누리지 못했다. 오히려 그는 역경과 궁핍함에 시달리고 있다. 그러나 그는 좌절하지 않았다. 혼란과 갈등에 휩싸인 그는 오히려 이 문제에 대하여 하나님께 진솔하게 의문을 제기했다 (1:13). 그는 하나님의 성품에서 흠집을 찾아내려는 의도로 질문을 던지는 비평가가 아니라, 자신이 지니고 있던 하나님에 대한 이해와 이에 상반되는 현실이 빚어내는 갈등에 대하여 하나님의 설명을 요구했던 것이다. 그 결과, 선지자는 역경과 궁핍함을 통해 하나님에 대한 새로운 이해를 갖게 되었으며, 하나님과 그와의 관계가 새로운 차원으로 승화되었다. 하박국은 하나님께서 인간에게 내려 주시는 축복들 때문에 더 이상 기뻐하지 않으며, 오히려 그분 존재 자체를 기뻐하며 즐길 수 있는 신앙을 갖게 되었던 것이다(Bruce).

이와 같은 하박국의 신앙은 욥의 그것과 비교될 수 있으며, 우리에게 깊은 감동을 더해 준다. 욥은 자신이 왜 고통을 당해야 하는가에 대하여 하나님의 설명을 듣고자 원했다. 드디어 하나님께서 회오리바람 속에서 말씀하셨다. 그러나 하나님의 대답은 일종의 '동문서답'에 불과했다. 그리고 욥은 자신의 생애가 다할 때까지 그 이유를 알지 못했다. 그러나 평소에 남을 통해 듣기만 하던 하나님을 직접 체험한 그에게 있어 그동안의 고민은 더 이상 문제가 될 수 없었다. 그는 하나님을 만났고 그분에 대해 새로운 이해를 터득했기 때문이었다. 하박국도 비슷한 경험을 했다. 3:17~18에 기록된 선지자의 고백을 생각해 보자. "비록 무화과나무가 무성치 못하며 포도나무에 열매가 없으며 감람나무에 소출이 없으며 밭에 식물이 없으며 우리에 양이 없으며 외양간에 소가 없을지라도 나는 여호와를 인하여 즐거워하며 나의 구원의 하나님을 인하여 기뻐하리로다." 애초에 그로 하여금 하나님께 질문 하게 했던 어려운 현실이 모두 원만하게 해결되어서 이러한 고백을 하고 있는 것인가? 그것은 결코 아니다. 하박국이 하박국서를 시작할 때 당면했던 어려운 현실은 책이 끝날 때까지 하나도 변하지 않았다. 변한 것은 다만 하 박국뿐이다. 하나님의 공의와 하나님과의 관계에 대한 새로운 이해가 그에 게 임했을 때, 그는 더 이상 가시적인 것에 매이지 않고 새로운 차원에서 하 나님과의 관계를 누릴 수 있게 되었던 것이다. 하나님의 백성들은 불의와 부 조리로 가득 찬 세상을 살아가며 많은 질문을 가슴에 담는다. 힘이 들고 어 려울 때마다 '천국에 가면 하나님께 이 모든 것들에 대하여 반드시 물어보리 라!'고 다짐하며 자신을 달래기도 한다. 그러나 하박국은 그가 체험했던 것 처럼 하나님을 만나는 순간 이 모든 것이 다 녹아내려 더 이상 문제가 되지 않기 때문에 질문할 필요도 없을 것이라고 말해 준다.

2. 신앙과 질문

성도들은 서로 간에 '무조건 믿어라!' 혹은 '덮어놓고 믿어라!'는 권면을 주 고받는다. 누군가가 이해되지 않는 부분을 무리하게 이해하려 들거나 전통 적인 가르침에 반론을 제기할 때 자주 사용되는 권고이기도 하다. 하박국 선 지자는 이러한 권면을 받아들이지 않았다. 하나님을 전적으로 신뢰하고 그 분이 어떤 분이신지를 아는 신앙인으로서 취할 자세가 아니라고 생각했던 것이다. 이 권면들은 표면적으로는 하나님에 대한 신뢰를 요구하는 믿음의 강요로 보일 수도 있다. 그러나 실질적으로는 자칫 잘못하면 하나님께서 '불 편해 하실 부분'에 대하여 '쉬! 쉬!'하며 그냥 넘어가려는 행위가 되기도 한 다. 하나님께서는 그가 혼란스러워 하는 부분을 충분히 흡족하게 정리해 주 실 수 있는 분이라는 것을 하박국 선지자는 확신했다. 이러한 배경에서 선지 자는 전수되어 온 가르침에 만족하지 않고, 남들이 대체적으로 침묵하기 원 하는 부분에 대하여 문제를 제기했던 것이다. 이해하지 못하고, 납득이 가지 않는 것이 있는데도 모든 것이 평안한 것처럼 행세하는 것은 믿음이 아니라 위선이라는 것이다. 그러므로 그는 신앙인으로서 기본적인 권리를 이행하고자 했다. 그리고 그 결과로 하박국서가 탄생하지 않았는가!

이사야서 또한 믿음의 사람일수록 하나님께 많은 이적을 징표로 구한다고 가르치고 있다. 책 안에서 불신과 믿음의 표상으로 대조되는 아하스와 히스기야의 차이점이 바로 여기에 있다. 하나님을 신뢰하기를 거부하던 아하스는 하나님께서 그를 구원하실 것이라는 징표로 원하는 이적을 구하라는 권면을 거부했다. 그는 심한 책망을 면할 수 없었으며, 선지자는 그에게 일방적으로 '임마누엘' 징표를 주었다(사 7장). 반면에 그 누구보다도 확고히 하나님을 신뢰하던 히스기야는 일영표, 무화과 열매의 이적을 받고도, 또 하나의 징표를 구했다(사 38장). 불신에서 비롯되는 이적 요구는 문제가 될 수 있겠지만 하나님께서는 우리가 구하는 징표를 주실 수 있는 분이라는 확신 속에서 비롯되는 징표 요구는 믿음의 고백이 되는 것이다. 하박국은 믿음 생활에 있어서 질문하는 것이 중요하며 성장의 계기가 될 수 있다는 점을 강조하고 있다. 하나님께서는 진솔함으로 그분을 찾는 질문자들을 기꺼이 반기실 것이다.

3. 의인과 믿음

"의인은 그 믿음으로 말미암아 살리라"(2:4)는, 하박국서를 매우 유명하게 만들어 준 구절이다. 바울은 복음에 대해 설명하면서 이 구절을 인용했다(롬 1:17). 루터도 이 구절을 묵상하면서 얻은 감동과 확신을 종교 개혁의 발판으로 삼았다. 무엇보다 하박국서에서 이 구절은 어떤 위치를 차지하고 있는가? 하박국이 신앙과 현실에 대한 모든 질문을 이겨 낼 수 있었던 결정적 계기가 바로 이 고백에서 드러나는 믿음의 힘이었다고 해도 과언은 아닐 것이다. 그렇다면 믿음이란 무엇인가? 믿음이란 세상이 어떻게 진행되어 가든 간에 여호와만이 세상을 주관하고 통치하는 분이심을 고백하는 것이다. 믿음이란 그분의 백성들이 제대로 이해하지 못한다 할지라도 하나님은 유일하고 거룩하며 순수한 분이심을 확신하는 것이다. 믿음이란 언젠가는 선하신 하나님의 의와 공평이 온 세상을 지배할 것이라는 신념이다. 그렇기에 믿음이란, 오늘을 살며 부조리한 현실 앞에서 좌절하지 않고 그때를 기대하며 살아가는 꿋꿋함이다. 의인은 바로 이러한 믿음으로 현실을 헤쳐 나가며 당당하게 사는 자이다.

4. 하나님의 역사

하나님께서는 필요에 따라 기적을 통하여 그분의 계획을 펼쳐 나가신다는 사실을 우리는 고백한다. 그러나 선지자는 여호와께서 계획을 펼쳐 나가시는 가장 기본적인 방법으로 인간 에이전트(agent)를 사용하신다는 점을 강조하고 있다. 우리는 필요한 대로 계획을 따라 진행해 나가시는 그분의 손과 발의 역할을 감당하는 자가 될 수도 있는 것이다. 그렇다면 하나님께서는 그분의 도구가 되기를 자원하는 자들만을 사용하시는가? 하박국은 하나님께서는 경우에 따라서는 여호와를 인정하지 않는 악한 세력마저도 그분의 계획을 성취해 나가는 도구로 사용하신다는 것을 역설하고 있다. 선지자가 '하나님의 백성들 사이에 어찌 악이 성행하며 율법이 해이해지고 공의가 시행되지 못하는 것을 지켜보기만 하십니까'(1:1~4)라고 탄식하자, 하나님께서는 주의 백성들 중 악을 행하는 자들을 징계하기 위하여 무시무시한 갈대아(바빌론) 사람들을 끌어들이실 것을 선포하셨다(1:5~11). 물론 악인을 심판하기 위하여 더 혹독한 악인을 끌어들이시는 하나님의 공의에 대하여 선지자의 반문이 계속된다.

이 과정에서 우리는 성경의 여러 곳에서 제시되는 한 원리를 발견하게 된다. 하나님께서는 그분의 계획을 이루어 나가시는 과정에 있어서 어떠한 세력이라도 사용하실 수 있다는 것이다. 꼭 거룩한 자들만이 하나님께 쓰임을 받는 것이 아니라, 필요에 따라서는 가장 추한 자들까지라도 하나님에 의하여 사용될 수 있다는 것이다. 그러나 하나님께서 사용하셨다 해서 사용 당한 자 또는 사용 당한 것이 정당화될 수는 없다. 아시리아, 바빌론 모두 하나님께서 그분의 백성들을 징계하는 데 사용하신 '진노의 막대기들'이었다. 그들이 모두 주의 도구로 쓰임을 받았던 것이다. 그러나 그들의 역할이 끝나는 순간, 그들은 하나님께로부터 더 크고 혹독한 징계를 받았다는 것이 선지자들의 일반적인 가르침이다. 하박국도 이러한 원리를 다시 한 번 확인해 주고 있다. 그 누구도 하나님께 쓰임 받았다 해서 자만에 빠져서는 안 된다. 왜냐하면 하나님께서 인정하는 것과 사용하시는 것은 별개의 문제이기 때문이다. 하나님께서는 이 세상의 그 어떠한 세력도 사용하실 수 있고, 경우에 따라 그것은 그분만이 온 세상의 통치자이자 주권자이심을 드러내시고자 하는 것뿐일 수도 있다.

맺는 말

자신이 당면한 문제에 대하여 전통적인 가르침과 전수되어 온 신앙적 해결책에 만족하기를 거부하고 직접 하나님을 찾아 나섰던 하박국 선지자는 그분을 만나서 받은 답을 이렇게 책으로 우리에게 남겼다. 그의 체험은 우리가 진실한 자세로 하나님을 찾는다면 분명히 만날 수 있다는 가능성과 소망을 제시해 준다.

선지자는 좋으신 하나님께서 창조하신 세상에 악이 성행하는 것에 대하여 어떠한 답을 찾았는가? 이 세상이 그분에 대한 계시가 성취되어 가는 '사이/진행 과정'에 놓여 있기 때문이라는 것이다. 옛적 성경 저자들을 통해 우리에게 전수된 하나님에 대한 계시와 선포는 언젠가(즉 종말에)는 최종적으로 '성취/완성'될 것임을 가르쳐 주기도 한다. 그러나 우리가 그 사이에 사는 한 불의와 부조리는 기승을 부릴 것이다. 하지만 믿음을 소유한 하나님의 백성들은 이러한 일이 일어날 때마다 좌절하거나 절망할 필요가 없다. 오히려 현존하는 악은 머지않아 이 세상에 임할 하나님의 공의의 통치하심을 재촉하는 촉진제라고 볼 수 있는 것이다. 이처럼 우리가 세상일에 대하여 여유를 가질 수 있을 때, 우리는 비로소 하박국과 함께 고백할 수 있을 것이다. "비록 무화과나무가 무성치 못하며 포도나무에 열매가 없으며 감람나무에 소출이 없으며 밭에 식물이 없으며 우리에 양이 없으며 외양간에 소가 없을지라도 나는 여호와를 인하여 즐거워하며 나의 구원의 하나님을 인하여 기뻐하리로다."

03
하박국서 설교를 위한 몇 가지 제안

하박국서는 비교적 단순한 줄거리로 구성되어 있다. 악인이 의인을 에워싸고 그리하여 율법이 무너지고 공의가 사라져 버리는 현실에 대하여 항변성 질문을 던진 선지자가, 하나님과의 사이에 탄원과 대답의 과정을 반복적으로 거치면서 하나님의 역사 진행에 대한 새로운 이해를 얻게 되고 마침내 자신의 삶에 대하여도 새로운 결단을 고백하게 되는 데에 이르는 것을 골자로 하고 있다.

하박국서는 그 문학적 구조에 있어서도 선지자와 하나님 사이의 두 번에 걸친 질의응답과, 선지자의 최종 반응으로써의 선지자의 기도라는 간단한 구조로 되어 있다.

하박국 선지자는 이 작은 책 안에 신앙인들이 일상생활에서 직면하는 실제적인 문제를 다루면서 그 문제와 깊은 연관이 있는 중요한 신학적 주제를 곁들여 놓고 있다.

삶의 현장이 신학을 묻고, 신학이 삶의 현장을 주도해 나가는 모습을 우리는 이 책에서 보게 되는 것이다.

그러나 이 작은 책이 다루고 있는 주제의 깊이나 중요성은 결코 단순하거나 가벼운 것이 아니다. 사도 바울은 기독교 신학의 기둥과 같은 진리를 세우면서 하박국서의 말씀을 인용하고 있고(롬 1:17; 갈 3:11), 히브리서 기자는 그리스도인의 삶의 대원리를 밝히면서 역시 하박국서의 말씀을 결정적으로 인용하고 있다(히 10:38).

하박국서는 백성들을 향한 직접적 말씀 선포가 아니라, 선지자가 현실에서 부딪히는 신앙 문제를 하나님과 더불어 대질하는 형식의 특징을 가지고 있다.

다른 대부분의 선지서들이 '그의 백성을 향한 하나님의 도전'(God's challenge to his people)으로부터 실마리를 풀어 가고 있음에 비하여 하박국서는 '선지자의 하나님을 향한 도전'(the prophet's challenge to God)으로부터 시작하고 있다는 것 역시 하박국서의 특징이기도 하다.

전체 단락 구조 보기

하박국서는 크게 두 단락으로 구성되어 있다. 선지자의 하나님에 대한 탄원으로 시작하여 선지자와 하나님 사이에 오고가는 탄원과 대답을 내용으로 하는 1~2장과, 선지자의 기도의 노래를 담고 있는 3장이 그것이다. 이에 대해 첫째 단락은 "선지자 하박국의 묵시로 받은 경고"(1:1)라는 표제를, 둘째 단락은 "시기오놋에 맞춘 바 선지자 하박국의 기도"(3:1)라는 표제를 달고 있다.

앞의 큰 단락은 선지자와 하나님과의 두 번에 걸친 대화를 담고 있다. 그러나 말이 대화이지 사실은 분노에 차 보이는 선지자의 탄원 내지 항변과 그에 대한 하나님의 대답으로 되어 있다.

첫 번째 대화는 자신이 속한 유다 땅에서 악인들이 어떠한 제재도 받지 않고 판을 치고 있는 현실에 대하여 선지자가 하나님께 제기한 문제와 그에 대한 하나님의 대답이다(1:2~4, 5~11).

자신의 문제 제기에 대한 하나님의 답변에 오히려 더 큰 혼란과 분노에 빠져버린 선지자가 더 혹독하게 따지면서 다시 제기하는 문제와 그에 대한 하나님의 답변이 두 번째의 대화 단락을 구성한다(1:12~17; 2:1~4). 선지자가 두 번에 걸쳐 제기하는 이 문제가 바로 하박국서가 다루고자 하는 중요한 주제가 된다.

두 번째 대답을 통하여 악인은 반드시 심판을 받고 망한다는 것을 밝히면서, 그러나 의인은 그러한 가운데서도 믿음으로 말미암아 산다는 위대한 진리의 선포가 이루어진다.

두 번째 대화의 세부 단락을 나누는 데는 서로 다른 입장들이 있다. 하나님의 답변 가운데서 뒤에 덧붙여 나오는 바빌론에 대한 저주 단락을 별도로 한다고 할 때, 선지자의 질문과 하나님의 답변 단락을 1:12~17과 2:1~4로 나눌 것인가, 1:12~2:1과 2:2~5로 나눌 것인가 하는 것이다.

질문 단락과 대답 단락을 분리하여 별도의 설교 본문으로 택하여 설교하고자 할 경우 개역한글을 강단에서 설교 본문으로 봉독해야 하는 커뮤니케이션 상황을 고려한다면 결정적인 해석학적 문제가 걸려 있지 않는 한 1:12~17과 2:1~4의 구분이 더 효과적일 것이다. 문장이 미완성인 채로 낭독이 끝나는 것이 청중에게나 봉독자에게나 자연스럽지 않기 때문이다(개역한글의 2:1은 "그리하였더니"로, 2:5은 "만민을 모으나니"로 절이 끝나고 있다).

강단에서는 본문의 해석적 단위(unit)도 중요하고, 낭독의 단위도 중요하다. 하나님의 답변에 이어서 반드시 망하기로 되었음이 밝혀진 악한 자 바빌론의 악과 그들에 대한 다섯 번에 걸친 저주 선언이 다음 단락을 구성하고 있다(2:5~20).

두 번째 큰 단락은 3장으로, 하나님의 답변에 대한 선지자의 반응을 내용으로 하고 있다. 선지자의 기도와 찬양, 결단 그리고 하나님에 대한 고백을 담고 있다. 이 부분은 소단락 구분이 용이하지 않다. 주석가들 사이에도 단락 구분에 대하여 의견이 분분하다.

그러나 표제(1절)에 이어 기도(2절), 하나님의 나타나심(3~15절) 그리고 결단과 고백(16~19)으로 단락을 구분하는 것이 무난할 것이다.

위와 같은 개요를 표로 정리하면 다음과 같다.

선지자의 탄원과 하나님의 답변(1~2장)

  표제(1:1)

  첫 번째 탄원과 답변(1:2~11)

   첫 번째 탄원(2~4절)

   첫 번째 답변(5~11절)

  두 번째 탄원과 답변(1:12~2:4)

   두 번째 탄원(1:12~17)

   두 번째 답변(2:1~4)

  악한 자(바빌론)에 대한 저주(2:5~20)

선지자의 기도, 찬양 그리고 결단(3장)

  표제(1절)

  기도(2절)

  하나님의 나타나심(3~15절)

  결단과 고백(16~19절)

전체 그림 보기

  하박국서의 내용을 요약되고 추상화된 개념이나 주제의 연결로 파악하는 것도 필요하다. 그러나 본문 전체를 본문에서 펼쳐지고 있는 생생한 상황의 흐름을 따라 파악하여 두는 것이 설교자에게는 특히 필요하다. 설교자의 우선적인 책임은 본문의 주제나 아이디어를 찾아내어 그것을 주제로 한 편의 논설을 써 내는 데 있는 것이 아니라, 본문이 펼쳐 보이는 삶의 현장을 생생하게 드러내고 그것으로부터 메시지를 포착하여 오늘날의 생생한 삶의 현장에 같은 음성으로 들려주는 데 있음을 기억해야 한다. 그러므로 본문을 대하면 무엇보다도 먼저 본문의 단어와 문장을 쪼개고 분석하고 분해하여 어떤 추상적인 주제나 개념으로 요약하려는 우리의 경향을 재고해 볼 필요가 있다. 이것은 논문을 읽고 개념을 파악하듯이 하는 것이 아니라, 영화를 보며 상황을 이해하듯이 본문을 접근할 필요가 설교자에게 있다는 말이다.

1. 탄원하는 선지자(1:2~4)

선지자는 대단히 화가 나 있다. 그리고 불만에 차 있다. 그의 분노는 그가 처한 현실로부터 기인한다. 그리고 그 현실에 대한 하나님의 반응에 대하여 그는 불만을 토로하고 있다. 그는 유다에서 불의, 부정, 간악, 패역, 겁탈, 강포가 횡행하고 그로 말미암은 투쟁과 혼란이 판을 치는 현실(2~4절)을 경험하고 있다. 악인이 의인을 에워싸서 율법이 무너져 내려 효력을 발휘하지 못하고, 공의는 모습을 찾을 수 없고 오히려 왜곡을 당하고 있다(4절). 그러나 현실이 그러한데도 하나님은 이러한 현실을 종식시키고 역사를 바로잡으려는 어떠한 시도도 하시지 않고 있다. 선지자가 '강포요!'하고 소리를 치며 구원을 호소하여도 하나님은 아무런 반응이 없으시다(2절). 선지자는 왜 이런 일이 일어나고 있는 것인지, 하나님께서 이렇게 악한 역사 현실에 개입하셔서 조처(구원)를 취하셔야 되지 않겠는지를 상당 기간 동안 부르짖고(2상절) 외쳤으나(2하절), 여전히 하나님은 묵묵부답이시다. 이제 선지자는 불만에 찬 항변으로 하나님께 탄원한다. '어느 때까지입니까'(2절). '어찌하여 이런 일이 있습니까'(3절). "여호와여 내가 부르짖어도 주께서 듣지 아니하시니 어느 때까지리이까 내가 강포를 인하여 외쳐도 주께서 구원치 아니하시나이다"(2절). "어찌하여 나로 간악을 보게 하시며 패역을 목도하게 하시나이까"(3절).

2. 드디어 임한 하나님의 답변: "여호와께서 가라사대"(1:5~11)

선지자는 드디어 입을 열어 말씀하시는 하나님께로부터 답변을 받는다. "여호와께서 가라사대 너희는 열국을 보고 또 보고 놀라고 또 놀랄지어다"(5절). 얼마나 애타게 기다리던 순간이었는가! 하나님의 답변의 요지는 두 가지로 요약된다. "너희 생전에 내가 한 일을 행할 것이라 혹이 너희에게 고할지라도 너희가 믿지 아니하리라"(5절). "보라 내가 사납고 성급한 백성 곧 땅의 넓은 곳으로 다니며 자기의 소유 아닌 거할 곳들을 점령하는 갈대아 사람을 일으켰나니"(6절). 즉 유다의 악을 심판하시겠다는 것과 갈대아(바빌론)를 유다의 악을 심판하는 도구로 사용하시겠다는 것이다. 다시 말해 바빌론이 유다의 악을 심판하도록 하시겠다는 것이다.

3. 더욱 거세게 항변하는 선지자: "선지자가 가로되"(1:12~17)

선지자는 예상 밖의 답변을 하나님께로부터 듣는다. 선지자가 들은 하나님의 답변은 선지자로 하여금 더 큰 혼란과 딜레마에 빠지게 하는 내용이었다. 선지자는 즉석에서 '뭐라고요?' 하고 고개를 치켜들며 묻는 듯하다. 그래서 화급히 두 번째의 항변을 쏟아 놓기 시작한다. "선지가 가로되 여호와 나의 하나님, 나의 거룩한 자시여 주께서는 만세 전부터 계시지 아니하시니이까 우리가 사망에 이르지 아니하리이다 여호와여 주께서 심판하기 위하여 그를 두셨나이다 반석이시여 주께서 경계하기 위하여 그를 세우셨나이다"(12절). 그는 다급하게 하나님을 불러대며 항변을 계속하고, 첫 번째 탄원에서처럼(2, 3절) '어찌하여'를 반복하고 있다(13, 14절). 갈대아 사람이 유다를 심판하다니? 갈대아 사람이 어떤 사람인가? 선지자는 너무나 잘 알고 있다. 갈대아 사람은 악한 자요, 패역한 자요, 궤휼한 자들이요, 악인들이다(13절). 갈대아 사람에 비하면 유다의 악인(4절)은 오히려 의인이다(13절). 갈대아 사람들이 얼마나 악한 자들인가 하는 것을 하나님이 더 잘 아신다. 하나님 그분이 그들의 유례가 없는 악행을 그렇게 긴 설명으로 선지자에게 밝혀 주시고 있지 않은가(6~11절)!

여기서는 지면 관계로 6~11절에 묘사되는 갈대아 사람들의 악행을 언급하지 않겠다. 그러나 설교자는 설교에서 갈대아 사람들을 가리켜 '그들은 유다의 악인보다도 훨씬 더 악한 사람들이었습니다' 하는 식으로 요약해 버리고 지나가지 않는 것이 좋다. 본문이 현장을 생생하게 펼쳐 내기 위하여 동원하고 있는 그림 언어들을 요약된 개념 언어로 쉽사리 대치해 버리는 경향이 설교자들에게 있음을 유의해야 한다. 그들의 악함이 선히 떠오르도록 6~11절의 구체적인 모습들을 청중에게 잘 드러내 주어야 한다. 그러면 청중은 갈대아 사람들이 악한 자들이라는 사실을 실감하게 될 것이다. 그래야 항변하는 선지자의 심정을 청중도 공감하게 될 것이고, 이것은 청중을 이제 선지자가 겪을 과정에 동참하여 동일한 결론을 향하여 나아가도록 끌어들이는 효과를 발휘하는 시발점이 될 것이다. 이러한 원리는 2장의 두 번째 답변에서 다섯 번에 걸쳐 바빌론의 죄악의 실상을 들추어내는 장면에서도 동일하게 적용될 수 있다(2:6~20).

왜 유다의 악한 자들에 대하여 잠잠하시느냐는 첫 번째 탄원에 대하여 그들보다 더 악한 갈대아 사람으로 하여금 유다를 심판케 하겠다는 하나님의 답변을 들은 선지자는 오히려 이전보다 더 큰 딜레마에 빠져들고 말았다. 악과 패역과 궤휼을 일삼는 악인들이 아무런 제재를 받음이 없이 방치되어 있는 현실도 감당키가 어려운데, 한발 더 나아가 더 악한 자가 덜 악한 자를 심판하게 하신다니(13절)! 그리하여 선지자는 마치 소나기 퍼붓듯 두 번째 항변성 질문을 하나님께 쏟아 붓고 있다. 12절은 하나님에 대한 항변의 수사학적 표현인가 아니면 선지자의 하나님에 대한 진심 어린 신앙 고백인가? 필자는 '유다를 심판하기 위하여 갈대아 사람을 택하신 것이 주의 백성에게 반석이시요 만세 전부터 언약의 하나님(여호와)이신 하나님의 존재에 걸맞은 것입니까' 하는 항변의 수사학적 표현이라고 생각되지만, 여러 주석가들은 12절을 언약 관계에 대한 회상을 근거로 한 선지자의 신앙 고백으로 이해한다. 이 견해를 취한다면, 선지자는 그러한 고백을 한 후에도 여전히 회의가 풀리지 않아서 13절부터 하나님에 대한 질문을 쏟아 놓고 있다고 해석할 수 있을 것이다.

선지자는 질문한다. "눈이 정결하시므로 악을 차마 보지 못하시며 패역을 차마 보지 못하시거늘 어찌하여 궤휼한 자들을 방관하시며 악인이 자기보다 의로운 사람을 삼키되 잠잠하시나이까"(13절)? 선지자는 마치 하나님이 하나님이기를 포기하신 것이냐고 묻고 있는 듯하다. 선지자의 질문은 계속

된다. "주께서 어찌하여 사람으로 바다의 어족 같게 하시며 주권자 없는 곤충 같게 하시나이까"(14절)? 하나님과의 언약 관계를 들이밀며 따지고 있는 듯하다. 하나님의 언약 백성(사람)을 버린 자식 같이(바다의 어족 같이) 여기시니, 하나님은 그 백성의 주권자 되기를 포기하신 것인가? 선지자는 계속해서 질문을 던진다. "그가 낚시로 모두 취하며 그물로 잡으며 초망으로 모으고 인하여 기뻐하고 즐거워하여 그물에 제사하며 초망 앞에 분향하오니 이는 그것을 힘입어 소득이 풍부하고 식물이 풍성케 됨이니이다 그가 그물을 떨고는 연하여 늘 열국을 살육함이 옳으니이까"(15~17절). 자신의 힘과 권세를 우상화하고 불의한 소득으로 자랑을 삼는 저들을 그대로 방치하시고, 그들이 계속 열국을 살육하도록 하시는 것이 옳은 것입니까? 어느 때까지 그렇게 하실 것입니까? 이것이 하나님의 공의에 맞는 처사인지를 따지고 있는 듯하다.

4. 하나님의 두 번째 답변(2:1~4, 5~20)

두 번째 항변을 쏟아 놓은 선지자는 문득 질문을 멈추고 다음 태도를 결정한다. "내가 내 파수하는 곳에 서며 성루에 서리라"(1상절). 이것은 선지자가 자기의 본 임무로 돌아가는 것을 상징적으로 표현한 것이다. 지금까지 고민하며 하나님께 도전적으로 질문하는 위치에 있었으나 이제는 선지자로서의 본분을 다하기 위하여 고요히 기도하며 하나님을 바라보며 기다리는, 선지자 본연의 제 위치로 돌아가는 것을 의미한다.[1]

선지자는 또한 결심한다. "그가 내게 무엇이라 말씀하실는지 기다리고 바라보며 나의 질문에 대하여 어떻게 대답하실는지 보리라 그리하였더니"(1중하절). 결국 선지자는 파수꾼의 심정으로 하나님의 대답을 기다리기로 한 것이다. 본문에서 '기다리라'는 단어가 문두에 나와서 강조되고 있다는 사실과, 곧이어 주어지는 하나님의 대답의 핵심 가운데 하나도 '기다리라'임을 주목한다면, 설교자는 이 단락에서 '신자의 기다림'을 주제로 한 설교가 가능할 뿐만 아니라 문맥상 적합한 아이디어를 얻을 수도 있을 것이다. 여기서의 기다림은 막연한 시간 보내기가 아니라 기대와 소망을 갖고 하나님을 바라보며 참는 것을 의미한다. 그래서 "비록 더딜지라도 기다리라 지체되지 않고 정녕 응하리라"(3하절)고 말씀하시는 것이다. 이것은 확실한 결과를 내다보며 그것을 기다리는 것이다.

선지자에게 임한 하나님의 두 번째 대답을 두 가지 내용으로 요약할 수 있다.

첫째, 악인 바빌론은 반드시 하나님의 심판을 받아 망하고야 만다는 것이다. 정한 때가 있고, 그것은 반드시 이르고야 만다. "그 종말이 속히 이르겠고 결코 거짓되지 아니하리라… 지체되지 않고 정녕 응하리라"(3절). 악한 바빌론이 견고하게 서 있음을 괴로워할 필요가 없다. 그들은 자신들의 악의 대가를 반드시 거두고야 말 것이다.

둘째, 악인에 대한 것이 아니라 의인에 대한 것이다. "그러나 의인은 그 믿음으로 말미암아 살리라"(4절). 이렇게 함으로써 하나님께서는 갈대아의 악한 자들이 어떻게 망할 것인가뿐만 아니라, 유다의 남은 자들이 어떻게 구원을 얻게 될 것인가를 말씀해 주신다. '의인은 믿음으로 말미암아 살리라'는 말씀은 이중적인 뜻이 있다. 첫째는 의인된 자는 (악인이 판을 치는 상황에서도) 믿음으로 세상을 이기며 살아야 된다는 것이다. 즉 의인은 믿음의 행위, 곧 믿음의 삶이 있어야 됨을 말하는 것이다. 히브리서는 이러한 의미로 이 말씀을 인용하였다(히 10:38). 선지자는 이 말씀을 들으며 악한 바빌론의 존재에 대하여 불평할 것이 아니라, 그런 가운데서도 믿음의 삶을 살아야 된다는 대답을 얻은 셈이 되는 것이다. 둘째는 그의 믿음으로 의롭게 된 자는 (악인들이 망하는 가운데서도) 구원을 얻는다는 말씀이다. 사도 바울은 이런 의미로 이 말씀을 인용하였다(롬 1:17; 갈 3:11).

우리는 이 말씀 속에서 로마서와 야고보서를 함께 보고 있다고 할 수도 있을 것이다. 바울이 로마서에 인용한 의미가 루터의 종교 개혁에 결정적인 역할을 한 것이 계기가 되어서 '의인은 믿음으로 말미암아 살리라'는 말씀이 이신칭의의 의미로의 해석에 치중되어 있는 것을 감안한다면, 설교자는 이런 기회에 이 말씀이 가지고 있는 '믿음으로부터 나온 행위'라는 의미를 함께 드러내어 균형을 갖도록 설교할 수 있을 것이다.

하나님의 두 번째 대답은 다섯 번에 걸쳐서 바빌론의 죄악상을 드러내어 고발하면서 징벌과 저주를 선언하는 내용을 포함하고 있다(6~20절). 화 있을진저, 남의 것을 노략하는 자여(6~8절)! 화 있을진저, 자기를 위하여 불의의 이를 취하는 자여(9~11절)! 화 있을진저, 피로써 성읍을 건설하는 자여(12~14절)! 화 있을진저, 자기의 영광을 위하여 이웃을 분노의 잔으로 취하게 하는 자여(15~17절)! 화 있을진저, 우상의 나라여(18~20절)! 이 다섯 가지는 바빌론의 죄악이 이 다섯 가지라는 뜻으로 보기보다는 그들의 총체적인 죄악의 단면들의 예시로 보아야 할 것이다. 아무튼 분명한 것은 이것이다. 하나님이 악인에 대하여 영원히 침묵하시는 것이 아니다. 악인이 영원히 잘되고 번창하는 것이 아니다. 하나님은 악인을 반드시 심판하시고야 만다. 바빌론의 악에 대한 심판을 선언하는 이 대답은 결국 그 심판을 근거로 두 가지의 대선언으로 하나님의 대답을 요약하고 있다. "대저 물이 바다를 덮음 같이 여호와의 영광을 인정하는 것이 세상에 가득하리라"(14절). "오직 여호와는 그 성전에 계시니 온 천하는 그 앞에서 잠잠할지니라"(20절). 여기까지 이른 하박국 선지자가 나타낸 반응은 무엇인가? 그것이 3장을 이루고 있는 "시기오놋에 맞춘 바 선지자 하박국의 기도"이다.

5. 선지자의 기도, 찬양, 그리고 결단(3장)

3장의 표제는 '선지자 하박국의 기도'이다. 그러나 사실상 기도는 2절뿐이고 나머지는 모두 노래이다.

1) 기도(2절)

하박국은 두 가지 간구를 담아 기도하고 있다.

첫 번째 간구는 "주의 일을 이 수년 내에 부흥케 하옵소서"이다. 여기서 선지자가 구하는 부흥은 '죽었던 것을 다시 소성케 하는 것'을 의미함을 주목할 필요가 있다. 오늘날 많은 사람들은 부흥을 '커지는 것'으로 생각하고 있지 않은가? 선지자가 말한 바에 의하면, 부흥은 커지는 것이 아니라 살아나는 것이다.

두 번째 간구는 "진노 중에라도 긍휼을 잊지 마옵소서"이다. 바야흐로 심판과 징벌의 시대가 도래하고 있음을 감지하고 있는 선지자는 그러한 때에도 하나님의 백성을 향한 긍휼을 잊지 마시기를 구하고 있는 것이다. 선지자는 이 간구를 하면서 "내가 주께 대한 소문을 듣고 놀랐나이다"라고 말한다. 선지자가 들은 '주께 대한 소문'의 내용에 대하여는 주석가들의 의견이 나뉜다. 앞 장에서 하나님의 답변을 통하여 들은 심판과 징벌에 대한 이야기를 말하는 것이라고 보는 입장과, 하나님의 구원하시는 행동 즉 구체적으로는 출애굽 사건을 지칭하는 '과거에 대한 회상'을 의미한다고 보는 입장이다.

2) 하나님의 나타나심(3~15절)

선지자는 전사처럼 오시는 심판주 하나님의 모습을 보고 있다. 이 구절들은 다시 생생한 그림 언어들로 가득 차 있다. 그리고 홍해 사건, 요단강 사건, 여호수아 때에 일어난 사건을 연상케 하는 역사적 암시들로 채워져 있다. 선지자는 전사처럼 오시는 하나님의 모습을 보면서 하나님이 나타나시는 목적을 묻는 질문을 던진다(8절). 그리고 얻는 대답은 두 가지이다. 첫째는 열국을 심판하시기 위함이요, 둘째는 자기 백성과 기름 부음 받은 자를 구원하시기 위함이다. 이 노래가 드러내고자 하는 바는 결국 하나님의 주권과 능력에 대한 찬양이라고 보아야 할 것이다.

3) 비장한 각오가 서린 신앙의 결단(16~19절)

선지자는 승리자처럼 그 유명한 노래를 노래한다. "나는 여호와를 인하여 즐거워하며 나의 구원의 하나님을 인하여 기뻐하리로다"(18절). '어느 때까지', '어찌하여' 하면서 하나님에 대한 불평에 찬 항변으로 시작했던 선지자는 그러나 하나님으로 말미암은 기쁨의 노래로 끝을 맺고 있다. "비록 무화과나무가 무성치 못하며 포도나무에 열매가 없으며 감람나무에 소출이 없으며 밭에 식물이 없으며 우리에 양이 없으며 외양간에 소가 없을지라도 나는 여호와를 인하여 즐거워하며 나의 구원의 하나님을 인하여 기뻐하리로다"(17~18절).

그러나 이 노래를 부르고 있는 선지자의 심정은 비장하다. 왜냐하면 17절의 "무화과나무가 무성치 못하며 포도나무에 열매가 없으며" 하는 상황이 가상적으로 설정된 막연한 상황이 아니라, 지금 눈앞에 다가오고 있는 실제 상황인 것을 선지자는 알고 있기 때문이다. 그것은 하나님이 밝히신 대로, 저 포악한 갈대아 사람들이 유다를 심판하기 위하여 공격해 오는 환난의 날에 실제 상황으로 펼쳐질 것이다. 선지자는 그것을 알고 있다. 사실 그날이 다가오는 것을 보며 기다리고 있다(16절). 처음 그것을 하나님께 들었을 때, 선지자는 그것이 말이나 되느냐는 식으로 따져 물었다.

그러나 지금은 조용히 그것을 참아 기다리고 있다. 선지자는 그 소식을 들었을 때의 자신의 상태를 고백하고 있다. '창자가 흔들리고 입술이 떨리고 뼈가 썩는 것 같고 몸이 떨렸다'(16절). 그러한 상황이 닥쳐오는 것을 보면서 선지자는 이 노래를 부르는 것이다. "나는 여호와를 인하여 즐거워하며 나의 구원의 하나님을 인하여 기뻐하리로다"(18절). 그러므로 이 노래는 단순한 노래가 아니라, 비장한 각오가 서려 있는 신앙의 결단의 선언인 것이다. 이것이 바로 믿음으로 사는 의인의 모습일 것이다. 마지막으로 선지자는 이러한 노래를 부르는 것이 가능하게 하는 근거를 고백하고 있다. "주 여호와는 나의 힘이시라 나의 발을 사슴과 같게 하사 나로 나의 높은 곳에 다니게 하시리로다"(19절). 그것은 하나님이다. 하나님과의 관계에 대한 확신에 찬 신앙이다.

몇 가지 단편적인 설교 포인트 제안

여기서는 위와 같은 내용 파악을 중심으로 실제 설교에서 메시지로 다루어 봄직한 몇 가지 설교 아이디어들을 단편적으로나마 제안해 보고자 한다.

1. 하박국 선지자가 하나님께 항변성 질문을 던지고 있다는 사실에 초점을 맞춘 설교

신앙의 사람이라면 결코 하나님에 대하여 의문을 품거나 회의에 빠져서는 안 된다고 생각하는 사람들이 있다. 어떤 일이 있어도 믿음으로 견디고 즉각적으로 받아들이고 순종하는 것이 신앙인의 모습이라고 믿고 있는 것이다. 이런 교인들은 하나님께 항변성 탄원을 하고 있는 하박국 선지자의 모습을, 받아들이기 힘든 불신앙의 행동으로 간주할 것이다. 설교자는 이러한 사람들을 염두에 두고 하박국 선지자가 하나님의 처사에 대하여 의문을 품고 질문을 던지는 장면을 본문으로 하여 설교할 필요가 있다. 이때는 선지자가 하나님께 항변성 질문을 던진 후 어떠한 과정으로 진행되어 나가서 결국 어떤 결론에 이르렀는가가 전체적인 조망에서 제시되어야 할 것이다.

설교자는 이 설교에서, 신앙이란 한 번도 의심을 품지 않거나 회의에 빠지지 않는 것이 아니라 의심을 품고 회의에 빠짐에도 불구하고 결국은 옳은 결론에 이르고야 마는 것임을 하박국의 경우를 생생한 예로 들어 강조할 수 있을 것이다. 선지자는 현실 생활에서 하나님의 처사에 대하여 자신으로서는 받아들일 수 없는 문제에 부딪혔을 때 그 문제를 자신의 힘으로 해결하려다가 다른 길로 가버리는(하나님을 떠나 버리든지 하는) 불신앙의 길을 택하지 않고, 하나님께 들고 나가서 털어놓고 결국 해결을 받는 신앙의 길을 가고 있다는 점을 강조하는 설교가 가능할 것이다. 이때 시편 73편의 저자의 경우는 매우 강력한 또 하나의 실례가 될 수 있을 것이다.

2. 하박국에게 나타난 변화의 핵심에 초점을 맞춘 설교

결국 하박국에게 나타난 변화의 핵심은 무엇인가를 포인트로 한 설교를 이 대목에서 해봄직할 것이다. 하나님께 문제를 제기하고 나올 때 선지자는 사실상 자신이 처한 현실을 통하여 하나님을 보고 있었다. 그러나 3장 마지막에 이르러 "우리에 양이 없으며 외양간에 소가 없을지라도… 즐거워하며…기뻐하리로다"라고 노래하고 있을 때 선지자는 이제 하나님을 통하여 자신의 현실을 보고 있는 것이라는 점을 착안하여 청중에게 우리의 현실을 통하여 하나님을 볼 것이 아니라, 하나님을 통하여 우리의 현실을 보도록 도전하는 설교를 할 수 있을 것이다. 이 과정에서 하나님께서는 선지자가 던진 질문에 대하여 사실은 엉뚱한 방식으로 계속 답변을 주고 있다(악이 존재하는 이유와 시간을 묻는 첫 번째 질문에는 '갈대아를 일으키리라'고, 더 악한 자가 덜 악한 자를 심판하는 것의 정당성을 묻는 두 번째 질문에는 '반드시 망한다, 기다리라, 의인은 믿음으로 산다'고 답변하심). 이것은 사실, 선지자의 시각을 재조정(redirect) 하시는 하나님의 의도적인 작업이었음도 드러내게 될 것이다.

3. 유다는 바빌론보다 덜 악하다는 하박국과, 그에 동조하는 우리의 생각은 과연 옳은지에 대한 설교

하박국이 가장 견디기 힘들어 한 것은 갈대아 사람들같이 악한 자들이 훨씬 덜 악한 유다를 심판하게 하신다는 점이었다. 갈대아가 유다보다 더 악하다는 것은 우리의 관점에서는 맞을 수 있다. 그러나 하나님의 관점에서도 그럴까 하는 의구심을, 분노하는 하박국의 모습에 덧붙여서 던져 봄직도 할 것이다. 선지자 아모스의 견해를 따른다면 이스라엘은 다른 모든 주변의 이방 국가들보다 더 악하다고 보아야 했다. 왜냐하면 이스라엘은 다른 이방 족속들보다 더 많은 것을 받았으니까. 아무 민족에게도 율법이 주어지지 않았으나 이스라엘은 율법을 받았으니까. 만약 이러한 관점을 취한다면, 설교자는 그러한 관점으로부터, 예를 들어 어떤 그리스도인이 5백만 원의 뇌물 밖에 받지 않았는데 5억의 뇌물을 받은 세상의 더 악한 자들이 교회의 죄를 지적하며 핍박한다고 열을 올리곤 하는 우리의 모습이 정당하지 않다는 점을 지적할 수 있을 것이다. 세상이 아무리 뇌물을 받아도 우리는 한 푼도 받아서는 안 되는 거룩한, 사는 기준이 다른 특별한 사람들로 부름을 받았기에 이 기준으로 보면 죄상은 우리가 세상보다 덜할지 모르나 죄질은 더 나쁠 수도 있다는 사실을 드러낼 수 있다.

4. 기다림에 초점을 맞춘 설교

2장 초두에서 기다림이 강조되어 있다는 사실로부터 설교자가 얻을 수 있는 메시지에 대하여는 이미 언급한 바가 있다.

5. 부흥의 의미에 대한 설교

하박국의 기도(3:2)에서 '부흥'의 의미는 '죽은 것을 소성케 함'이라는 점에 초점을 맞추어 설교할 수 있을 것이다. 위에서 이미 언급한 대로, '부흥은 커지는 것'이라는 개념이 팽배해 있는 우리 현실에 대하여 '부흥은 살아나는 것'이라는 메시지를 펼침으로써 도전을 줄 수 있다.

6. 하나님으로 말미암은 기쁨과 즐거움에 대한 설교

위에서 이미 언급한 대로, 마지막에 하박국이 부르는 이 노래를 선지자가 그러한 결단과 고백을 하고 있는 현실적 배경을 부각시킴으로써 단순한 노래가 아니라 비장한 각오가 서려 있는 신앙의 결단임을 부각시키는 설교를 할 수 있다. 이는 청중에게 상당히 도전적인 메시지가 될 수 있을 것이다.

II. 본문연구

01

어느 때까지리이까

하박국 1:1~11 주해와 적용

본문의 개요

하박국 선지자는 유다 왕국에 횡행하는 불의와 강포로 인하여 하나님께 부르짖는다. 하나님께서는 이에 대해 응답하셔서 반드시 하나님의 의가 승리할 것을 말씀하신다. 이러한 궁극적인 승리를 기다리는 의인의 삶을 찬송하는 것으로 하박국서는 마친다.

하박국서는 특정한 시대에 특정한 환경에 대한 메시지이다. 그러나 이 메시지는 시대를 초월하여 모든 믿는 자들이 이 세상에 살면서 당하게 되는 모든 불의에 대하여 하나님께 부르짖을 때의 하나님의 응답이라고 볼 수 있다. 또한 하나님께서 이 세상에 공의를 베푸실 때 믿지 않는 자들, 심지어는 더욱 악한 자를 쓰셔서 공의를 세우실 때도 있다. 이러한 하나님의 방법조차도 받아들일 자세가 되어 있는가? 이것이 하박국이 처했던 문제이다. 또한 이 문제는 모든 믿는 사람들이 생각해야 할 문제이기도 하다.

하박국서에서 하박국은 하나님께 두 번에 걸쳐 불평한다(1:2~4, 12~17). 여기에 대해 하나님께서 대답해 주신다(1:5~11; 2:2~5). 하나님의 두 번째 대답을 들은 하박국은 바빌론을 꾸짖고(2:6~19) 권면한다(2:20). 확신을 얻은 하박국의 찬송시가 3장에 나온다.

여기서는 첫 번째 하나님과의 대화(1:1~11)를 다루려고 한다. 매 단락의 성경 본문은 필자의 '사역'이다.

본문 주해

1. 서문: 선지자 하박국(1절)

[1:1] 선지자(the prophet) 하박국이 본 경고(burden or oracle)라.

하박국이라는 이름은 성경의 다른 곳에서는 전혀 나오지 않고, 하박국서에서 두 번 나온다(1:1; 3:1). 헬라어로 된 유대 문서 'Bel and Dragon'에는 그가 레위 족속의 여호수아의 아들이라고 나오는데 역사적 신빙성은 없는 것 같다. 하박국이라는 말이 어떤 식물을 가리키는 아시리아 말의 히브리어 형태라는 주장도 있다. 여하튼 성경에 나온 것 이외에는 우리가 그에 대해 알 수 있는 방법이 없다. 하박국은, 그가 어떤 사람이든지 관계없이 오직 하나님의 대변자로만 나타나고 있다.

하박국서에서 두 번 하박국이 선지자로 지칭되는데 이 경우 선지자라는 말에 정관사가 붙어 있다. 정관사까지 직역하면 '그 선지자'(the prophet)가 된다. 그런데 유배 전 선지자 중에서는 이렇게 소개된 사람이 없었다. 아마도 정관사가 붙은 이유는 그가 '성전 선지자'(cultic prophet)이기 때문인 것 같다. 역대상 25:1에 보면, 성전에서 일하는 자 중에서 수금과 비파와 제금을 잡아 "신령한 노래"를 하는 자들이 나온다. 이는 실제로는 예언하는 자들이다. 만일 하박국이 이들과 같은 성전 선지자였다면 하박국 3장의 시는 실제 성전의 노래로 사용되었을 것으로 추측할 수 있다.

성전 선지자들은 하나님의 인도하심을 찾는 예배자들에게 하나님의 뜻을 전하는 기능을 한 것 같다. 레위인 야하시엘이나 스가랴도 이들 중 한 사람이었을 것으로 생각된다(대하 20:14; 24:20). 이러한 성전 선지자들은 아모스와 같은 제도권 밖의 선지자들과 구별된다. 아모스는 자신이 선지자도 아니요, 선지자의 자녀도 아니라는 것을 말한다(암 7:14).

'경고'라는 말은 원래 '짐'(burden)이라는 뜻도 된다. 그래서 로버트슨은 '하박국의 짐'이라고 표현했다.[1] 그러나 여기서는 부르스의 말대로 그냥 '묵시'(oracle)라고 표현하는 것이 무난하다.[2] '들어올린다'라는 어원에서 선지자의 선포라는 말이 파생되었다. '받았다'는 말은 원어로 '본다'는 말이다. 즉 '하박국이 본 경고'라는 뜻이다. 이 '보았다'는 말에서 '이상'(vision)이라는 말이 나왔다. 이는 마음의 눈으로 보았음을 의미한다.

묵시를 본 때는 언제인가? 본문에는 언제 이 묵시를 받았는지 기록되어 있지 않다. 그러나 여러 가지 정황으로 추정 가능하다. 바빌론의 느부갓네살이 유다를 처음으로 공격한 때는 주전 605년이므로 그 전에 쓴 것으로 생각된다. 정확한 연대를 추정할 수 없지만 여호야김이 유다를 통치하고 있던 때라고 생각된다. 여호야김이 아버지 요시야 왕과는 전혀 다른 길을 가서 하나님의 뜻을 어기고 강포로 통치하던 시기이다. 하박국은 예레미야, 나훔과 동시대 사람이었을 것이다.

2. 하박국의 기도(2~4절)

1) 어느 때까지이니까?(2절)

[1:2] 어느 때까지 여호와여 내가 부르짖어도 듣지 아니하시나이까? 내가 강포를 인하여 외쳐도 구원치 아니하시나이다.

2절에서는 '과연 얼마 동안 하나님께서 악을 그냥 보고만 계실 것인가' 하는 문제를 하나님께 아뢰고 있다. 여기서 강포를 행하는 자가 누구인가? 또한 4절에 나오는 악인은 누구인가? 먼저 갈대아인은 아닐 것이다. 그들은 하나님의 심판의 도구일 뿐이다(6절). 아시리아인도 될 수가 없다. 그들이 갈대아인보다 더 의로운 족속은 아니다(13절). 율법이 해이해지는 것은 바로 하나님의 백성들이 서로가 서로에게 악을 행하기 때문이다. 그러므로 이 강포

는 여호야김 시대의 사회 상황이었을 것이다.[3]

하박국은 여기서 이스라엘 백성들 사이에 있는 강포에 대하여 말하고 있다. 3절에서 더 자세하게 이러한 부분을 하나님께 아뢴다. 즉 겁탈과 강포, 변론과 분쟁, 율법의 해이, 공의가 시행되지 아니함 등의 일들이 벌어지고 있다고 말한다. 문제는 이러한 일들이 계속 이스라엘에서 일어나고 있는데도 하나님께서는 왜 아무런 행동을 취하지 않으시는가이다. 이에 대해 선지자는 묻고 있다. '어느 때까지 그냥 보고만 계십니까?'

그러나 이러한 '어느 때까지'라는 말은 사실 하나님께서 하신 말씀이다. 이스라엘 백성들이 광야에서 만나를 구할 때, 안식일에는 구하지 말라고 했는데도 불구하고 백성들이 만나를 구하러 나갔다. 그때 하나님께서는 "어느 때까지 너희가 내 계명과 내 율법을 지키지 아니하려느냐"(출 16:28)라고 말씀하셨다. 그들이 정탐꾼들의 보고를 듣고 불신앙을 표현했을 때도 하나님께서는 "어느 때까지"(민 14:11)라고 하셨다. 하나님은 인간의 모든 죄와 불신앙, 특히 그분의 백성들의 죄를 보고 계시다는 것을 알 수 있다.

그렇다면 하박국 선지자는 왜 또다시 '어느 때까지' 이스라엘의 강포를 하나님께서 보고만 계실 것이냐고 묻고 있는가? 그와, 다른 모든 참된 하나님의 백성들이 고통을 당하는 상황에서 괴로워하면서 도대체 언제까지 하나님께서 그분의 백성들을 슬픔 속에 두실 것인지 묻고 있는 것이다. 이것은 불신앙의 반항이 아니라, 믿음 안에서 괴로움을 하나님께 쏟아 붓는 기도이다.

2) 어찌하여 응답을 하지 아니하시나이까?(3~4절)

[1:3] 어찌하여 나로 간악을 보게 하시며 패역을 목도하게 하시나이까 대
저 겁탈과 강포가 내 앞에 있고 변론과 분쟁이 일어났나이다.

3절의 '보게 하다'와 '목도하게 하다'에 해당하는 히브리어는 미완료형 시제를 써서 계속적인 행위를 뜻하는 말이다. '왜 하나님께서 나로 하여금 계속해서 간악과 패역을 보게 하시나이까?' 하는 표현이다. 이는 오랫동안 하

나님께서 개입하지 않으시는 것에 대한 불평이다. 하박국의 불평의 초점은 그의 기도가 응답되지 않는 데에 있다. 그는 불의의 고통에서 구원해 달라고 하나님께 기도해 왔다. 그러나 그의 기도는 응답받지 못했다. 마치 하나님께서 기도를 듣지 않으시는 것 같다. 계속해서 기도하는 데도 불구하고 왜 하나님께서는 응답하지 않으시는 것인가? 하박국의 문제는 '기도가 과연 효과가 있는가', '하나님께서 왜 기도를 들으시지 않는가'였다. 그는 자기가 기도할 때 하나님께서 자기의 기도를 들으시고 이스라엘에서 악을 제하시리라는 것을 기대했다.

이 문제는 오늘날에도 많은 성도들이 부딪히게 되는 문제이다. 수많은 경우에, 기도를 했는데 하나님께서 응답하지 않으신다. 특히 믿는 자들 사이에서 악을 제하여 달라고 하는 것은 하나님의 뜻에 분명 합당한 기도인데도 응답을 받지 못할 때 이해하기 힘들다. 그래서 하박국처럼 질문의 형식으로 하나님께 항의를 한다.

[1:4] 율법이 해이하고 율례가 영원히 서지 않는데 그 이유는 악인이 의인들을 둘러싸고 있고 공의를 굽게 하기 때문이다.

4절을 크게 두 부분으로 나누어 볼 수 있다. 첫 번째 부분에서 율법과 공의는 둘 다 모세의 율법이라고 볼 수 있다. 율법은 '토라'(תּוֹרָה)를 말하고, 공의는 '미쉬파트'(מִשְׁפָּט)를 말한다. 그런데 출애굽기 21장에 보면 '율례'라고 나온다. 이는 평행법(parallelism)으로 하나님의 율법이 서지 못하는 상황을 설명하고 있다. 두 번째 부분에서는 첫 번째 부분의 이유를 말하고 있다. 여호와의 율법이 서지 못하는 이유는 악인들이 의인들을 에워쌌기 때문이다. 즉 숫자가 많음도 이야기하고 있지만 특히 부패한 법정에서 악인들이 승리하는 상황으로도 볼 수 있다. 당시는 여호야김 통치 시기일 가능성이 높은데, 예레미야서에서는 그의 강포한 통치에 대하여 증거 한다(렘 22:17). 그는 무죄한 피를 흘렸고 압박과 강포를 행하였다. 그리하여 그가 이방에게 심판 받을 것을 예언하고 있다(렘 22:18~19).

또한 하나님은 인간의 악을 이기시지 못하는 것처럼 보인다. 하박국이 처한 환경에는 악과 강포가 만연했다. 이러한 강포를 공의로 심판하기 위해 지상의 권위들이 있는 것이다(롬 13:1~7). 모든 권세는 다 하나님께로부터 나왔다. 관원들은 하나님의 사자가 되어 사람들에게 선을 이루는 자이다(롬 13:4). 방백들은 악행 하는 자를 징벌하고 선행하는 자를 포장하기 위해 하나님께서 보낸 자들이다(벧전 2:13~14).

그러나 그러한 권위마저 악에 물들어서 악을 판단할 수 없을 뿐더러 오히려 악을 행하는 원천이 된다. 의인이 고난 받을 때 방백들에게 나아가면 그들의 구부러진 판단 때문에 오히려 더욱 고난을 겪게 된다. 여호와의 율법이 해이하고 공의가 시행되지 못한다. 공의가 굽게 시행된다(1:4). 여기서 하박국은 더욱 이해할 수 없는 심정이 된다. 하나님께서 세우신 나라가 아닌가? 하나님의 율법이 이 나라의 법이 아닌가? 그런데 어찌 악이 이기게 되고 공의는 굽게 되는가? 왜 그런가?

하나님의 침묵은 오늘날 우리만의 문제가 아니다. 구약에도 하나님께서 말씀하지 않으시는 것에 대한 문제가 있었다. 그들은 우리보다 더 못했다. 그들은 성육신하신 그리스도나 완전한 성경을 갖지 못해서 더더욱 적절한 관점을 갖지 못했다.

3. 여호와의 응답(5~11절)

[1:5상] (여호와께서 가라사대) 너희는 열국(너희 궤휼한 자들)을 보고 또 보고 놀라고 또 놀랄지어다.

여호와의 응답은 하박국 혼자에게 한 말씀이 아니다. 그 대상이 '너희는… 보아라' 라는 복수이다. 하박국은 처음에 '내가' 부르짖는다고 말했다. 마치 엘리야가 '나만 남았나이다'라고 부르짖는 것과 같다(왕상 19:10, 14). 그러나 엘리야에게 하나님께서는 아직 바알에게 무릎 꿇지 아니한 칠천을 남겼다고 말씀하셨다(왕상 19:18). 하박국도 혼자인 것처럼 부르짖지만 하나님께서 보기에는 여럿이 있는 것처럼 말씀하신다.

'열국'이라는 말은 '궤휼한 자들'로 해석되기도 한다. '열국'은 히브리어로 '바고임'(בגוים 열국에 대해)인데 쿰란의 주석을 보면 이를 '궤휼한 자들'로 해석했다. 실제 70인역에서도 쿰란의 주석과 일치하는 관점을 가졌다. 사도행전에서도 바울의 설교에서 "멸시하는 사람들"(행 13:41)로 해석하고 있다. 또한 이 말은 1:13과 2:5의 '바가드'(בגד 궤휼히 행동하다) 동사와 서로 연결된다. 70인역은 히브리어 '와우'(ו)를 '달레트'(ד)로 읽은 것 같다. '달레트'로 읽어서 '보그딤'(בגדים) 즉 '궤휼한 자들'로 해석한다면, 여호와께서 악을 행하는 이스라엘 백성들에게 말씀하시면서 그들이 왜 놀라야 하는지 그 이유를 설명하고 있는 것이다.

그러나 맛소라 사본의 경우처럼 그냥 '열국'으로 해석해도 무난할 것 같다. 열국들을 보게 되면 그중에 한 이방 족속인 갈대아 사람을 보게 된다(6절). 하나님의 도구로써 열국 중에서 한 나라 갈대아를 택한 것이다. 이렇게 해석하면 논리적 흐름에도 문제가 없다. 또한 70인역처럼 해석하면 여호와께서 지금 말하고 있는 대상이 하박국과 남은 자들이 아니고 패역한 이스라엘 백성들이 된다. 그러면 하박국이 질문했는데 하나님께서 그를 제외하고 말을 했다는 것이니 논리적이지 않다. 여하튼 맛소라 사본의 입장을 지지하면서 70인역이나 신약의 인용에서 볼 수 있는 해석도 유념할 필요가 있다고 생각한다.

'놀란다'는 말을 칼(qal) 동사형과 히필(hifil) 동사형을 써서 반복적으로 강조하고 있다. 이 부분을 인용한 사도행전에는 '망한다'는 말이 더 들어가 있다(행 13:41). 이는 70인역 본문을 해석할 때 이미 '망한다'는 단어가 들어가 있기 때문이다. 그러나 맛소라 사본에는 전혀 그런 말이 나오지 않는다. 앞의 '열국'을 '궤휼한 자들'로 해석하면 '망한다'는 말을 해야 문장의 의미가 완전히 끝나기 때문에, 70인역에서 이 말을 덧붙인 것 같다.

[1:5하] 왜냐하면 너희의 날 동안에 내가 할 일을 행할 것이기 때문이다. 혹

자가 너희에게 말할지라도 너희가 믿지 아니하리라.

여기서는 이스라엘의 남은 자들이 그들의 생전에 하나님께서 하시는 일을 보고 놀랄 것임을 더 심각하게 표현하고 있다. 얼마나 놀라운 일인가 하면, 들을 때는 도저히 믿을 수 없는 일이 그들 앞에 일어나서 그들을 놀라게 할 것이다. 그리고 그 일은 바로 그들이 살아 있는 동안에 일어날 것이다. 하나님의 심판은 국제적이 될 것이다. 하나님은 이스라엘만의 하나님이 아니고 전 세계의 하나님이시기 때문이다. 자기 백성을 심판하실 때 전혀 다른 먼 곳에 있는 이방 족속을 쓰셔서 그들로 하여금 놀라운 일을 행하게 하신다는 말이다.

사도행전에서 바울이 본문을 인용한 내용을 살펴보자(행 13:13~41). 바울은 비시디아 안디옥에서 회당에 들어가 복음을 전한다. 그는 예수님에 대해 설명한 후에 그들의 마음을 강퍅하게 하지 말 것을 경고한다(행 13:40~41). 여기서 바울은 하박국 1:5을 인용하여 그들에게 닥칠 심판을 경고하는 것만이 아니라 오직 믿음으로 말미암아 구원을 받는 측면을 설명하고 있는 것이다. 즉 바울의 설교 내용은 예수님을 믿어야 하고 그를 믿는 사람들은 오직 믿음으로 산다는 것이다. 이것이 바로 하박국서 전체에서 말하는 내용이다. 행위로는 구원을 받을 수 없으니 하나님의 심판이 선포될 때에 빨리 예수님을 믿으라는 말이다. 오직 여호와께서 마련하신 구원의 길로 가라는 뜻이다. 1장에 나오는 이스라엘에 대한 심판의 선포를 2장의 믿음으로 말미암아 구원받는다는 문맥 안에서 이해해야 한다는 것이다. 또한 2장의 '의인은 믿음으로 말미암아 살리라'는 말은 오직 예수님 안에서 죄 용서를 받는 사람만이 영생을 얻게 된다는 의미라고 바울은 다시 설명하고 있다.

여기서 '하나님의 심판'을 살펴보면 그냥 도덕적으로 악행과 강포를 행하는 사람들을 하나님이 심판하시니까 조심하라는 내용이 아니다. 하나님의 심판의 선포는 복음과 함께 동전의 앞뒷면과 같은 것이다. 이 두 가지는 언제나 함께 간다. 결국 심판의 선포의 역할은 모든 듣는 자들이 예수님 앞에 엎드리게 하는 것이다. 그러나 구원의 역사에서 이스라엘은 회개치 않았고 결국 바빌론에게 멸망케 된다. 바울의 설교 뒤에도 유대인들은 결국 믿지 않고 오히려 이방인들이 그 복음을 받아들인다(행 13:42~52). 이와 동일한 사건이 로마서 11장, 에베소서 2장에도 나온다. 이스라엘의 심판이 오히려 이방인의 구원의 문을 열게 된다.

[1:6] 왜냐하면 보라! 내가 갈대아 사람을 일으켰나니 그들은 자기들의 땅이 아닌 곳을 점령하면서 땅의 넓은 곳을 다니는 성급하고 사나운 이방 족속이다.

'왜냐하면'은 하박국이 놀라게 되는 이유를 설명하게 되는 것을 말한다. 그들이 놀라는 것은 하나님의 심판의 도구가 바로 갈대아 사람(Kasidim)이기 때문이다. 갈대아 사람들은 아주 먼 곳의 족속이며, 악독하기로 소문난 사람들이다. 그러나 아직까지 그들은 이스라엘을 위협할 존재처럼 보이지 않는다. 이러한 것 때문에 그들이 놀란다.

여호와께서는 하박국이 사는 곳의 악을 제하기 위해서 갈대아 사람들을 일으키신다. 갈대아는 곧 바빌론을 가리키는데 그들은 원래 아시리아의 속국이었다. 아시리아 제국이 약해진 틈을 타서 주전 626년에 나보폴라살이 바빌론의 독립을 선언한다. 그들은 결국 메데와 연합하여 주전 612년에 니느웨를 함락시킨다. 그렇지만 그들이 불과 7년 뒤(주전 605년)에 갈그미스 전투에서 애굽의 느고를 이길 줄을 아무도 몰랐다. 그들은 불과 20년이라는 짧은 시간에 고대 근동의 패권을 쥐게 되었다. 그러나 그들은 빨리 일어난 만큼 빨리 멸망한다. 그들은 주전 539년에 페르시아의 고레스 왕에게 멸망당하고 이스라엘은 70년 만에 다시 가나안 땅으로 포로에서 돌아온다. 대제국이 70년밖에 가지 못한 것이다. 이러한 사실은, 하나님께서 자신의 목적을 위해 갈대아를 일으키셨다는 말을 실감나게 한다.

그들은 또한 자기들의 땅이 아닌 곳을 점령한다. 이는 출애굽 당시에 하나님께서 이스라엘에게 가나안 땅을 주시면서 한 말씀이다. 그들이 짓지 아니한 성읍, 파지 아니한 우물, 심지 아니한 포도원을 얻게 하신다(신 6:10~11).

바빌론이 옛날 이스라엘 족속이 했던 역할을 비로소 하게 된 것이다.

[1:7] 그들은 두렵고 무서우며 자기들 스스로가 심판과 명예를 정하며 이
　　　스라엘에는 하나님의 법이 있다. 그러나 바빌론 사람들은 아주 무서
　　　우면서도 그들 자신이 곧 법이다. 마음대로 정한다. 그들이 이스라엘
　　　을 점령하게 되면 이스라엘은 전혀 다른 환경에서 살게 될 것이다.
[1:8] 그 말은 표범보다 빠르고 저녁 이리보다 사나우며 그 기병은 원방에
　　　서부터 오는 기병이라 마치 먹잇감을 움키려 하는 독수리처럼 날아
　　　서 올 것이라.

이스라엘은 그들이 갈대아에서 멀리 떨어져 산다는 사실에 조금은 안심
할지 모른다. 그러나 그들의 공격은 매우 빠르다. 그 빠름을 표범에 비유했
다. 거리가 먼 것은 아무런 문제가 되지 않는다. 또한 그들의 사나움은 저녁
이리와 같다. 이리는 저녁에 사냥을 하러 나온다. 이는 하루 종일 굶고 이제
먹이를 대할 때의 격렬함을 말한다. 또한 비록 밤이라 할지라도 절대로 먹잇
감을 놓치지 않는다. 바빌론 군대가 전쟁을 할 때 숨어 있는 사람들까지 다
찾아낼 수 있다는 의미도 포함된다.

기병들도 마치 독수리가 먹잇감을 덮쳐 날아가는 모습으로 묘사되었다.
이미 이런 묘사는 신명기 언약에 등장한다. "곧 여호와께서 원방에서, 땅끝
에서 한 민족을 독수리의 날음같이 너를 치러 오게 하시리니"(신 28:49).

마지막 날에 여호와께서 공중의 모든 새에게 명하여 왕이나 장군이나 종
이나 무론 대소하고 모든 자의 고기를 먹으라고 하신다(계 19:17~18). 이는 심
판의 장면을 매우 시각적으로 묘사하고 있다.

[1:9] 그들은 다 강포를 행하러 오는데 앞을 향하여 나아가며 사람을 사로
　　　잡아 모으기를 모래 같이 많이 할 것이요.

하박국은 이스라엘의 '강포' 때문에 하나님께 간구했다(2, 3절). 그런데 바
로 그 백성을 심판하는 도구인 바빌론의 특징이 바로 '강포'이다. 그들이 강

포를 행하는 백성에게 강포를 행하려고 온다. '앞을 향하여 나아간다'는 말을 직역하면, '그들의 얼굴을 동쪽으로 향한다'는 말이다. 이 말의 해석에는 문제가 있는데, 정확한 의미를 알 수 없고 다만 앞을 향한다고 설명할 수밖에 없다. 그들이 포로를 잡는데 그 포로들이 모래와 같다. 여호와께서는 아브라함의 씨가 바다의 모래와 같을 것이라고 했다. 그런데 그 모래와 같이 많은 사람들이 다 포로로 잡힌다. 언약을 어긴 하나님의 백성들이 이와 같을 것이라고 이미 여호와께서 말씀하셨다(신 28:41).

[1:10] 열왕을 조롱하며 방백들을 웃음거리로 만들며 모든 견고한 성을 비웃고 흙을 쌓아 그것을 취할 것이라.

고대 근동의 여러 나라의 왕들은 스스로 존귀한 자들이지만 바빌론에게는 우습게 보인다. 이스라엘은 이 나라들이 있기 때문에 바빌론이 자기들을 침략하는 것은 어렵다고 생각한다. 그러나 바빌론에게 그런 것은 아무것도 아니다. 그들은 오히려 갈대아 사람들에게는 노리개에 불과하다. 이 소리를 듣는 이스라엘 사람들의 심정을 생각해 보아야 한다. 이스라엘 백성들이 출애굽 때에 가데스 바네아에서 가나안 땅에 정탐꾼을 보낸다. 그 정탐꾼의 임무 중의 하나가 그 땅 거민이 거하는 성읍이 진영인지 산성인지를 보는 것이었다(민 13:19). 성벽이 있으면 공격하기가 쉽지 않은 것은 자명하다. 그러나 갈대아 사람들은 견고한 성도 비웃는다. 흙을 쌓아서 성 높이까지 오르막길(ramp)을 만들어 공격하면 그만이었다. 이스라엘에서 가장 강력한 요새인 마사다도 로마 병정들이 흙을 쌓아 올려서 오르막길을 만든 다음 마침내 함락시켰다. 갈대아 사람들에게 저항할 능력이 사람들에게 전혀 없다는 것을 보여 준다.

[1:11] 그들은 바람처럼 방향을 바꾸어 지나치게 행하여 득죄한다. 그들의 힘으로 자기들의 신을 삼는다.

바빌론 사람들이 공격했을 때 이스라엘 백성들은 괴로움을 당할 수밖에 없었다. 그러나 침략자들도 여호와 앞에서 멸망할 수밖에 없음이 가장 마지막에 나오고 있다. 하나님은 그들을 심판의 도구로 사용하신다. 그러나 동시에 그들을 심판하시는 길을 준비하고 계신다. 이것이 다음 부분과 연결된다.

설교를 위한 적용

그러나 여기서 과연 하나님은 어떠한 분이신가를 생각해 보자. 하나님께서는 이스라엘 왕국이 세워질 때 백성들에게, 그들이 원하는 왕이 세워지면 그 왕 때문에 그들이 고통을 받을 것이고 그것 때문에 하나님께 구하여도 응답하지 않으실 것을 말씀하셨다(삼상 8:18). 여호와를 왕으로 인정하지 않을 때는 이러한 결과를 얻게 된다. 하박국이 부르짖어도 여호와께서는 응답하지 않으셨다. 당시 남왕국 유다가 고난을 당하는 것은 바로 므낫세 왕과 그 전 왕들의 악으로 말미암았다. 그 악 때문에 유다는 마침내 멸망하고 만다.

하나님께서 이렇게 악이 편만한데도 공의를 베풀지 않으시는 이유는 경건한 일부의 '남은 자'(remnants)를 위함이다. 이스라엘이 애굽에서 400년 동안 있어야 하는 이유도 가나안 백성들의 죄가 관영치 않았기 때문이었다(창 15:16). 소돔도 의인 열 명이 있었으면 멸망당하지 않았을 것이다(창 18:32). 유다가 멸망하기 직전 하나님께서는 예루살렘에서 의인 한 명을 찾더라도 멸망치 않겠다고 말씀하셨다(렘 5:1). 가라지 비유에서 예수님은 하나님께서 세상의 악을 제하시지 않는 이유에 대하여 무엇이라고 하는가? 가라지를 뽑다가 알곡을 뽑을까 두려워함이라고 했다(마 13:24~30, 36~43. 특히 29절).

지금 우리가 살고 있는 세상도 악으로 가득 차 있다. 온갖 범죄와 강포가 넘쳐 있다. 그런데도 하나님께서는 이러한 악을 왜 제하시지 않고 보고만 계시는 것인가? 바로 우리와 같은, 하나님을 믿는 백성들을 위함이다.

하박국이 가졌던 것과 같은 문제를 가졌던 성도들이 성경에 나온다. 시편 73편의 기자는 시험에 빠졌다. 스스로 악인의 형통함을 보고 '거의 실족

할 뻔했다'고 고백한다(시 73:2~3). 그들이 항상 평안하고 심지어는 죽을 때도 고통 없이 죽었다. 오히려 의롭게 살려는 기자는 종일 재앙을 당했다(시 73:14). 그러나 그가 하나님의 성소에 들어갈 때에야 저희의 결국을 깨달았다(시 73:17). 그는 하나님께 자신의 무지함을 고백하고 여호와를 찬양한다. 하박국과 거의 같은 길을 가는 것을 본다.

이러한 예를 예수님의 팔복(마 5장)에서도 볼 수 있다. 애통하는 자들은 불의하게 핍박을 받으면서 공의를 바라는 사람들이요, 의에 주리고 목마른 자도 마찬가지이다. 강포와 악이 횡행하는 사회에서 의를 위할 때 더욱 핍박을 받게 된다. 예수님을 위하여 살고, 예수님처럼 살 때 더 많은 고난을 받게 됨을 말하고 있다.

예수님이야말로 이러한 의인들의 '마침'(telos)이라고 할 수 있다. 시편 기자가 의인으로서 고난을 받았고, 하박국 선지자도 동일한 고난을 받았다면 그들은 모형에 불과하다. 궁극적인 의인은 바로 예수님이시다. 오직 예수님만이 의인이시다. 이 세상은 오직 한 사람의 의인이신 예수님 때문에, 예수님께 속한 모든 자들이 구원을 받는 것이다. 또한 의인들이 이 세상의 모든 악에 대하여 고난을 당한 것처럼 예수님도 고난을 당한다. 아니 모든 믿는 자들의 고난을 혼자 다 받으신다. 죽음에 이르는 고난 속에서도 오직 아버지 하나님을 믿고 그 길을 가신다. 결국 하나님은 그를 죽음에서 일으켜 세우고 모든 믿는 자들의 첫 열매가 되게 하셨다.

그리하여 예수님을 믿는 모든 사람들은 바로 예수님 안에서 의인이 되는 것이다. 하박국서에서도 말하듯 자기들의 행위로 의인이 되는 것이 아니다. 하박국이 기다리던 구원의 날은 마침내 예수님의 죽음과 부활로 이루어진다. 본문에 나온 하박국의 부르짖음에 대한 직접적인 응답은 5~11절에 나오지만 궁극적인 답은 예수님의 이 세상에 오심으로 이루어진 것이다.

팔복에서 말하는 복 있는 자는 예수님을 가리킨다. 모세의 율법과 마찬가지로 예수님의 산상수훈(마 5~7장)도 신학적인 면에서 이해해야 한다. 예수님의 모든 명령도 모세의 율법과 마찬가지로 하나님의 품성을 표현하고 있다. 그 하나님의 품성대로 하나님의 백성이 되어야 할 것을 말하고 있다. 산상수훈에서 하나님의 백성들에게 요구되는 모든 품성을 먼저 예수님 안에서 발견할 수 있는 것이다.

산상수훈도 이러한 신학적 이해 다음에 예수님 안에 있는 모든 믿는 자들에게 적용할 수 있다. 복음을 위하여 사는 삶이 바로 팔복에서 이야기하는 심령이 가난한 자, 애통하는 자, 의에 주리고 목마른 자, 의를 위하여 핍박받는 자들이다. 그러나 이들에게 소망이 있다. 하나님께서 이들을 결코 그냥 놓아두지 않고 반드시 구원의 길을 주실 것임을 약속하고 있다. 심지어는 믿지 않는 사람, 먼 곳의 사람들조차 쓰셔서 그분의 백성들을 구원하시겠다는 것이다. 이러한 궁극적인 구원을 본문에서 볼 수 있고 이런 면의 확실한 증거가 바로 예수님이 이 세상에 오신 것이다. 그리고 그분이 죽음을 이기고 부활하셔서 종말의 구원에 대한 확증을 하셨다. 지금 우리는 하박국 선지자보다 더욱 확실한 증거를 가지고 있는 것이다.

설교 예

앞에서 설명한 내용으로도 여러 가지 설교를 만들 수 있다. 여기서는 그중 한 가지 예를 들어 소개한다. 다음의 설교 요약에 예화를 넣고 본문에 해당하는 내용을 설명하면서 설교를 할 수 있을 것이다.

1. 제목: '응답받으셨습니까?'

1) 하나님께서는 당신의 기도에 응답하신다
하박국 선지자는 전혀 하나님과 대화가 안 되는 것으로 생각했으나 실제로는 하나님께서 다 듣고 계셨다. 하나님께서 듣지 않으시는 것처럼 느낄 때는 하박국처럼 항의하듯 기도할 수 있다. 하박국의 기도는 결국 믿음의 기도였다. 그는 신실하신 하나님이 살아 계신다는 것을 전제로 항의하고 있는 것이다. 당신의 기도가 응답되지 않는 것처럼 느껴도 하박국처럼 계속해서 기도해야 한다. 왜 하나님께서 응답하지 않으시냐고 물으면서 기도하면 하나님께서 응답하신다. 예수님께서도 불의한 재판관의 비유에서 강청하는 과부의 소리를 불의한 재판관이 들어주지 않을 수 없는데 하물며 하늘의 아버지께서 끊임없는 기도를 들어주시지 않겠냐고 말씀하신다(눅 18:1~8).

2) 하나님께서는 당신이 전혀 모를 때에도 이미 응답을 시작하신다

하박국 선지자가 이스라엘 백성들에게 있는 온갖 불의와 강포와 간악함을 겪으면서 기도하고 있을 때 이미 하나님은 전혀 알지 못하는 먼 곳, 이스라엘의 바깥에서 응답을 준비하고 계신다. 전혀 알지 못하는 곳에서 인류의 역사를 바꾸어 놓을 일이 이미 일어나고 있었던 것이다. 이러한 면은 성경 전체에서 계속해서 나온다. 모든 사람들이 하나님을 거역하고 바벨탑을 쌓다가 흩어짐을 당했다. 창세기 11장은 인류의 절망적 상황을 말해 주고 있다. 그러나 하나님은 전 인류를 구원하려는 계획을 오직 한 사람 아브라함을 갈대아 땅에서 택함으로써 시작하신다. 그리고 그 아브라함에게 "네 씨로 말미암아 천하 만민이 복을 얻으리니"(창 22:18)라고 말씀하신다. 바울은 그 씨가 바로 예수님이라고 한다(갈 3:16). 사사 시대의 불신앙과 피비린내 나는 싸움판에서 이스라엘은 왕이 없으므로 각기 제 소견에 옳은 대로 행하였다. 하나님께서는 그 가운데서도 유대의 작은 고을 베들레헴에서 룻을 통해 이스라엘의 참된 왕을 준비하신다. 오늘날도 마찬가지이다. 비록 우리 눈에 아무것도 보이지 않아도, 이 세상에 악이 승리한 것처럼 보이는 순간에도 분명히 하나님께서는 하나님의 구원 계획을 이루고 계신다. 지금 바로 당신의 삶에서도 구원을 위한 계획을 이루어 가고 계신 것이다.

3) 하나님의 응답은 당신이 기대한 것과는 전혀 다를지도 모른다

하나님께서 하박국에게 응답하신 뒤에도 하박국은 수긍할 수가 없다. 하

나님의 방법을 받아들일 수가 없기 때문이다. 우리는 우리의 문제를 볼 때도 제한적으로 보고 하나님의 응답도 제한적으로 본다. 얼마나 많은 경우에 우리는 우리의 방법대로 축복해 달라고 하나님께 기도하는가? 그러나 하나님은 언제나 하나님의 방법대로 우리를 축복하신다. 그리고 결국에는 그 방법이 우리에게 가장 좋다는 것을 깨닫게 된다. 지금 당장에는 이해할 수 없더라도 나중에 하나님의 지혜에 대하여 찬송할 수밖에 없다. 하박국처럼.

하나님은 공평하신 분인가

하박국 1:12~17 주해와 적용

본문의 개요

먼저 하박국서의 전체적인 구조와 문맥을 살펴보고, 그 문맥 속에서 이 본문이 차지하는 위치에 대해 관찰해 보려고 한다.

하박국서는 형식상 크게 두 부분으로 나뉘는데, 각 부분의 서두에 나오는 제목이 이와 같은 구조를 지지해 준다. 먼저 첫 번째 표제로 1:1의 '선지자 하박국이 묵시로 본 신탁의[1] 말씀'이라는 말이 나오는데, 이 제목이 1~2장의 표제 역할을 한다. 이 제목이 가리키는 대로 첫 번째 부분은 대체로 유다와 이방 민족에 대해 하나님께서 주신 신탁의 말씀을 포함하고 있다. 그리고 두 번째 표제가 3:1의 '선지자 하박국이 시기오놋에 맞춘 기도'라는 말로 나타나는데, 이 제목은 3장의 표제 역할을 한다. 이 제목에 나타난 의미대로 두 번째 부분인 3장은 하박국의 기도를 서술하고 있다. 그런데 이 하박국의 기도에는 그의 간구뿐만 아니라, 하나님이 세상을 심판하기 위해 곧 나타나실 것에 기초한 하박국의 신뢰의 고백이 나타나고 있다. 즉 하박국은 응답될 것이라는 확신 가운데 자신의 기도를 드리고 있는 것이다.[2]

한편 1~2장의 첫 번째 부분은 그 내용상 다시 크게 1:2~2:5과 2:6~20의 두 부분으로 나눌 수 있다. 1:2~2:5의 첫 번째 부분은 선지자의 탄식 기도와(1:2~4, 12~17), 그에 대한 하나님의 응답(1:5~11; 2:1~5)이 각각 두 번씩 나타나면서 서로 짝을 이루고 있다. 즉 1:2~4의 탄식 기도는 1:5~11에서 응답되고, 1:12~17의 탄식 기도는 2:1~5에서 각각 응답된다.

　먼저 하박국은 유다에 만연한 폭력과 범법에 대해 탄식한다(1:2~4). 그리고 탄식하며 기도하는 선지자에게 하나님께서는 모든 유다의 폭력자들에게 갈대아 사람들(바빌론)을 보내 멸망시킬 것이라는 응답의 말씀을 주신다(1:5~11). 그러나 비록 하나님의 도구로 보냄을 받았을지라도, 유다와 여러 나라들을 침략하여 도가 지나치도록 잔인한 폭력을 행사하는 바빌론에 대해서 하박국 선지자는 다시 한 번 하나님께 탄식한다(1:12~17). 이에 대해 하나님께서는 선지자에게 종말적인 환상이 올 것을 기다리라고 하시면서, 마음이 정직하지 못한 자들은(바빌론을 포함해서) 다 사라질 것이며, 오직 의로운 자만이 생명을 얻게 될 것이라는 약속의 말씀을 주신다(2:1~5). 그리고 이 약속의 말씀은 바빌론의 멸망을 예고하는 2:6~20의 두 번째 부분과 곧바로 연결된다.[3]

　2:6~20의 두 번째 부분에는 다섯 개의 '아이고!'[4] 즉 초상집에서 호곡하는 형식의 말이 나타난다. 폭군인 바빌론이 죽음에 이르게 될 죄들을 각각 초상집에서 애곡하는 형식으로 서술하고 있는 것이다. 여기서 애곡하는 자들은 물론 바빌론의 압제에 시달리던 나라들이다. 2:6~8에는 바빌론이 행했던 약탈과 폭력에 대해, 2:9~11에는 큰 건축물들을 짓기 위해 부당하게 착취했던 것에 대해, 2:12~14에는 건축을 위해 행사했던 그들의 잔인함과 폭력에 대해, 2:15~17에는 사람과 자연에 대해 무자비하게 행사했던 그들의 잔악함에 대해, 그리고 마지막으로 2:18~20에는 그들이 행했던 우상 숭배에 대해 각각 애곡하고 있다. 그러면서 선지자는 하박국 2:20에서 시편 11:4상과 스바냐 1:7상을 응용하여 거룩한 성전에 앉아 계시는 여호와를 서술하고 있다. 이로써 그는 2:18 이하의 말도 못하고 생명도 없는 우상을, 살아 계셔서 하늘 보좌에 앉아 계신 하나님과 대조시키고 있는 것이다. 즉 2:20에서 여호와가 세상의 통치자라는 말이 이 두 번째 부분의 절정을 이루며 3장과 연결되고 있다.

3장은 하박국의 기도이다. 그는 3:2에서 하나님이 2:2~5에 약속하신 것을 속히 이루어 주실 것을 간구하고 있다. 이 간구에 대해 하나님은 3:3~15에서 세상의 통치자로 오시는 하나님을 하박국에게 환상으로 보여 주신다. 이에 하박국은 이 환상을 통해 3:16~19에서 자신이 두려움에 사로잡혔지만, 하나님이 그들에게 가져오실 환난에 대해 조용히 기다리겠다고 고백하며(3:16), 어떤 처지에서도 구원의 하나님으로 인해 기뻐하고 즐거워할 것이라는, 즉 하나님께서 반드시 기도에 응답해 주실 것이라는 확신을 가지고 자신의 기도를 마친다(3:17~19).[5]

예레미야서와 마찬가지로 하박국서에서도 예루살렘에 만연하게 된 불의와, 그로 인해 하나님께서 바빌론을 유다를 향한 심판의 도구로 세우신 것을 말한다. 하박국은 하나님께서 바빌론을 심판의 도구로 쓰신 것을 알았지만, 고통이 심해지면 심해질수록 떨쳐버릴 수 없는 질문이 마음속에서 솟구쳐 나왔다. 그것은 이처럼 불의하고 악한 나라가 어떻게 하나님의 심판의 도구가 될 수 있는가 하는 것이다. 이 같은 의문에 대해 하박국은 하나님의 도구인 바빌론이 결국 자신의 지나친 잔악함 때문에 멸망하게 될 것이라는 응답을, 하나님이 보여 주신 환상을 통해 받는다(비교 사 10:5~34). 그런데 이 하나님의 심판에 대한 최후의 잣대가 2:4에 나타난다. 그것은 '그 마음이 정직하지 못한 자는 사라질 것이나,[6] 의인은 자신의(여호와께 대한) 진실함으로 살 것이다'라는 것이다. 하나님의 이 같은 잣대는 각 개인뿐 아니라(비교 롬 1:17; 갈 3:11; 히 10:38), 세상의 모든 나라들에게도 적용되는 원리이다.

본문 주해

12~13절에서 새로이 개인 탄식시가 나오는데, 이 탄식시에 이어 민족들을 정복하는 바빌론의 위세에 대한 비유적인 서술이 별안간 연결된다.[7] 우리는 1:6 이하에 선고된 갈대아 사람들(바빌론)의 정복이 이미 시작된 것을

알 수 있다. 그런데 이 정복은 유다의 악한 자뿐 아니라, 죄 없는 사람들에게도 닥쳤다.[8] 여기서 하박국은 두 번째 탄식을 하나님께 드리는데, 첫 번째 탄식에 대한 하나님의 응답에 그 의문을 제기하고 있는 것으로 보인다. 물론 그는 유다 백성이 징계 받는 것이 당연하다고 생각하는 것 같다(12절). 그러나 어떻게 하나님께서 이같이 잔악한 바빌론을 들어서 유다를 징계하시는가에 대해서는 이해할 수 없었던 것 같다. 바빌론은 유다보다 더 악한 백성이 아닌가? 그렇다면 이것은 하나님의 정결하고 의로우신 판단과 배치되는 것이 아닌가? 이와 같은 하나님께 대한 탄식에 이어, 그는 14절 이하에서 낚시의 비유를 들어, 바빌론이 다른 민족들을 얼마나 잔인하게 다루는가를 하나님께 고발하고 있다.[9]

1. 12절

[1:12] 여호와여, 당신은 옛날부터 계시지 않습니까? 나의 하나님, 나의 거룩하신 분이여,[10] 우리는 죽지 않을 것입니다. 여호와여, 당신은 심판을 위해 그를 세우셨습니다. 반석이여, 당신은 징벌을 위해 그를 지정하셨습니다.

12~13절에 1:2~4의 주제가 다시 나타나는 것으로 보아, 둘은 서로 연관된다.[11] 단지 서로 다른 점은 1:2~4에서는 '언제까지'와 '어찌하여'로 선지자의 인내 없음과 불확실성이 표현되었다면, 여기서는 현실에 대한 선지자의 어리둥절함과 이해 못함을 나타내고 있다.[12]

하박국 선지자는 부정 의문문으로 자신의 탄식을 시작한다. '여호와여, 당신은 옛날부터 계시지 않습니까?' 그런데 이 질문은 하나님께 대답을 기대하는 의문문이 아니라 강한 긍정을 나타내는 부정 의문문이다.[13] 따라서 선지자는 여기서 하나님께 어떤 답변을 요구하는 것이 아니며, 단지 자신의 말의 의도를 강조하는 것이다.[14] 다시 말하면 하나님은 옛날부터 지금까지 우리에게 하나님으로 계신다는 말을 강조하는 것이다. 이런 면에서 선지자는 하나님에 대해서 회의를 가진 것이 아니라, 오히려 확신을 가지고 자신의

탄식을 드리고 있다.[15]

'옛날부터'란 말은 하나님이 이스라엘 조상들에게 베푸셨던 구원 사역들을 생각나게 한다. 과거의 위대한 구원 사역들을 돌이켜 보는 것은, 어려운 역경 속에서도 경건한 자들을 좌절에 빠지지 않게 하며 또한 그들의 기도를 멈추지 않게 한다. 따라서 이 말은 출애굽의 하나님을(출 3:14; 신 32:39), 더 나아가 창조주로서의 하나님을 의미하기도 한다(14절; 창 1:26, 28).[16]

선지자의 이런 확신의 태도는 또한 '우리는 죽지 않을 것입니다'라는 말에서 잘 표현된다. 그런데 많은 주석가들이 이 말을 '당신은 죽지 않을 것입니다'라고 번역한다. 본문의 문맥상 하나님께 대한 말이 2인칭으로 계속 연결되는 것이 자연스럽다고 생각하기 때문이다. 그리고 하나님께 대한 이런 고백은 여호와가 가나안의 '모트-바알'(mot-baal) 신화에 나오는, 계절에 따라 죽었다 부활하는 바알 신과는 대조적으로 죽는 신이 아니며 영원히 살아 계신 신이시니 어째서 이와 같은 잔악함을 간과하시느냐는 의미라고 주장한다.[17] 그들은 이에 대한 근거로 이곳이 구약에 나타난 열여덟 개의 '서기관의 교정'(tiqqune sopherim, 이하 tiq. sop.) 중 하나인 것을 들고 있다. 그들은 주장하기를 원래 히브리 본문은 '당신은 죽지 않을 것입니다'인데, 후에 하나님이 죽는다는 말이 불경스러워서 서기관들이 '우리는 죽지 않을 것입니다'로 교정했다는 것이다. 따라서 우리는 서기관들이 교정하지 않은 원래의 본문을 취해 번역해야 한다는 것이다.

그러나 이것은 그렇게 단순한 문제가 아니다. 하크(Haak)는 어떤 것이 원래의 말이고 어떤 것이 교정된 말인지 분명치 않다고 주장한다. 여기서 이 본문에 대한 tiq. sop.의 문제를 그는 두 가지로 요약하고 있다. 하나는, 히브리 본문이 원래의 본문을 나타내고, 서기관들의 tiq. sop.이 교정된 본문을 보여 준다는 주장이다. 다른 하나는, 그 반대로 tiq. sop.이 원래의 본문을 보여 주며, 히브리 본문은 서기관들에 의해 교정된 본문이라는 것이다. 그런데 많은 학자들이 두 번째 입장을 선택하여 '당신이 죽지 않을 것입니다'라고 번역한다는 것이다. 그러나 최근에는 오히려 전자의 입장을 채택하는 사람들이 많으며, 이와 같은 입장을 70인역이나 쿰란의 하박국 주석이 지지해 준다.[18] 히브리 본문이 원래의 것이라면, 이 말은 하박국의 강한 확신을 표현하는 말로 우리가 이해할 수 있다. 그는 자기들에게 닥친 환난이 견디기 어려워서 하나님께 탄식하고 있지만, 근본적으로 하나님께 대한 강한 신뢰의 믿음을 놓지 않았다. 그는 하나님이 자신들을 결코 버리지 않으실 것이며, 따라서 자기들이 죽지 않게 될 것을 확신했다.

하박국의 탄식에서 보는 것처럼, 탄식은 하나님께 대해 단순히 불평과 원망을 늘어놓는 것이 아니다. 즉 탄식은 하나님께 대한 불신으로 그분께 원망하며 따지는 것이 아니다. 오히려 탄식에는 하나님께 대한 깊은 신뢰가 그 속에 들어 있다고 역설적으로 생각할 수 있다. 하나님께 대한 신뢰를 가진 자만이 하나님께 탄식할 수 있다. 왜냐하면 하나님께 대한 신뢰를 버린 자는 탄식도 하지 않기 때문이다. 따라서 탄식은 더 강조된 다른 형태의 간구라고 볼 수 있다. 하나님께 불경스러울 정도로 따지듯이 묻는 질문 속에 하나님께 대한 더욱 간절한 기도가 내포되어 있기 때문이다. 우리는 이와 같은 간절한 기도의 탄식을 특히 시편에서 많이 찾을 수 있다.

12절에 여호와에 대한 부름이 다섯 번이나 나오는 것이 특징적이다. 그것은 각각 '여호와'(2번), '나의 하나님', '나의 거룩한 분', '반석'이다. 선지자는 하나님과 백성 간의 오랜 역사를 이 하나님의 명칭들을 통해서 상기시킨다. 그리고 하나님께 대한 선지자의 신뢰의 모습을, 다섯 번 나오는 이 하나님의 명칭에서 우리는 찾아볼 수 있다.

'나의 하나님, 나의 거룩하신 분'은 동시에 불리고 있는데, 두 개의 하나님에 대한 호격의 명칭이 나올 때 한 개의 명칭은 형용사적 역할을 하여 다른 명칭을 수식해 주는 기능을 한다(antonomasia). 따라서 우리가 이 하나님에 대한 두 개의 명칭을 합쳐서 '나의 거룩하신 하나님'이라고 이해할 수 있다.[19] '나의 하나님'이란 말은 선지서에는 드물게 나오나, 시편에는 자주 나타나는 말이다. 이 말은 하나님과 이스라엘 백성 간의 언약적 관계를 나타내는데, 하나님이 이스라엘 백성들에게 하신 "너희로 내 백성을 삼고 나는 너희 하나님이 되리니"(출 6:7상)라는 말씀을 상기시킨다(비교 출 3:13~18; 6:1~9; 19:5). 그리고 '반석'은 여호와의 신뢰, 안정, 보호의 특성을 상징하는 말이다(비교 신 32:1, 15, 18, 30, 31; 삼상 2:2; 삼하 22:32; 23:3; 시 18:2, 31, 46; 19:14; 31:2; 62:2, 7; 92:15 등). 따라서 '반석'이란 말에는 여호와께 대한 절대적 신뢰, 즉 하나님께 로 피하여 안전함을 얻을 수 있다는 의미가 들어 있다. 이와 같이 이 명칭들 에는 여호와의 속성에 대한 선지자의 신뢰가 표현되어 있고, 이것이 곧 구원 에 대한 선지자의 확신의 근거가 된다.

이런 선지자의 신뢰의 모습은 하나님이 유다를 심판하고 징벌하기 위해 그(바빌론)를 세웠다는 것을 인정하는 말에서도 나타난다. 하박국은 왜 하나 님이 바빌론과 같이 잔악한 민족을 징계의 도구로 세웠는가에 대해 근본적 인 의문을 제기하지 않고 있다. 하나님이 유다의 죄악을 징계하기 위해 바빌 론을 세우신 것은 당연하지만, 그러나 지금 유다의 상황은 너무 비참하다는 것을 말할 뿐이다.[20] 하박국의 탄식 중에서 12절에는 전체적으로 하나님께 대한 신뢰가 표현되어 있다. 그리고 하나님께 대한 탄식은 13절에서 본격적 으로 나타난다.

2. 13절

[1:13] 당신의 눈은 악을 보기에는 너무 정결하셔서, 당신은 차마 재앙을
    쳐다보지 못하십니다. (그런데) 어찌하여 당신은 배신자들을 그냥 보
    고 계시며, 악인이 자기보다 더 의로운 자를 삼킬 때 잠잠하십니까?

'당신의 눈이 정결하다'라는 말은 '당신은 정결하다'라는 의미이다. 여기 서 하나님의 속성이 앞의 두 구절에서 표현되고(13상절), 반면에 하나님의 행 동은 뒤의 두 구절에서(13하절) 표현된다. 그런데 여기서 문제가 되는 것은 하 나님의 속성과 행동이 일치하지 않는다는 것이다. 이것은 선지자가 이해할 수 없는 문제였다. 하나님은 악과 불의를 용납하지 못하는 분이시나, 선지자 의 눈에는 지금 악을 간과하고 계시는 듯 보이는 것이다.[21]

그 눈이 너무 정결한 하나님은 악이나 재앙을 보고 그냥 있지 못하는 분

이라고 선지자는 고백한다. 그는 구약에 나타나는 하나님의 속성에 대해 언급하고 있는 것이다. 여기서 '눈'은 전인격을 대표하는 단어로써 하나님 그분을 가리키는 말이다. 선지자는 세상과는 전혀 다른 하나님에 대한 믿음을 고백하고 있다. 그분은 세상과는 전혀 다른 뛰어나신 분으로, 완전히 정결하며 악과는 거리가 먼 분이시다. 하나님의 거룩하심과 정결하심은 악과 결코 병존할 수 없는 것이다. 그런데 그런 분이 지금 악을 간과하고 계시다니!²²이것이 하박국 선지자에게 이해할 수 없는 문제였다.

'어찌하여 당신은 배신자들을 그냥 보고 계시며, 악인이 자기보다 더 의로운 자를 삼킬 때 잠잠하십니까?' 여기서 선지자는 하나님께서 갈대아 사람들을 징계의 도구로 쓰신 것에 대해 탄식하지 않는다. 단지 그는 그들이 하나님의 도구인 채찍으로써의 책무를 지나쳐서, 도저히 하나님의 사역이라는 것을 알 수 없을 정도로 잔인함을 보이는 것에 대해 탄식하는 것이다. 그는 여기서 '어찌하여'란 말로 3절의 탄식으로 다시 돌아가고 있다. 그는 하나님의 사역에 대해 근본적인 의문을 던지지는 않지만, 그러나 하나님의 채찍의 도구로써의 임무를 망각하고 자신들의 잔악함대로 하나님의 백성들을 파멸시키는 갈대아 사람들을 하나님이 그냥 놔두시는 것을 이해할 수 없었다. 그래서 그는 그들을 '배신자'라고 부르며, 유다 백성들을 그들보다 '더 의로운 자'라고 칭하고 있는 것이다.

선지자는 의로운 자를 삼키는 악인을 괴물에 비유하여 사용하고 있다. 여기서 '삼킨다'는 동사인 '발라'(בָּלַע)는 "용"(렘 51:34)이나 "큰 물고기"(욘 1:17)에 사용되는, 즉 바다 괴물에 사용되던 말이다.²³ 따라서 선지자는 바빌론이 유다를 삼키는 것을, 괴물이나 스올이 모든 것을 삼켜 죽음으로 이끄는 것에 비유한다. 그들의 잔악성과 무서움이 '삼킨다'는 동사에서 생생하게 표현되고 있다.

3. 14절

[1:14] 당신은 사람들을 바다의 고기처럼 만드시고, 통치자 없이 우글거리

는 물고기[24]처럼 만드십니다.

하나님이 바빌론 사람들의 악행을 그냥 보고 계시며 잠잠하시는 내용이 14절에서 구체적으로 서술된다. 선지자는 유다 백성들을 바다의 고기, 곧 통치자 없이 우왕좌왕하는 물고기로 비유한다. 이로써 하나님에 대한 선지자의 탄식이 더욱 강해지고 있다. 하나님은 그들의 악행을 간과하실 뿐 아니라, 돌보는 통치자도 없는 바다의 물고기나 벌레들처럼 유다 사람들을 힘없이 만드신 것이다. 이들은 부모 없는 고아와 같은 존재인 것이다. 원래 하나님께서 사람을 창조하실 때 물고기들을 다스리는 하나님의 대리 통치자로 만드셨는데, 이제는 스스로 자신을 물고기로 비하하는 것이다. 이제 하나님께서 유다 백성들을 이렇게 만드시기 때문이다.

'통치자가 없다'는 말은 이리저리 목표 없이 떼 지어 몰려다니는 것을 의미한다. 하나님의 백성들이 방향 감각 없이 떼를 지어 헤매다 다 잡아먹힌다는 것이다. 따라서 통치자가 없다는 것은 사회 발전의 아주 낮은 단계를 의미한다(잠 6:7; 30:27). 또 통치자는 유다 백성들에게 왕 되신 여호와를 가리키는 것으로(삿 8:23; 삼상 8:7; 시 47:3~9; 89:19), 하나님께서 자기 백성을 버리셨다는 것을 의미한다.

4. 15절

[1:15] 그가 낚싯바늘로 모두 낚아 올려, 그들을 그물에 담아 끌고 가, 자기 어망에 모아 둡니다. 그리하여 그는 기뻐하며 즐거워합니다.

여기서 그들은 14절의 사람들을 가리킨다. 선지자는 바빌론 사람들을 낚시하는 어부로 비유하여 그들의 잔악함과 더불어 사람들의 무기력함을 표현하고 있다. 바빌론 사람들은 낚싯바늘과 그물로 사람들을 낚아서 함께 끌고 가 어망에 모아 둔다.[25] '낚싯바늘로 낚는다'는 말은 아모스 4장의 바산의 암소들(사마리아의 귀부인들)을 '갈고리와 낚시로 끌고 가 내던져 버린다'(암 4:2)는 말을 연상시킨다(비교 렘 16:16; 겔 12:13; 17:20; 29:4; 32:3). 즉 부유함을 누리던 사마리아의 귀부인들이 사마리아가 멸망되자 비참한 최후를 맞이하게 될 것을 말한다. 이스라엘이 이미 경험했던 비참함을 하박국 시대에 유다 백성들도 당하고 있는 것이다. 여기서 '모은다'는 말은 멸망시키기 위해 모아 둔다는 의미로 '멸망시키다'(삼상 15:6; 겔 34:29), '쓸어버리다'(습 1:2)라는 이차적인 의미를 갖는다.

바빌론 사람들은 그들을 멸망시키기 위해 모두 모아 놓고 기뻐하며 즐거워한다. 마치 어부들이 많은 물고기들을 잡아 놓고 즐거워하는 것과 같다. 유다 백성들의 운명이 바빌론 사람들의 손아귀에서 죽음을 기다리는 하찮은 물고기와 같은 것이다. 하박국 선지자는 이 같은 유다 백성들의 비참함을 하나님께 탄식하고 있는 것이다.

5. 16절

[1:16] 그리하여 그는 자기 그물에 제사를 지내고, 자기 어망에 분향을 드립니다. 이는 그것들로 인해 자기 몫이 풍성해지고, 자기 음식이 기름지게 되었기 때문입니다.

15절 마지막 구절에서 '그리하여'란 말이 다시 나온다. 이는 16절이 15절과 직접적으로 연결된다는 것을 보여 준다. '그리하여'란 말속에는 바빌론이 사람들을 고기처럼 '어망에 다 모아 놓고'라는 의미가 내포되어 있다. 그리하여 그들은 그물에 제사를 드리고, 어망에 분향을 한다. 제사와 분향은 특히 호세아나 예레미야서에서 바알에게 드리는 제사를 상징하는 말이다.

이같이 그물과 어망이 신격으로 상승되고 있다. 그들은 그물이 신인 것처럼 그것에게 제사를 드린다. 이것은 그들의 군사력의 상징인 그물이 그들에게 풍성한 풍요를 가져다주었기 때문이다.[26] 클라크(Clark)는 그물에 대한 제사에 역사적인 증거가 없으므로 비유적으로 해석해야 한다고 말한다. 그러나 하크는 바빌론에서 그물과 다른 무기들을 숭배한 증거가 종종 발견된다고 말한다. 그리고 이 무기에 대한 숭배가 바빌론이나 메소포타미아의 특징이라고 주장한다.[27] 하크의 말이 좀 더 설득력이 있다. 바빌론은 막강한 군사력으로 인해 많은 소유를 얻게 되고, 기름진 음식을 먹을 수 있게 되었다.

이것은 다른 민족들을 잔악하게 정복하고 탈취한 결과이다. 그리하여 그들은 자신들의 군사력을 신처럼 여기며 그물(무기)에게 제사를 드렸던 것이다.

6. 17절

[1:17] 그리하여 그가 계속해서[28] 자기 그물[29]을 비우며, 동정심도 없이 민족들을 죽여야 합니까?

여기서 세 번째 '그리하여'란 말이 나온다. 위에서 보았듯이 이 말은 '바빌론 사람들이 많은 고기들을 성공적으로 잡았으니'라는 의미를 내포한다. 그 결과는 다음과 같다.

> 기뻐하며 즐거워하고(15절),
> 그물과 어망에 제사를 드리고(16절),
> 그 성공에 도취되어 쉬지 않고 계속해서 민족들을 죽인다(17절).

그리고 그들이 아무런 동정심도 보여 주지 않음은, 그들이 더 이상 스스로를 하나님의 도구로 생각지 않고 있음을 보여 준다. 그들은 자신들의 성공을 하나님이 아니라 자신들에게 스스로 돌리고 있다. 그래서 그들은 우상들에게 제사를 드렸던 것이다.

17절의 의문문은 하박국의 탄식을 절정으로 이끌고 있다. 이 말은 12절의 의문형과 함께 하박국이 시간적인 문제와 씨름하고 있음을 보여 준다. 12절의 '옛날부터 하나님'이라는 하박국의 긍정적인 고백이 17절의 바빌론이 계속해서 끝없이 탄압한다는 부정적인 탄식과 만나고 있다.[30] 이 대조적으로 부딪치는 두 말속에서, 하나님께서 언제까지 잠잠하며 그들의 포악을 간과하시겠냐는 하박국의 답답한 탄식이 울려 나온다. 그럼에도 '우리는 죽지 않을 것이다'라는 확신은 여전히 그의 탄식의 기반에 깔려 있다(12절).

설교를 위한 적용

1. 하박국 시대의 유다 백성들은 강대국 바빌론에게 잔인한 폭력을 당하고 있었다. 그들은 낚시꾼들이 물고기를 낚싯바늘에 꿰어 낚아서 그것을 그물에 담아 나중에 잡아먹기 위해 어망에 모아 놓듯이, 바빌론 사람들에게 하찮은 물고기와 같은 대접을 받고 있었다. 그런데 하박국이 이해할 수 없었던 것은 어떻게 하나님의 백성이 그들보다 더욱 악한 바빌론 사람들에게 이같이 비참한 꼴을 당할 수 있느냐는 것이었다. 자기보다 의로운 사람들에게 핍박을 당해도 억울한데, 자기들보다도 악한 사람들에게 사람대접을 받지 못하다니! 이런 불의한 일이 세상에 어디 있는가? 물론 하박국은 이런 재앙이 자신들 곧 유다 백성들의 죄 때문에 하나님께로부터 오는 징계인 것을 알고 있었다. 그러나 하박국은 이것이 하나님의 징계인 것을 알면서도 두 가지를 이해할 수 없었다.

첫째로, '하나님은 단순히 유다를 징계하시기 위함인가?' 아니면 '유다 백성을 완전히 멸망시키시려는가?' 바빌론의 잔악함은 유다 백성을 완전히 뿌리 뽑고야 말겠다는 의도로밖에 보이지 않았다. 하박국이 보기에 그들은 사실 유다 백성의 징계의 도구로 쓰일 만큼 의로운 백성은 아니었다. 과연 하나님이 바빌론을 징계의 도구로 들어 쓰시는 궁극적인 목표가 무엇인가? 오늘날 우리가 당하는 비참한 현실은 과연 무엇을 말해 주는가? 하박국은 점점 더 혼란에 빠졌다.

둘째로, 하박국이 이해할 수 없었던 것은 하나님께서 바빌론의 잔악함을 그냥 보고 계신다는 것이다. 하나님은 그 속성상 악을 간과할 수 없는 거룩하고 정결한 분이 아니신가? 사실 유다 백성들에게 온 재앙도 하나님께서 그들의 죄악을 간과할 수 없어 내리신 재앙이 아닌가? 그렇다면 하나님은 징벌을 시행함에 과연 일관성이 있으신 것인가? 현실을 돌이켜 볼 때는 전혀 그런 것 같지 않았다. 유다에게는 엄격하고 바빌론에게는 너무 관대하신 것 같았다. 그리하여 하박국은 하나님께 탄식하며 의문을 제기했던 것이다.

이 같은 하박국의 의문은 그 시대뿐 아니라, 오늘날에도 우리에게 언제 어디서나 일어날 수 있는 의문이다. 하나님을 믿으며 바르게 살겠다고 결심하는 자녀들에게 닥치는 각양각색의 환난은 과연 그 목적이 무엇인가? 어떤 때에는 하나님을 믿지 않고 살 때가 더욱 편하고 부유했던 것처럼 보이기도 한다. 이 세상에서 과연 하나님의 백성들은, 선을 복으로 악을 재앙으로 갚아 주신다는 인과응보의 복을 누리며 살고 있는가? 그런데 오히려 인과응보가 거꾸로 시행되는 것처럼 보이기도 한다. 악한 사람이 더 잘사는 것처럼 보이고, 하나님의 백성들이 더 어렵게 살 때가 많기 때문이다. 하나님은 과연 공평한 분이며 이 세상에서 공의대로 시행하는 분이신가?

2. 이때 하박국은 이러한 의문에 걸려 넘어져 하나님을 떠나지 않고 오히려 백성을 대신하여 하나님께 나아갔다. 그리고 자신의 (불경한?) 생각을 모두 토로했다. 그는 사실 두 가지 이유로 백성들의 고통을 외면할 수 있었을 것이다. 첫째, 이 불행이 자신들의 죄악으로 온 것이기 때문에 자업자득이라는 것이다. 스스로의 죄 때문에 이런 징계를 받는 것이니 누구에게 하소연할 수 있겠는가? 스스로 감내해야 할 문제라고 생각할 수 있었다. 둘째, 하박국은 하나님 앞에 이런 불경스러운 탄식을 피하여 스스로 행하지 않을 수도 있었을 것이다. 누구나 남 앞에(하나님에게도 마찬가지) 잘 보이기를 원하기 때문에, 굳이 어려운 짐을 지고 부끄러움을 당할 필요가 없다고 생각할 수 있다. 그러나 하박국은 백성을 대변하는, 백성을 위한, 백성과 고난을 함께하는 선지자였다. 그는 백성들의 고난을 외면할 수 없었다. 그래서 하나님 앞에 짐을 지고 탄식의 소리를 높였던 것이다.

이기적이고 자신만을 생각하는 사람은 하박국처럼 행동하지 않을 것이다. 어찌 보면 이것은 미련한 행동일 수도 있다. 그러나 그는 참으로 민족을 위한 선지자였다. 그래서 그들을 위해 하나님 앞에 불경스럽게 따지는 자로 나섰던 것이다. 오늘날 우리는 과연 남을 위해 백성을 위해 자신의 불이익을 감수하면서까지 나설 수 있겠는가? 참 선지자라면 하나님 앞과 사람 앞에서 백성들을 위해 자신을 희생하며 나설 수 있어야 할 것이다. 그들의 고통이 곧 나의 고통이기 때문이다.

3. 하박국의 탄식은 단순히 불평만 늘어놓는 원망이 아니었다. 그 속에는 하나님께 대한 깊은 신뢰가 깔려 있었다. 그는 하나님을 신뢰하였기 때문에 오히려 하나님께 따지는 듯한 질문을 던질 수 있었던 것이다. 하나님을 신뢰하지 못하는 사람은 오히려 이렇게 따지는 듯한 질문을 던지지 못한다. 부모와 아이의 관계에 비유하자면, 어떤 아이가 아버지에게 무엇을 해달라고 떼쓰며 따질 수 있는 것은 아버지를 신뢰하기 때문이다. 그 아이가 전혀 모르는 어떤 아저씨에게도 아버지에게 하듯이 떼쓸 수 있겠는가? 아마도 자기에게 어떤 일이 일어날지 무서워서도 그렇게 하지 못할 것이다. 그러나 자기 아버지에게는 할 수 있다. 그 이유는 아버지를 신뢰하기 때문이다. 이와 마찬가지로 하박국도 하나님을 아버지와 같은 분으로 신뢰하기에 이런 탄식을 드릴 수 있었던 것이다. 따라서 하나님에 대한 신뢰가 없는 탄식은 단순한 원망이 되지만, 깊은 신뢰 속에서 드리는 탄식은 간절한 기도가 되는 것이다. 하나님을 신뢰하는 사람은 자신의 마음을 감추지 않고 무슨 말이든지 하나님께 쏟아 놓을 수 있는 것이다.

4. 하박국의 탄식에 하나님은 2장에서 바빌론을 징계할 것이라는 응답의 말씀을 주신다. 이것은 우리들에게 모순처럼 보일 수 있다. 하나님께서 바빌론을 징계의 도구로 들어 쓰실 때는 언제고, 이제 하박국이 탄식하며 간구하자 그들을 멸망시키겠다고 하시는가? 하나님은 달면 삼키고 쓰면 뱉는 분이신가? 그러나 이것은 근시안적으로 하나님의 사역을 이해하는 것이다. 아마도 하나님의 계획 속에는 바빌론에 대한 징계가 이미 들어 있었을 것이다. 바빌론의 악행을 이미 하나님께서 다 보고 계셨기 때문이다. 그러나 아울러 하나님은 유다의 죄악도 보고 계셨다. 그래서 하나님은 유다를 징계하시는 도구로 바빌론을 잠정적으로 사용하신 것이다. 어차피 그들은 징계를 받을 백성이 아닌가? 선한 백성을 들어 하나님의 백성을 치는 것은 오히려 그들에게 악한 일을 시키는 격이 될 수 있다. 따라서 하나님은 악한 백성을 들어 자기 백성을 치게 하신 것이다. 결국 하나님은 유다와 바빌론의 징계를

다 이루시는 것이다. 그러나 하박국을 포함해 유다 백성들은 이런 하나님의 계획과 그때를 이해하지 못했다. 그래서 하나님께 탄식의 소리를 높였던 것이다.

오늘날 우리들도 하나님의 사역을 이해할 수 없을 때, 우리는 그 일을 하나님께서 어떻게 결말을 내시는지 끝까지 인내하며 기다려야 할 것이다. 하나님께서는 공평하며 공의로운 분이시기 때문이다. 따라서 하나님을 믿는데에는 반드시 인내와 기다림이 필요하다. 인내와 기다림이 없는 사람은 믿음이 없는 사람이다. 그리고 믿음이 없는 사람은 하나님의 뜻을 받아들이지 못해 날마다 탄식하며 살 것이다. 사람이 인내가 부족해 하나님께 탄식을 드릴 수도 있지만, 그러나 하나님께 대한 근본적인 신뢰를 버리지 말아야 할 것이다. 신뢰 없는 탄식은 원망이며, 결국 하나님을 떠나게 만들 것이기 때문이다. 어려운 환경 속에서 하나님의 결말을 기다리며 어떤 처지에서도 그를 기뻐하고 인내하며 사는 것이 믿음의 삶이다.

03

의인은 그 믿음으로
말미암아 살리라

하박국 2장 주해와 적용

필자는 하나의 중요한 전제 하에서 이 글을 쓰고자 한다. 그것은 주전 7세기 말 패망해 가는 유다에서 활동한 예언자 하박국이 하나님께로부터 받았던 예언의 말씀이 현대를 살아가는 하나님의 백성들에게 여러 가지 면에서 교훈을 제공하기에 충분하고 또 적합하다는 점이다. 그 이유는 그 시대를 살았던 사람들이 죄 성 가운데 형성했던 사회 전반적인 죄악상이나 현대인들이 만들고 있는 사회 현상이 동일하고, 그 시대를 변화시키기 위해 역사하셨던 하나님의 활동은 현대에도 동일하게 역사하기 때문이다.

하박국은 이스라엘의 사색가 혹은 이스라엘의 철학의 아버지라고 불린다.[1] 이 명칭은 하박국이 당대에 이해할 수 없었던 사회적, 외교적 상황에 대해 쉽게 체념하지 않고 하나님께 철학적 질문을 던지기에 주저하지 않았기 때문에 주어졌다. 다시 말해, 하박국은 다른 예언자들에게서 보이는 것처럼 하나님께로부터 일방적으로 예언을 받지 않았다. 오히려 그는 자신의 마음을 괴롭히고 있는 다양한 신앙적, 실존적 문제들에 관해 하나님께 감히 질문하고 그분으로부터 성실한 응답을 받기를 원했다. 그러므로 하박국서는 주전 7세기 말에 유다에서 예언자로 활동했던 하박국이 하나님께 던진 질문들과 그에 대한 하나님의 응답들로 엮인 책이다. 결국 하박국서를 연구하여 설교하는 현대의 설교자들의 책임은 하박국이 다루는 질문들의 내용이 무엇이며 그것들에 대한 하나님의 해답은 무엇이었는지, 그리고 하나님의 응답에 대한 하박국의 최종적인 이해가 무엇이었는지를 바로 파악하는 것이다. 그리고 현재에도 하박국이 처한 상황과 유사한 상황에서 하나님께 신학적, 실존적 질문을 던지고 있는 성도들에게 하나님께서 주신 응답의 의미를 제시하는 것이다.

필자는 하박국 2장의 본문을 바로 해석하고 또 그 속에 담겨 있는, 하나님의 백성들의 신앙생활을 위한 교훈들을 올바르게 찾기 위해 먼저 본문의 개요에서는 하박국서 전체의 구조 속에서 2장이 차지하는 중요성을 언급할 것이다. 그다음에 본문 주해에서 보다 세부적으로 나누어 설명할 것이다.

본문의 개요

주전 7세기 말 유다 백성들이 하나님의 말씀에 순종하지 않고 강포(1:2)와 간악, 패역, 겁탈, 변론과 분쟁(1:3)을 일삼고 있을 때 예언자 하박국은 이러한 사회 전반적인 죄악에 물들지 않고 홀로 의로움을 지켜 나가고 있었다. 그러나 주위의 악한 사람들이 이와 같은 죄악을 범하는 가운데 나라가 극도로 쇠퇴해 가는 모습을 보면서 결국 하나님 앞에 신정론(theodicy)에 관한 질문을 던지게 된다. 그 질문은 1:2~4에서 언급되는데, 그 핵심은 의로우신 하나님께서 '왜 하나님의 백성들이 악하게 살아가는 것을 허용하셔서 이렇게 의롭게 살아가는 사람들이 고통을 당하게 만드십니까?'라는 것이다.

하박국의 이러한 철학적이고도 신학적인 질문을 받으신 하나님께서는 그에게 '좋다. 내가 유다의 악한 사람들을 갈대아의 전쟁에 능한 군인들에게 붙여서 그들로 하여금 유다 백성들을 심판하게 만들겠다'고 대답하셨다. 이 내용은 1:5~11에서 언급된다.

하나님의 이러한 대답에 대해 하박국은 논리적으로 이해할 수가 없었다. 왜냐하면 하박국은 아무리 유다의 죄인들이 하나님 앞에 불순종하고 살았어도 그들이 이방 신들을 섬기는 갈대아 사람 즉 바빌론 사람들보다는 도덕적으로나 신앙적으로 더 낫다고 생각했기 때문이다. 그래서 그는 하나님 앞에 다시 질문을 던진다. '아니, 하나님! 그게 무슨 말씀이십니까? 어찌 유다 백성보다 더 악한 바빌론 사람들을 통해서 유다 백성들을 심판한다고 하십니까? 이해가 잘 되지 않습니다. 다른 해답을 주셔야 하지 않습니까?' 그 후 하박국은 파수꾼처럼 성루에 서서 하나님께서 주시는 다른 응답을 기다리기 시작했다. 이러한 내용이 1:12~2:1에서 소개되고 있다.

이러한 하박국의 당찬 모습을 대한 하나님은 그에게 하나님 앞에서 참으로 의롭게 살아가는 사람의 본연의 모습이 무엇인지를 가르치신다(2:2~5). 그 후 하나님께서는 아직도 열방의 민족들을 공의로 다스리시는 하나님의 섭리를 온전히 이해하지 못한 하박국에게 유다의 죄인들을 심판하고 난 바빌론 백성들이 그들 자신들의 여러 가지 죄악으로 말미암아 하나님 앞에서 심판을 당하게 된다는 점을 상세하게 보여 주신다(6~20절). 특히 6~20절은 바빌론 백성들의 죄악에 대한 하나님의 심판을 다섯 가지 '화 예언'(woe oracle)의 형태로 소개하고 있다.

하나님께서 결국에 바빌론 백성들을 심판하실 것이라는 점을 깨닫게 된 하박국은 이제 더 이상 공의의 하나님이 이 세상을 다스리는 방법에 관해 질문하거나 문제를 제기하지 않는다. 오히려 그는 하나님께서 자신의 섭리에 따라 온 만민을 다스리신다는 점을 확신한 가운데 곧 다가오게 될 바빌론 군대의 침입에 대해서도 믿음으로 이겨 내겠다는 확신을 보이고 있다. 그 내용이 바로 3장에 언급되는 하박국의 기도다.

그러므로 하박국서 전체의 구조 속에서 볼 때 2장은 하나님께서 이 세상 모든 민족을 다스리는 방법과 섭리를 직접 계시하시면서 하박국의 좁은 신앙관을 바로잡는 과정을 소개하는 데 그 중요성을 지니고 있다. 아울러 하나님 앞에서 참으로 의롭게 사는 사람들이 지녀야 할 참된 믿음의 모습을 소개해 주기 때문에 그 중요성이 크다.

본문 주해

1. 하나님께서 의인에게 원하시는 바: 믿음(1~5절)

1절에 의하면 하박국은 파수꾼처럼 성루에 서서 하나님의 대답을 기다리고 또 바라보고 있었다. 비록 그가 아직 하나님께서 이 세상을 공의롭게 다스리시는 방법에 관해 온전히 이해하지 못하고 무지했지만, 나름대로 신앙인으로서 지녀야 할 기본자세는 유지하고 있었다. 그것은 그가 하나님의 말씀을 받기 위해 인내하고 끈기 있게 기다릴 줄 알았다는 점이다. 하나님께 간구한 다음에 하나님의 응답을 기다린다는 것이 어려운 일이지만 그 인내함의 결과로 오는 것은 하나님의 보상이요 선하신 응답이다(마 7:7; 사 40:31).[2]

성루에 올라가 하나님의 계시를 기다리는 하박국의 모습에서 우리는 하나님께서는 이 세상의 모든 일을 주관하는 주권자시요, 자신의 정하신 때에 정하신 방법에 따라 일을 처리하는 자유자이시라는 점을 새삼 깨닫게 된다. 제한된 인간들인 우리는 하나님을 우리의 방식에 따라 우리가 원하는 때에 활동하시도록 강요하거나 감언이설로 하나님의 마음을 바꿀 수 없다.[3] 세상만사에 관해, 그리고 과거와 현재와 미래에 관해 제한적으로 이해하는 우리는 시시때때로 우리가 원하는 방식과 원하는 때에 하나님께서 응답해 주시도록 간구하고 또 기도할 수 있다. 하지만 그 이유에는 하나님께서 가장 선하게 간주하는 때와 가장 선한 방법으로 우리에게 응답하신다는 엄연한 사실을 믿음으로 받아들여야 한다. 눈물의 예언자 예레미야도 하박국처럼 하나님의 응답을 받기 위해 오랜 기간 동안 기다리면서 인내를 배우고 아울러 하나님의 주권자 되심을 인정하는 기회를 가졌다(렘 28:10~14).

2~5절은 하나님께서 유다 백성들보다 더욱 죄가 많은 바빌론 백성을 통해 선민 유다 백성을 심판한다는 소식을 접한 하박국이 하나님의 공의로우심에 관해 의혹을 품으며 하나님께 다시 한 번 새로운 대답을 달라고 간청할 때 하나님께서 주신 응답의 첫 부분을 소개한다. 그 둘째 부분은 6~20절에

서 소개된다. 하박국을 향한 하나님의 응답은 오히려 명령의 성격이 강하다.

2절에 의하면 하나님께서는 하박국에게 하나님께서 주시는 묵시(vision)의 내용을 흙 판에 새기도록 명령하셨다. 그리하여 그 내용을 읽는 사람들이 쉽게 잊어버리거나 오해하는 것을 막기 원하셨다. 뿐만 아니라 하나님께서는 미래에 펼쳐 나가실 사건들에 관한 예언을 판에 명백히(make it plain) 새기도록 명령하셨다. 그리하여 사람들이 달려가면서도 읽을 수 있도록 만들라고 하셨다.

하나님께서 주신 묵시를 판에 명백히 기록해서 사람들이 달려가면서도 읽을 수 있도록 하라는 말씀에 관해 두 가지 해석이 있다. 하나는 사람들이 많이 지나다니는 곳에 큰 판을 세우고 그곳에 묵시를 기록해서 뛰어다니는 사람들도 쉽게 그 세워진 판의 묵시를 읽을 수 있도록 하라는 해석이다. 또 다른 하나의 해석은 묵시를 기록한 흙 판을 들고 뛰는 사람이 뛰어가는 중에도 그 판을 쉽게 읽을 수 있도록 하라는 말씀으로 이해한다. 필자는 후자의 해석이 더 바람직하다고 본다. 왜냐하면 고대 근동 국가들에서는 중요한 메시지를 달려가며 전달하는 사자(messenger)들이 있었기 때문이다(삼상 4:10~18; 삼하 18:19~33; 사 52:7~10; 나 1:15).

3절은 하나님께서 주시는 묵시가 실현되는 때가 인간들이 생각하고 기대하는 시일보다 더 지연될 수 있다는 점을 알려 준다. 뿐만 아니라 하나님의 묵시의 지연이 결코 묵시의 비실현성을 의미하는 것은 아니라는 점을 분명히 밝혀 준다. 그러므로 하나님의 백성들에게 요구되는 신앙의 자세는 비록 더딜지라도 기다리는 것이라는 점을 가르쳐 준다. 사실 이 점이 성경에 언급된 신앙적 위인들의 삶에 있어서 가장 힘든 것이었다. 정착할 땅과 많은 후손의 축복을 약속 받은 아브라함에게 하나님의 약속이 성취되는 때를 기다리는 것은 쉽지 않았다(창 15:1~6; 17:15~17; 18:9~15). 히브리서 11:13에 언급된 것과 같다. "이 사람들은 다 믿음을 따라 죽었으며 약속을 받지 못하였으되 그것들을 멀리서 보고 환영하며 또 땅에서는 외국인과 나그네로라 증거하였으니." 많은 신앙의 위인들은 하나님께서 미래에 베푸실 축복들에 관해 명확한 약속을 받지 못하였으되 그분께서 언젠가는 반드시 선하게 축복해 주실 것이라는 믿음을 따라 살아간 사람들이었다. 신약의 성도들 중에서도 예수님의 재림에 관한 약속을 믿기가 어려워 믿음에서 방황하던 사람들이 있었다(벧후 3:3~10). 이런 사실들을 볼 때 하나님께서는 하박국에게 참다운 믿음의 기본을 가르치기 원하셨다. 그것은 다름 아니라 하나님의 약속이 더디게 이루어져도 하나님의 성실하심과 선하심을 붙잡고 인내로 기다리는 것이 믿음 생활의 기본이라는 점이다.

이 점에 관하여 4절은 다른 각도에서 강조하고 있다. 다시 말해, 이 절들은 하나님 앞에서 두 부류의 사람들이 있음을 지적한다. 한 부류는 하나님을 섬기고 의롭게 살아가는 것처럼 보이지만 하나님께서 자신들의 기도에 더디게 응답하거나 침묵하실 때 더 이상 인내심을 보이지 않고 교만함을 보이거나 부정직한 방식으로 자신들의 인생을 살아간다. 그래서 하나님을 향한 믿음의 생활에서 벗어나게 된다. 이 점은 히브리서 10:38~39에서 분명하게 지적하고 있다.

"오직 나의 의인은 믿음으로 말미암아 살리라 또한 뒤로 물러가면 내 마음이 저를 기뻐하지 아니하리라 하셨느니라 우리는 뒤로 물러가 침륜에 빠질 자가 아니요 오직 영혼을 구원함에 이르는 믿음을 가진 자니라"(히 10:38~39).

다른 한 부류의 사람들은 하나님께 간구한 것들에 대한 응답이 늦거나 하나님께서 오래 침묵하셔도 흔들림 없이 하나님을 신뢰하고 하나님의 주권을 인정하는 가운데 의로운 행동을 하며 살아가는 자들이다. 그래서 4절은 하나님 앞에서 참으로 의인은 믿음으로 말미암아 사는 자라고 정의 내리고 있다.

그러면 본문이 말하는 의인은 누구인가? 구약성경에서 보편적으로 언급되는 의인은 하나님 앞뿐만 아니라 사람들과의 관계에 있어서도 의롭게 살아가는 사람을 말한다. 어원적인 의미를 본다면 그는 진실만을 말하며, 사람들을 외모로 판단하지 않고, 주위의 가난하고 소외된 사람들에게 긍휼을 베풀기에 인색하지 않은 사람이다. 그는 주위 사람들의 불행을 자신의 유익을 위해 사용하지 않는 사람이다. 그는 자신이 속한 사회나 공동체가 하나님의 말씀의 법도 안에서 올바르게 이룩되도록 힘쓰는 사람이다. 본문은 이러한 의인의 삶에 바탕이 되는 정신이야말로 삶의 어떠한 상황 속에서도 하나님을 철저하게 신뢰하고 인내하며 살려는 자세라고 말한다.

4절에서 언급하는 믿음은 '견고하다, 인내하다, 의지하다, 확고하다, 성실하다'라는 어원적 동사에서 파생된 명사이다. "보라 그의 마음은 교만하며 그의 속에서 정직하지 못하니라 그러나 의인은 그 믿음으로 말미암아 살리라." 이것은 하나님의 백성이 하나님의 존재나 능력에 관해 단순히 지식적으로 인정하는 차원을 넘어서서 삶의 매순간마다 하나님의 능력을 붙잡고 인내하며 살아가는 행위를 포함하는 의미이다. 그러므로 4절에서 언급되는 믿음의 개념과, 로마서에서 강조되는 바 예수님을 그리스도로 인정하지 않는 자들로 하여금 예수님을 그리스도와 주님으로 인정하도록 권하기 위해 거듭 사용되고 있는 믿음의 개념과는 강조점의 차이가 있음을 인정해야 한다. 로마서에서는 예수 그리스도로 말미암아 하나님의 자녀가 되지 못한 사람이 하나님 앞에서 의롭게 되기 위해서는 무엇보다도 먼저 예수님을 그리스도와 주님으로 모시는 신앙 고백으로서의 믿음을 가져야 한다고 강조한다(롬 3:19~31).

한편, 하박국서에서는 이미 하나님의 백성이라는 신앙적 깨달음을 지니고 있는 사람들이 그 신앙 고백이나 지식적 이해를 넘어서서 고난과 핍박이 넘치는 매일의 삶 속에서도 변함없이 하나님의 선하심과 인자하심을 의지하고 그분을 신뢰하는 가운데 인내하는 삶을 살아가도록 권하는, 믿음의 실천적 적용을 강조하는 개념으로 이해해야 할 것이다. 결국 4절에 언급되는 '오직 의인은 믿음으로 말미암아 살리라'는 말은 이미 하나님의 은혜로 하나님의 백성 된 자들이 하나님을 끝까지 신뢰하고 인내하면서 살아가야 한다는 말로도 바꿀 수 있을 것이다. 바울은 로마서 1:17에서 예수님의 복음을 온전히 믿고 따르는 사람은 비로소 이러한 경지에 이를 수 있다고 제안한다.

"복음에는 하나님의 의가 나타나서 믿음으로 믿음에 이르게 하나니 기록된 바 오직 의인은 믿음으로 말미암아 살리라 함과 같으니라"(롬 1:17).

하나님의 백성 된 자들이 삶의 어떤 순간에서도 하나님의 임재와 능력, 공의와 인자를 생각하며 그분을 의지하며 그분의 뜻을 이루기 위해 인내하는 가운데 살아가는 믿음의 삶이야말로 하나님께서 가장 원하시는 삶의 모습이다. 그러므로 고대의 한 랍비가 말한 것처럼, 모세는 이스라엘 백성들에게 하나님의 뜻대로 살도록 613계명을 주었고, 다윗은 시편 15편에서 15계명으로 함축시켰으며, 이사야는 6계명(사 33:15~16), 미가는 3계명(미 6:8), 이사야는 2계명(사 56:1), 이윽고 하박국은 단 하나의 계명으로 소개했다는 말은 의미가 있다.[4]

5~6상절은 6하절부터 계속되는 바빌론을 향한 화 예언의 합당성을 언급한다. 어떤 학자들은 4절의 '그'와 5절의 '그'가 둘 다 바빌론 백성이 된다고 해석하고 있다. 그러나 필자는 반드시 그렇게 해석할 필요가 없다고 본다. 그래서 4절에 나오는 '그'는 유다의 백성 중에 어려움을 당할 때에 인내하지 못하고 믿음을 포기한 사람들로 이해하고, 5절에 나오는 '그'는 6절부터 언급되는 불의한 바빌론 백성을 대표하는 자로 해석한다. 왜냐하면 히브리어 성경에는 5절이 새로운 문단을 형성하면서 독자적인 주제를 소개하고 있기 때문이다. 브루스(F. F. Bruce)는 이 점을 명확하게 하기 위해 2:4, 5을 별개의 문단으로 이해하여 주석을 기록하고 있다.[5]

5절의 '술을 즐기다'는 맛소라 본문의 해석이요, 다른 사본들에서는 '부강한 자'라는 의미를 지닌다. 바빌론 백성은 사악한 방법을 통해 부를 축적하고 주변 영토를 확장하면서도 만족함이 없이 계속 주변 국가의 백성들을 고통 속에 빠뜨렸다. "그 욕심을 음부처럼 넓히며 또 그는 사망 같아서 족한 줄을 모르고"라는 직유적 표현은 죽음이 모든 사람에게 필연적으로 찾아와 사람들로 하여금 죽음에 빠뜨리듯이 바빌론 백성들도 주변 국가를 침공하여 그 백성들을 포로로 삼거나 노예로 삼는 일을 반드시 이루고 마는 무자비하며 욕심이 끝이 없는 백성임을 암시적으로 소개한다.

2. 악한 바빌론 사람들을 향한 다섯 가지 '화 예언들'(woe oracles)(6~20절)

6상절은 바빌론 군대의 침공을 받아 패하게 된 주변 국가의 백성들이 포로가 되거나 식민지 백성이 된 상황에서 바빌론 백성들을 향하여 조롱의 시와 노래를 부르면서 그들의 한을 달랬던 모습을 연상하게 만든다. 6하~20절까지는 특히 유다의 백성들이 불렀던 노래의 핵심적인 내용이 소개되는데 사실 그것은 하나님께서 예언자 하박국을 통해 계시하신 바, 바빌론을 향한 심판을 소개하는 예언을 기초로 하고 있다.

1) 바빌론을 향한 첫째 화 예언: 욕심과 강포에 대하여(6~8절)

바빌론 백성을 향한 첫째 화 예언에서는 그들이 주변 국가들을 침공할 때 지녔던 과도한 욕심을 지적한다. 그리고 그 욕심을 실현시키기 위해 식민지의 백성들이나 포로된 백성들에게 행했던 강포와 폭행을 지적한다. 6절의 "자기 소유 아닌 것을 모으는 자여"라는 표현은 바빌론 백성들이 주변 국가를 침공하여 승리하고 난 다음에 그들로부터 돈, 인력, 그리고 많은 재물들을 요구했다는 점을 암시한다. "볼모 잡은 것으로 무겁게 짐진 자"라는 말은 하나의 비유적 표현인데, 어려운 사람들에게 돈을 빌려주는 사람이, 채무자가 돈을 갚지 못하게 되는 경우에 어떻게 하겠다고 과도하게 서약을 하게 만들어 결국에 그가 갚을 능력이 없게 되는 상황을 만들어 그가 가진 모든 것을 빼앗아 버리는 상황을 말한다.

8절은 바빌론 백성들이 주변 국가의 백성들을 침공할 때에 보여 주었던 잔인함뿐만 아니라 그 이후에 그들을 식민지화시킨 다음에도 보였던 폭력과 강포, 그리고 많은 피 흘림을 지적한다.

7절은 바빌론 백성들의 욕심과 강포로 말미암아 어려움을 당한 주변 국가의 백성들이 참다못해 결국 반기를 들고 일어나 바빌론과 싸우고 그들을 노략하게 되는 상황이 오게 된다는 점을 예언하고 있다. 그리고 이러한 역사의 반전이 온 세상 만민을 공의로 다스리시는 하나님의 섭리 안에 있음을 암시한다.

2) 바빌론을 향한 둘째 화 예언: 잘못된 안도감에 대하여(9~11절)

바빌론의 권력자들은 자신들이 침공한 국가의 백성들로부터 빼앗은 탈취물(불의의 의)을 자신들이 거할 집을 높은 지대의 안전한 곳에 짓는데 사용했다. 그러나 하나님께서는 이러한 노력이 헛된 것이 된다고 예언하셨다. 왜냐하면 그들은 수많은 사람들의 목숨을 앗아가면서 이러한 집을 짓는데 필요한 것들을 충원했기 때문이다. 11절의 "담에서 돌이 부르짖고 집에서 들보가 응답하리라"는 말은 그들이 많은 물질을 들여 지은 집이 마치 악령이 지배하는 집과 같이 되어 그들의 마음을 괴롭게 할 것이라고 예언한다. 이러한 말씀은 자신의 유익을 위해 많은 사람을 희생시킨 죄인들은 아무리 안락한 곳에 있어도 그들의 마음이 편할 수가 없다는 점을 가르쳐 준다. 또한 고대 근동 국가들을 지배하는 막강한 힘을 지닌 바빌론의 권력자들이 재앙을 피하기 위하여 높은 데 깃들려 하는 모습은 그들이 살인과 폭력으로 이룩한 안전은 결코 진정한 안전이 될 수 없다는 엄연한 진리를 기억나게 만든다.

3) 바빌론을 향한 셋째 화 예언: 인명 경시 정책에 대하여(12~14절)

이 화 예언에서 하나님께서는 바빌론이 피로 읍을 건설하며 불의로 성을 건축하였기 때문에 그들을 심판하신다고 예언하셨다. 아마도 이것은 느부갓네살 왕을 비롯하여 많은 왕들이 신도시를 건설할 때 주변의 식민지 국가들에서 많은 노예들을 데려와서 강제 노동을 시킨 결과 그들 중에 많은 사람들이 피 흘리며 죽어 간 사실을 지적하는 것으로 보인다. 12절은 이렇게 인간의 생명을 경시한 국가와 민족을 가만 두지 않으시겠다는 것이 하나님의 분명한 뜻임을 밝히고 있다.

13절에서 하나님께서는 이 세상의 민족들이 피 흘림과 억압을 통하여 문명을 발전시켜 나갈 때 결국에는 그들의 노력이 불에 타 없어지게 만들고, 그들의 수고가 헛되게 만들 것임을 천명한다.

14절에서 하나님께서 원하시는 이상적인 세상이 암시되고 있다. 그것은 다름이 아니라 온 세상의 백성들이 모두 하나님을 의지하는 백성들이 되고 또 서로의 인권을 존중하며 더불어 사는 관계가 되어서 하나님께서 주시는 평화와 정의가 통하는 세상이 되는 것이다. 그리할 때 이 세상에는 물이 바다를 덮음같이 하나님의 영광이 온 세상 만민들의 삶을 통해 인정되게 된다. 그러므로 침략과 살인, 폭력과 불의로 이 세상을 지배하려 했던 바빌론과 같은 나라는 하나님의 영광을 그르치기 때문에 화를 당하여 역사의 장에서 사라질 수밖에 없었다.

4) 바빌론을 향한 넷째 화 예언: 이웃 민족들을 피폐하게 만든 것에 대하여 (15~17절)

바빌론을 향한 넷째 화 예언은 '술 취함'이라는 모티브를 사용하고 있다. 이 부분에서 바빌론 사람들은 이웃에게 술을 취하게 하여 그들의 수치를 드러내게 만드는 나쁜 사람으로 비유된다. 그 결과 술 취한 이웃은 잠시 잠깐의 향락에 빠져 자신이 처한 수치스러운 상황을 알지도 못하게 된다.

그러면 바빌론이 이웃 백성들을 술 취하게 하고 그들이 취한 가운데 하체를 드러내는 수치를 경험하게 한 경우가 있는가? 17절은 그것이 바로 바빌론이 레바논에게 행한 것이라고 언급한다. 바빌론의 느부갓네살 왕과 백성들은 새로운 성들과 도시들을 건축하는데 필요한 나무들을 얻기 위해 레바논의 백향목을 모두 잘라 버렸다. 그리하여 그 나라의 삼림을 벌거벗게 버렸다. 그리하여 그 삼림 속에 있던 짐승들은 두려워하며 도망가다가 결국에는 목숨을 잃게 되었다. 뿐만 아니라 그 나무들을 벌목하고 바빌론으로 이끌어가기 위해 필요한 인력들을 레바논 백성들을 통해 충원했다. 그 결과 강제 노역에 참여한 많은 레바논 사람들이 피를 흘리고 희생을 당하게 되었다. 이러한 상황을 만든 바빌론에 대하여 하나님께서는 그 민족이 똑같이 하나님께서 주시는 진노의 술잔을 마셔서 그들도 결국에는 수치를 경험하는 민족이 되게 할 것이라고 16절에서 지적하고 있다.

5) 바빌론을 향한 다섯째 화 예언: 우상 숭배에 대하여(18~20절)
바빌론을 향한 마지막 화 예언에서는 그들이 행했던 우상 숭배에 대한 하나님의 심판이 예언되고 있다. 18절은 우상의 무가치함을 부각시키기 위해 수사적인 의문문을 사용하고 있다.

"새긴 우상은 그 새겨 만든 자에게 무엇이 유익하겠느냐 부어 만든 우상은 거짓 스승이라 만든 자가 이 말하지 못하는 우상을 의지하니 무엇이 유익하겠느냐 나무더러 깨라 하며 말하지 못하는 돌더러 일어나라 하는 자에게 화 있을진저 그것이 교훈을 베풀겠느냐 보라 이는 금과 은으로 입힌 것인즉 그 속에는 생기가 도무지 없느니라 오직 여호와는 그 성전에 계시니 온 천하는 그 앞에서 잠잠할지니라"(합 2:18~20).

19절은 우상이 나무나 돌에 금이나 은을 입힌 것에 지나지 않고 아무런 생명이 없는 것임을 밝히고 있다. 그리고 20절에서는 이렇게 생명이 없는 나무나 돌과는 달리 우리가 섬기는 하나님은 살아계시며 온 천하 만민과 만물을 다스리는 참 신이심을 강조한다.

바빌론이 멸망할 수밖에 없었던 이유 중에 우상 숭배를 언급한 것은 당연한 처사이다. 왜냐하면 바빌론의 백성들은 수많은 신들을 섬기며 그들을 상징하는 우상들을 만들어 섬겼기 때문이다. 예를 들면, 그들은 하늘의 신 엘(El)과 그의 아내 이스타(Ishtar), 땅의 신 바알(Baal) 혹은 마르두크(Marduk), 그의 아내 닌릴(Ninlil), 깊은 바다의 신 이아(Ea), 폭풍의 신 아다드(Adad), 그리고 아슈르(Ashur), 다곤(Dagon) 등이 대표적인 신들이다.[6] 이러한 신들의 도움을 간구하기 위해 우상을 만들고 그들을 섬기는 행동이 살아계신 하나님 앞에서는 큰 죄악이었다. 그래서 하나님께서는 그들을 심판하기로 계획하셨다.

2장은 하나님께서 온 세상을 다스리시는 방식에 관해 온전히 이해하지 못하고 회의적인 마음을 품었던 하박국이 하나님의 계시의 말씀을 받고 난 다음에 하나님의 주권과 섭리를 보다 철저하게 믿는 사람으로 변화되는 모습을 소개한다. 그리하여 3장에서 명백하게 소개되는 바, 하박국의 보다 신앙적으로 성숙된 모습의 배경을 제공한다. 하박국은 2장의 말씀을 통해 하나님께서는 악인들을 심판하기 위해 다른 악인들을 사용하시지만, 정한 때가 되면 그들의 죄악에 대해서도 반드시 심판하는 공의로운 하나님이시라는 점을 분명히 깨닫게 되었다. 그 결과 하박국은 비록 바빌론이 유다의 악인들을 심판하기 위해 하나님의 부르심을 받고 막강한 군대를 형성하여 유다를 침공해 와도 두려워하지 않고 그 속에서도 소수의 의인들을 구원하실 하나님을 믿음으로 바라본다. 이 점이 3장에서 언급된다.

그러므로 우리는 2장을 통해 하나님께서 우리들에게 원하시는 바, 참다운 믿음 생활이 무엇인지를 바로 깨닫는 기회를 가져야 한다. 뿐만 아니라 바빌론이 화를 당할 수밖에 없었던 요인들을 생각하며 우리 개인의 삶이나 우리가 속한 공동체의 삶 속에서 그러한 죄악들이 되풀이되지 않도록 조심해야 할 것이다. 그리고 이러한 삶의 변화를 유지하기 위해 성령님의 도우심을 간구해야 할 것이다.

04

하박국의 기도와 찬양의 서원

하박국 3장 주해와 적용

본문의 개요

모든 '신자들'이 '배신자들'로 변질된 주전 630년 경 유대 땅에서 사역을 시작한 선지자 하박국은 "의인은 그 믿음으로 말미암아 살리라"(2:4하)는 불후의 명제를 던졌다. 그의 명제는 바울 신학의 근간을 이루었으며(롬 1:17), 종교 개혁의 중심 주제인 '오직 믿음'(Sola Fide)으로 자리 잡았다.

그의 명제는 그가 '신정론'(theodicy)의 위기 가운데서 하나님께 심한 불평을 털어놓으며(1:2~3), 자신이 '파수하는 성루'에 서서 '하나님의 대답'을 기다리면서 만들어졌다(2:1). 그는 '비도덕적 사회에서 도덕적인 인간'이 고민하며 살 수밖에 없지만 그러나 '오직 의인은 그 믿음으로 말미암아 살리라'는 명제를 주님으로부터 직접 들었다. 그는 '철학적인 명제'나 '영적인 깨달음'에 머무르지 않고, 이제 후세의 사람들이 영원히 기억할 찬송가 한 곡을 우리에게 남기고 있다(3장).

어떻게 '군대에서 먹는 퍼진 라면'같이 '퉁퉁 불은 얼굴'로 불평만 쏟아 내던 하박국 선지자가(1장), 이제 환한 미소를 지으며 '폭발적인 찬양'을 부르는 데로 넘어갔을까(3장)? 그것은 '배신자가 된 신자들'을 심판하러 오는 '바빌론의 기병대' 배후에(1:8), 주님께서 친히 말 타고 오시는 신현을 보았기 때문이다(3:8~9). 하박국 선지자는 2장 끝 절에서 "오직 여호와는 그 성전에 계시니 온 천하는 그 앞에서 잠잠할지니라"(2:20)고 결론지었다. 따라서 그는 기도하지 않을 수 없다(3:1).

그러나 본문은 하박국의 '기도'라기보다(1절) '찬양'이라고 말할 수 있다. 물론 3장은 하박국의 기도로 시작하지만(2절), 중심 본문은 '거룩한 용사로 악을 심판하기 위하여 오시는 주님의 거룩한 신현'을 노래하는 찬양이라고 말할 수 있다.

따라서 본문은 하박국 '선지자'의 '기도'(2절)와 '찬양의 서원'(16~19절)이라는 뼈대 속에 (1) '빛 가운데 오시고'(3~4절), (2) '온 세상과 열국들을 진동시키시며'(6절), (3) '바다와 강을 정복하시고'(8~12절), (4) '주님의 백성을 구원하기 위해서'(13절) 역사 속에 찾아오시는 주님의 '신현'을 노래하고 있다. 또한 주님은 (1) '전차'를 몰면서(8절), (2) '활'을 그의 '활집'에서 꺼내시며(9절), (3) 번뜩이는 '창'을 던지시는 용사로 찬양받고 있다(11절).

우리는 하박국의 시를 통하여, 역사 속에 찾아와 악인을 징벌하고 정의와 공의를 세우시는 거룩한 주님의 싸움을 더욱 깊이 묵상해야 할 것이다.

'거룩한 용사에 대한 찬양시'로 여겨지는 이 시는 다음과 같은 구조로 짜여 있다.

선지자 하박국의 간청(2절)
거룩한 용사의 신현(3~15절)
 빛 가운데 시내 광야에 오시는 주님(3~7절)
 번개로 혼돈의 바다와 강을 정복하시는 주님(8~11절)
 구원자와 심판자로 오시는 주님(12~15절)
선지자 하박국의 찬양의 서원(16~19절)

본문 주해

1. 선지자 하박국의 간청(2절)

오직 한 절로 이루어진 하박국의 첫 기도는 다섯 행으로 구성되며, 첫 두 행은 '과거'에 나타난 '주님의 명성'에 대한 놀라움을 표현하며, 마지막 세 행은 하박국의 기도를 담고 있다.

"여호와여 내가 주께 대한 소문을 듣고 놀랐나이다"(2절)는 다음과 같이 두 행으로 나뉘어야 한다.

> 야웨여, 내가 주께 대한 소문을 들었습니다.
> 야웨여, 나는 주께서 하신 일(을 보고) 놀랍니다.

첫 행의 '주께 대한 소문'은 어색하며 '주의 명성'으로 번역하는 것이 더 좋아 보인다. '내가 주의 명성을 들었습니다'(שָׁמַעְתִּי שִׁמְעֲךָ 샤마티 쉼아카)는 동일 어근에서 나온 명사형을 목적어로 사용한 것으로써, 문법적으로는 '내적 목적어'(internal object)라고 하며 '문맥에서 동사의 힘'을 강조해 주기 때문에 '확실성 개념'이 강화된다. 즉 선지자는 '주님의 명성'에 대해 확실히 들었다. 그의 '들음'에는 잡음이 없었기 때문에 확신이 있다.

'주님의 명성'은 '주께서 하신 일'과 평행을 이룬다. 주님은 그분의 '하신 일'을 통하여 '명성'을 얻으셨다. 주님이 하신 일은 바로 옛날 이스라엘 백성들을 이집트 땅에서 구원하여 내신 구원사를 가리킨다. 그때 하나님께서는 그분의 백성을 위하여 놀라운 일을 하셨고, 백성들은 하나님의 놀라운 임재를 체험했다.

선지자는 그 소식을 새롭게 들었고, 이제 놀란다. 둘째 행의 '놀랐나이다'는 '감정을 표현하는 완료형'이기 때문에 '놀랍니다'로 번역해야 할 것이다(표준새번역, NIV, NRS).

하박국은 주님의 업적과 명성을 들으면서, 이제는 경건한 두려움을 갖는다. 물론 그는 그동안 수없이 들었을 것이며 쉴 새 없이 전했겠지만, 이제는 단순한 사실이 아니라 감정적인 개입과 전이를 경험한다.

다음 3~5행으로 넘어가면, 선지자는 옛날 이스라엘 백성을 위하여 행하신 주님의 업적을 '실존적으로 듣고', 하나님께서 지금 그의 시대에도 일하시도록 간청한다. 이미 하나님께서는 그분의 공의를 나타낼 것을 약속하셨지만(2:3), 이제 약속한 것을 이루시도록 간청한다. 간청은 애가에서 중요한 요소다. 애가는 그 자체로는 의미가 없다. 대부분의 애가에서 애통은 간청으로 넘어간다.

음성학적으로 보면 3~5행은 모두 '베'(ב) 소리로 시작한다(בְּקֶרֶב베케렙, בְּרֹגֶז 베로게즈). 또한 3, 4행에는 '이 수년 내에'(שָׁנִים בְּקֶרֶב베케렙 샤님)라는 '수구 반복'(anaphora)이 나타나며, 선지자는 이것으로 자신의 입장을 강화시키고, 듣는 자에게 깊은 인상을 심는다. 주님은 '이 수년 내에' 개입하셔야 한다. 이 구절은 '우리 시대에'로 번역하는 것이 더욱 자연스럽다. 옛날에 이루신 주님의 '일'을 이제 '우리 시대에' 나타내어 주셔야 한다는 점이 부각된다. 주님께서 옛날 기적을 베풀어 명성을 떨친 것같이 '지금 다시' 기적을 베푸시길 바란다 (욥 42:5; 시 44:1).

하박국은 세 개의 동사 '부흥하게 하십시오', '나타내십시오', '잊지 마십시오'를 통하여 자신의 기도를 이어가며 강화시킨다.

첫째로, '부흥시켜 주십시오'는 부흥 사경회의 배경 속에 있는 우리들에게 대단히 친숙한 표현이다. 사실 개역한글에서 '부흥'이라는 단어는 오직 여기에만 나타나고 있다. 이것은 "새롭게 하여 주십시오"(표준새번역)라는 뜻이지만 '부흥'이라는 단어를 성경에서 없애 버리는 것은 아쉬우므로 개역한글의 용어를 그대로 사용하는 것이 좋아 보인다.

둘째로, 4행에서 '나타내시옵소서'에는 목적어가 없다. 이것은 3행의 목적어인 '주의 일'을 공유하기 때문이다. 공동번역은 '그 일'을 삽입한다. 이 동사는 "알려 주십시오"(표준새번역)보다는 '나타내십시오' 혹은 '보여 주십시오'(공동번역)로 번역하는 것이 더 적절하다. 그는 1행에서 '나는 들었습니다'

라고 말하고 이제 '보여 주십시오'라고 간청한다. '들은 것'은 '보는 것'으로 강화된다. 지금은 모든 것이 혼란스럽고 어렵기 때문에 옛날 옛적처럼 주님께서 그분의 능력을 다시 나타내어 주실 것을 구한다.

셋째로, 5행의 '진노 중에라도 긍휼을 잊지 마옵소서'는 그 의미가 모호하다. 이것은 누구에게 진노하며 누구를 불쌍히 여기느냐에 따라 해석이 세 가지로 달라진다. 첫 번째 해석은 '우리에게 화내실 때 화를 좀 참으시고, 우리에게 자비를 베풀어 주십시오.' 두 번째 해석은 '우리 원수에게 화내실 때, 우리에게 자비를 베풀어 주십시오.' 세 번째 해석은 '비록 우리에게 화내시더라도 우리 원수를 심판하셔서 우리에게 자비를 베풀어 주십시오"이다. 그러나 세 번째 해석은 별로 신빙성이 없어 보인다. 첫 번째와 두 번째 해석은 모두 가능하지만 전체적으로 볼 때 첫 번째가 좋아 보인다. 선지자는 부패한 언약 공동체를 향한 하나님의 진노를 느끼지만 주님께서 그들에게 무자비하게 진노하시지 않기를 구하고 있다.

2. 거룩한 용사의 신현(3~15절)

선지자는 하나님께서 자신의 시대에 나타나시길 구했고(2절), 이제 주님께서 선지자의 간청에 응답하여 친히 찾아오신다. 이제 주님은 모든 어둠과 혼돈을 깨치고 영광 가운데 나타나신다. 주님의 신현은 '빛'과 '폭풍'과 '지진'과 '천둥'의 영상으로 나타나며(사 28:2; 29:6; 30:27~33; 겔 1, 10, 43장; 암 1:2 등), 산이 진동하고 바다를 정복하는 모티프로 그려지고 있다. 이리하여 '출애굽-시내산 계시-정복' 때의 신현 현상이 다시 나타나고 있다. 그 옛날 억압적이고 세계를 지배하던 이집트에 주님의 임재와 능력이 나타난 것같이 이제는 바빌론인들에게 나타날 것이다.

1) 빛 가운데 시내 광야에 오시는 주님(3~7절)

첫 소절은 '데만'과 '바란산'으로부터 시작하여(3절), '구산'과 '미디안'으로 마친다(7절). 전자는 유다 남동쪽의 에돔 지역과 '바란 광야' 지역이며, 후자는 시내 광야의 동쪽에 있는 미디안 지역이다. 즉 하나님께서 친히 시내 광야에 찾아오고 계신다. 이곳은 옛날 이스라엘 백성들이 출애굽 한 뒤 '시내산'에서 율법을 받고, 가나안 땅으로 들어가기 직전에 정탐꾼을 보냈던 곳이다. 즉 여기에서는 시내산 계시와 광야 연단의 과정이 담겨 있다. 이 공간적인 뼈대 가운데 하나님의 신현이 '빛'(4절), '불덩이'(5절), 특히 '땅'과 '산'의 진동(6절)이 그려진다.

(1) 3절

4행으로 구성된 3절에서 '하나님'과 '거룩한 자' 그리고 '하늘'(םימש사마임)과 '땅'(ץרא에레츠)이 평행을 이룬다. 후자는 '온 우주'를 뜻한다.

지역적으로 볼 때 '데만'은 에돔 지역이며, 바란 산과 함께 에돔과 시내 광야 북부 지역을 포함한다(창 36:11; 민 10:12, 33). '바란'은 산악 지역이며 황무지다. 역사적 관점에서 볼 때 '데만'과 '바란산'은 모세의 출애굽과 연관된 지역이며, '데만'과 '바란산'은 하나님의 신현이 나타난 곳이다(신 33:2; 삿 5:4~5를 보라). 이곳은 주님께서 옛날에 그분의 백성을 구원하기 위해 나타나신 곳이다.

선지자는 이 고대의 장소들을 통하여 하나님의 과거 역사를 부각시킨다. 선지서에서 대부분의 신현은 시온에 나타나는데, 여기에서는 시내 광야 북동부 지역이 중심을 이룬다. 이리하여 선지자는 '역사'와 '신현'을 연결시킨다. 앞 절에서 대조를 이루었던 '옛날'과 '현재'가 여기에도 계속되고 있다.

주님께서 오실 때 두 가지 모습이 부각된다.

첫째는, '주님의 영광이 하늘을 덮고 있다'는 것이다. 즉 하나님의 임재와 함께 나타나는 찬란한 빛이 온 하늘을 덮고 있다.

둘째는, '주님의 아름다움을 찬양하는 소리가 온 세상에 가득하다'는 것이다. 즉 우주가 하나님의 찬란한 영광의 빛으로 가득 차 세상의 모든 백성이 주님을 찬송하고 싶어 한다는 뜻이다. 그러나 '빛'과 '찬송'의 짝이 어색하기 때문에 공동번역은 "하늘엔 당신의 빛이 찬란하게 퍼지고 땅엔 당신의 광채가 차고 넘치니”로 번역한다. 사실 ‘찬송’(תְּהִלָּה테힐라)이란 단어는 두 번째 뜻에서 ‘광채’를 의미할 수 있다(HALOT, tehilla II, gleam, radiance). ‘광채’는 다음 절과 잘 이어진다.

(2) 4절

앞 절에 있는 ‘주님의 영광’이 이제 ‘빛’으로 좀 더 구체화된다. 첫 행의 ‘그의 광명’은 ‘그 광명’도 된다(참고 공동번역의 “그 밝음”). 주님께서 밝은 빛으로 오시되 ‘햇빛’처럼 오신다. 이 단어는 번역본에서 ‘해돋이’(NIV) 혹은 “대낮”(공동번역)으로 이해되고 있으나 신현의 맥락에서는 ‘해돋이 빛’이 원문의 맥락에 더욱 가깝다(시 50:1~3). 주님께서 온 세상을 널리 그리고 밝게 비취며 오신다.

둘째 행의 ‘광선’은 원어에서 ‘뿔’(קַרְנַיִם카르나임)을 가리키며, 동일한 어근이 모세의 얼굴이 빛나는 데 사용된다(출 34:29~30). 따라서 ‘뿔’이란 명사는 시적인 구절에서 연관된 의미인 ‘광선’으로 나올 수 있다.

표준새번역의 “두 줄기 불빛”, 공동번역의 “두 줄기 빛”은 원어의 ‘쌍수’(dual)를 번역에 반영한 것이지만 적절하지 않으며, 대부분의 영어 번역은 ‘광선들’(rays)처럼 복수로 처리하나 우리말에서는 단수로 번역하는 것이 적절하다.

‘광선이 그 손에서 나온다’(4중절)에서 ‘그에게’(לוֹ로)는 ‘행동이 주체를 반영하는 모습’(*dativus ethicus*)이므로 영광스러운 주님의 모습을 더욱 부각시켜 준다. 이것을 ‘번개’의 영상으로 이해한다면 주님의 손에서 번갯불이 튀기며 나오고 있다(중국의 무협지에는 자주 이런 모습들이 나타난다).

세 번째 행의 “그 권능이 그 속에 감취었도다”에서 ‘그 속’은 ‘주님의 손’을 가리킨다. 즉 ‘주님의 손 안에 그의 능력이 감추어져 있음’을 말해 준다. 주님의 손에는 그의 권세가 있으며 그곳에서 능력이 나타난다(삼하 24:14). 따라서 주님께서 손을 펴기만 하시면 무서운 능력이 나타날 것이다.

(3) 5절

히브리어 원문에서 5절은 '그 앞에서'(לְפָנָיו레파나브)로 시작하여, '그 발아래' (לְרַגְלָיו레라글라브)로 마친다. 즉 '얼굴'과 '발'을 통하여 주님의 전신을 드러낸다. 주님께서 나타나실 때, 무서운 천군 천사들이 '온역'과 '불덩이'로 동행하고 있다.

5상절의 "온역"은 "역병"(개역개정), "질병"(표준새번역), "역신"(공동번역)으로 새롭게 제시된다. 이 단어(דֶבֶר데베르)는 기본적으로 '전염병'을 뜻한다(출 5:3; 9:3, 15; 시 78:50). 주님께서는 가끔 전쟁에서 전염병으로 대적을 치신다. 주의 사자가 아시리아 진영에서 185,000명을 염병으로 쳐서 죽였다(왕하 19:35). 주님은 그분의 원수를 염병으로 징벌하며(레 26:25; 신 32:23; 삼하 24:15~16) 그분의 백성을 전염병에서 건지신다(시 91:3, 6).

5하절의 "불덩이"(רֶשֶׁף레쉐프)는 '불길'(flame, glow)로써 때로는 '화살'(시 76:4)을 뜻하며, 은유적으로는 '재앙'(plague)을 뜻한다(시 78:48; 신 32:24). 표준새번역은 "전염병", 공동번역은 "열병"으로 해석한다. 이 두 단어가 함께 나타나는 곳은 오직 여기뿐이다.

그렇지만 우리는 출애굽의 배경을 놓칠 수 없다. 옛날 이스라엘 백성들을 애굽에서 건지실 때 주님께서는 열 재앙을 내리셨다(출 7~12장). 주님께서 다시 오실 때, 무서운 재앙이 원수들에게 쏟아질 것이다. 주님께서 가까이 오시는 것은 무서운 일이다.

(4) 6절

'빛'과 '불'과 '재앙'과 함께 오시는 주님께서 이 세상에 내려오셨을 때 온 세상이 진동하며 전율하며 무너지는 모습이 그려진다.

첫 행의 '그가 서셨다'는 말의 뜻은 모호하지만, 앞 절에서 주님의 움직임을 묘사했기 때문에 움직이다가 서는 것으로 이해함이 적절해 보인다. 따라서 '앉은자리에서 일어나는 것'('그가 일어서실 때' JB)이나 "발길을 멈추시면"(공동번역)으로 번역하는 것이 좋다. 또한 첫 행의 '그가 서셨다'는 둘째 행의 '그가 보셨다'와 평행을 이루기 때문에 '주님의 발'과 '주님의 눈'이 동시에 나타남을 알 수 있다. 즉 선지자는 발에서부터 눈까지, 곧 아래에서부터 위로 묘사하면서 전인을 말하고 있다. 물론 이것은 신인동형적 표현이다. 앞에서는 '주님의 손'(4절), '주님의 발 밑'(5절)이 소개되었는데 이제는 '발'과 '눈'이 나타난다.

'땅을 진동시키며'에서 동사는 아랍어에서 '크게 움직이다'라는 뜻이며, 여기에서는 '흔들리게 하다, 부들부들 떨리게 하다'라는 뜻이다(מוד모드의 폴렐형). 이것은 '주님의 눈이 열국을 전율시키는' 것과 좋은 평행을 이룬다. 주님께서 한번 흘낏 보기만 하여도 이 세상 모든 나라들이 오금을 펴지 못한다.

온 세상은 어느 정도 진동하는가에 대한 답이 3, 4행에서 제시된다. 즉 '영원한 산'과 '무궁한 언덕'이 뒤흔들린다. '산'과 '언덕'은 합성어로써 안정과 지속성을 상징해 준다(신 33:15; 12:2; 시 72:3; 114:4; 148:9 등). 여기에 지진 영상이 있다. 지진이 올 때 이 세상의 견고한 모든 것들이 흔들리고 사라지는 것처럼, 주님이 오실 때 이 세상에서 영원무궁하게 보이는 것들이 사라진다(사 54:10; 미 1:4). 즉 이 세상에서 '영원한 것'으로 여겨지는 것들이 '아무것도 아니다.' 그러나 '주님의 행적'은 '영원하다'(5행). 과거로부터 미래까지 주님의 행적은 영원할 것이다.

여기서 다시 한 번 출애굽의 배경이 반영된다. 이스라엘이 이집트에서 나올 때 땅과 산이 흔들렸으며(삿 5:4~5), 시내산도 흔들렸다(출 19:16~19; 시 114편을 보라).

(5) 7절

6절에서 '진동하는 땅'과 '전율하는 열국'의 모습이 이제 7절에서 구체적으로 제시된다. 앞에서 범세계적인 흔들림이 있었는데, 이제는 구체적인 장소에 살고 있는 백성들이 흔들린다. '내가 보니'는 완료형이며, 상황이 시작하여 진행되려고 하는 초기 상황을 말해 준다. 시인은 1인칭을 통해, 자신이 보는 시각을 전하고 있다.

'구산'과 '미디안'에서, '구산'의 위치는 분명하지 않으며, 70인역은 '이디오피아'로 읽는다. 그러나 '구스'는 이집트 남부 지역에 위치하고 있기 때문에 7하절에 나타나는 '미디안'과는 너무나 거리가 멀다. 따라서 '구산'은 시내 반도에 위치하고 있으며, '미디안'과 특별한 연관성을 맺고 있는 부족이나 나라로 볼 수 있다(참고 민 12:1). '미디안'은 아카바만 동쪽 지역에 있다. 그러나 '미디안족'은 시내 반도 서쪽에 살았다. 따라서 이곳도 출애굽과 밀접한 연관을 맺고 있는 지역이다(출 2:15; 3:1; 민 31:1~12; 시 83:10).

'장막'은 '사람들이 사는 곳'이다. 사막에 사는 사람들이 염소 가죽이나 천으로 장막을 만들어 살았다. '장막'과 평행을 이루는 '휘장'은 '커튼'으로써 부분으로 전체를 말하는 '제유법'(synecdoche)이다. 장막의 휘장을 통해 전체 장막을 뜻한다(사 54:2; 렘 4:20; 49:29; 시 89:40 히브리어 참고). 따라서 '구산'과 '미디안' 지역에 살고 있는 모든 사람들이 주님의 오심을 보고 두려움에 떨었다.

2) 번개로 혼돈의 바다와 강을 정복하시는 주님(8~11절)

'빛'과 '지진'으로 오시는 주님의 첫 번째 신현을 묘사한 후(3~7절), 다시 한 번 더 신현을 묘사한다(9~12절). 이것은 고대 히브리 문학의 기법이었다. '한 번 말하고, 다시 한 번 더 초점을 더욱 선명하고 깊게 잡아서 말하는 기법'이라고 말할 수 있다.

두 번째 신현 묘사에서도 선지자는 '산들의 흔들림'(10절), '땅과 열국'(12절), '빛과 광채'(11절) 등의 핵심 용어들과 분위기를 통하여 첫 번째 신현 묘사와 중첩시키고 있다. 이리하여 신현의 효과는 더욱 심화되고 강화된다. 그러나 여기에서 주님의 '주적'이 부각된다. 즉 주님은 '바다'와 '강'을 대적하며 심판하신다(8, 9, 10절).

또한 이 구절은 '단순 의문형'을 통하여(8절) 더욱 신현의 의미를 부각시킨다. 그러나 이 질문에 대한 대답은 13절에 가서야 비로소 제시된다. 즉 질문으로부터 답까지의 거리가 멀다. 히브리 시는 이렇게 다양한 주제와 사상을 엮어가기 때문에 논리적 일관성이 약해 보인다. 그러나 시적 효과는 극대화된다.

(1) 8절

이제 본격적으로 주님께서 거룩한 용사로 나타나신다. 주님은 '말을 타고'(1행), '구원의 병거를 모신다'(2행). '말'과 '전차'는 '말이 끄는 전차'를 뜻하므로 주님께서 전차를 몰고 나가며 싸우는 용사의 모습으로 소개되고 있다. 여기에서 '구원의 전차'는 '승리의 전차'를 가리킨다. 구약의 더 넓은 맥락에서 보면, 주님은 '구름 전차를 타고 싸우신다'(신 33:26; 시 18:10~11; 68:33; 104:3~4).

주님은 전차를 타시고, '바다'와 '강'에 대해 분노하신다. 구약성경에서 '바다'와 '강'은 자주 평행을 이룬다(시 24:2; 66:6; 72:8; 80:11; 89:25 등). 여기에서는 '강'과 '바다'가 도치되어 나타나며, '강'이 두 번 나타나고 있다. 개역한글에서 3행의 "하수"와 4행의 "강"은 동일한 단어이다. 학자들은 '강에 대한 분노'가 두 번 나타나는 것을 필사자의 오류로 보지만, 반복을 통한 점층법으로 보아야 할 것이다. 주님은 '강을 치시고, 또 한 번 더 치심으로 완전히 정복하신다'는 뜻이다. 여기에서 '바다'와 '강'은 자연적인 세력이 아니라 창조와 역사에서 하나님을 대적하는 혼돈의 세력을 상징한다(시 74:13~15; 77:16~20; 89:8~11; 114:3~5 등). 즉 이들은 역사 속에 구현된 악의 세력을 상징한다. 주님께서 이제 '악의 제국'을 대적하며 심판하신다. 특히 '분노하고 진노하시며' 쳐부수고 있다.

하나님께서 바다와 싸우시는 모습은 구원사에 있어서 출애굽과 연관되며, 출애굽의 절정으로 나타나고 있다. 주님께서 이스라엘을 구원하실 때 홍해를 갈랐으며(출 13:17~14:31; 시 77:16, 17; 78:13), 다시 요단강을 갈라 가나안 땅의 정복 역사가 시작되었다(수 3:13~17; 4:21~24). 이제 다시 주님께서 악한 제국들을 벌하며 구원사를 새롭게 시작하실 것이다.

(2) 9절

'거룩한 용사'로서의 주님의 모습이 더욱 선명하게 그려진다. '활'은 주님의 무기 가운데 제일 핵심적인 것이다(시 7:12~13). 신명기에서는 '활'이 기근과 질병과 재앙의 은유로 나타난다(신 32:23). 그 예로써 '기근의 활'(겔 5:16)은 마치 활에 맞아 사람이 죽어가듯 기근으로 사람이 죽어갈 때 사용되는 표현이다.

'(활을) 꺼내다'는 동사(עור우르)는 '활집'(עֶרְיָה에르야)이라는 명사의 동족목적어를 이루어 주며, 이런 형태에서는 명사보다 동사가 강조된다. 즉 주님께서 활집을 벗기고 활을 시위에 먹이시는 그 단계를 말해 준다. "살을 바로 발하셨나이다"는 히브리어 원어에서 세 단어(שְׁבֻעוֹת מַטּוֹת אֹמֶר 쉬부옷 마톳 오메르)로 구성되며, 번역하기 아주 까다롭다. 첫 두 단어는 각각 다중적 의미가 있으며, 어떻게 연결해도 뜻이 잘 통하지 않는다. 번역본들을 살펴보면, "화살을 바로 쏘셨나이다"(개역개정), "살을 메우시며, 힘껏 잡아당기십니다"(표준새번역), '당신은 많은 화살을 부르셨습니다'(NIV), '화살을 메우십니다'(RSV), '당신의 명령으로 화살이 포식하였습니다'(NRSV) 등으로 제시된다. 70인역은 '당신은 당신의 전통을 화살로 채웠습니다'로 읽는다. 우리는 '주께서 활을 활집에서 꺼내시고, 화살을 쏘았습니다'로 해석한다.

세 번째 행의 '강으로 땅을 쪼갠다'는 영상은 앞에 있는 두 행과 전혀 어울리지 않는다. 그러나 앞에 있는 '활'과 '화살'이 천둥 번개를 가리킨다면, '강'이 등장하는 것이 자연스러워진다. 즉 원래의 독자에게 있어서 이 구절은 천둥과 번개를 동반한 폭우가 사막에 갑자기 내려 갑자기 땅이 갈라지는 모습을 그려 주고 있다. 폭우로 사막의 말라붙었던 땅이 여러 강줄기로 말미암아 조각나는 모습이다(참고 표준새번역 "강줄기로 땅을 조각조각 쪼개십니다").

(3) 10절

4행(quatrain)으로 이루어진 이 절에서, 한 행이 각각 세 단어로 구성되어 있다. 그리고 각 절마다 접속사가 생략되어(asyndeton), 주제와 분위기를 숨도 쉬지 않고 '강화시키는'(intensitying) 효과를 준다.

첫 행에서 '산들이 주를 보고 흔들리며'에서 '흔들리다'(חיל훌)라는 동사는 산모가 아이를 낳을 때, 고통 가운데 온몸을 뒤트는 모습이다. 따라서 술 취한 영상인 "비틀거립니다"(표준새번역)보다는 "부르르 떱니다"(공동번역)가 더 좋다. 다시 한 번 출애굽의 영상이 반복된다. 옛날에 주님께서 시내산에 나타나실 때 온 산이 흔들렸다(출 19:18; 삿 5:5). 이제 주님께서 나타나시자 산들이 두려움과 고통 가운데 뒤흔들린다.

둘째 행과 셋째 행에는 다시 한 번 더 "창수"(표준새번역 "거센 물")와 '바다'(תהום테홈)가 등장한다. 마지막 네 번째 행에서 개역개정의 '(바다가) 손을 높이 들다'는 뜻이 모호하며 '그 파도가 높이 뛴다'고 번역해야 자연스럽다. 그렇다면 둘째 행부터 넷째 행에는 '물'과 '바다'와 '파도'가 모두 등장한다. 그러나 이것은 첫 행의 "산들이 주를 보고 흔들리며"와 잘 어울리지 않는다. 즉 '산들이 주를 보고 흔들리는' 모습은 무서운 파도가 일어나는 것과 무슨 상관이 있는가?

만약 첫째 행과 둘째 행이 개념적인 짝을 이룬다면 '산들이 주를 보고 흔들리며, 거센 물이 일어난다'는 대홍수를 우리에게 상기시켜 준다. 즉 대홍수가 일어났을 때 산들이 두려움에 떨었다(창 7:19~20; 사 28:2). 따라서 '창수가 넘치는 모습'은 주님의 심판을 의미한다.

셋째 행과 넷째 행에서 '바다가 소리를 지르고 파도가 높이 일어나는 모습'은 한 쌍을 이룬다. "손을 높이 들었나이다"에서 '손'은 권세의 상징이며(신 2:15; 수 8:18), '손을 들다'는 반역을 상징하므로(왕상 11:26), 혼돈의 물결이 주님께 크게 반역하는 모습이다.

(4) 11절

원문에서는 갑자기 "해와 달이 그 처소에 멈추었나이다"로 시작하며, 그 이유로써 '주님의 화살'과 '창'이 날아가는 것을 제시한다. 그러나 주님의 '화살'과 '창'이 어디를 향하여 날아갔는지는 제시되지 않고 있다. 문맥을 보면,

주님이 쏘시는 무기는 분명히 앞 절에 있는 '바다'와 '강'을 향하고 있다(8, 9, 10절). 이미 9절에서도 주님께서 '활을 활집에서 꺼내서 강을 향하여 쏘시는 모습'이 제시되었다. 즉 주님께서 혼돈의 세력을 정복하시는 모습이다. 은유적으로 보면, 여기의 '화살'과 '창'은 천둥과 번개를 상징한다. 따라서 '번쩍이는 화살'과 '시퍼런 창'은 폭우 속의 번개를 가리키고 있다. 바로 이때 '해와 달이 그 처소에 멈춘다.' 여기에서 '해와 달'은 하늘에 빛나는 모든 것을 뜻하는 합성어이다. 따라서 하늘이 캄캄하여 빛이 없어져 버렸다. 주님께서 그에게 반역하는 악의 세력을 징벌하고 계실 때, '해와 달'이 자리에 멈추어 버렸다.

구속사적 관점에서 볼 때, "해와 달이 그 처소에 멈추었나이다"는 여호수아 10:12~13을 가리키고 있다. 여호수아가 아모리인들의 연합군을 쳐부술 때, 모세와 함께하신 하나님께서 여호수아와 함께하셔서 적군들을 이스라엘인들의 손에 넘겼다. 그때 '해와 달이 기브온과 아얄론 골짜기에 머물렀다.' 그러나 여기에서는 약간의 변형이 이루어진다. 여호수아 때에는 해와 달이 그 달리던 길에 서 버렸기 때문에 계속하여 낮을 유지해 주었다. 여기에서는 해와 달이 하늘에 등장하지도 못하고, 그들의 처소에 머물러 있다. 이리하여 완전한 어둠이 세상을 덮치고 있다. 오직 하나님이 쏘시는 번개 활과 창만이 빛을 뿜으면서 혼돈의 세력들을 향하여 날아가고 있다.

다시 한 번 더 하박국 선지자는 '출애굽-시내산-정복' 전통 기사를 통하여 그의 청중들에게 올바른 시각을 주려고 한다. 그들은 바빌론의 침략을 눈앞에 바라보면서 혼란 가운데 빠졌다. 그러나 옛적에 주님께서는 친히 이집트인들과 아모리인을 물리치셨다. 그들의 군사력은 이스라엘보다 훨씬 더 강하였다. 그러나 이스라엘은 승리를 거두었다. 이와 같이 바빌론 군대도 무너질 것이다.

3) 구원자와 심판자로 오시는 주님(12~15절)

(1) 12절

'바다'와 '강'을 정복하는 고대 근동 아시아의 신화적 색채로 가득 찬 우주적인 하나님의 심판이 이제는 역사적인 현장성을 가진다. 주님은 '노를 발하시고', '분을 내시며', 심판하신다. '노'(זַעַם자암)와 '분'(אַף아프)은 자주 쌍을 이루며(사 10:5, 25), 때로는 연계형으로도 나타난다(זַעַם־אַף자암-아프 애 2:6). 즉 '불타는 분노'이다. 열국을 심판하는 날에 '하나님의 분'(ira Dei)이 쏟아질 것이다. 그러나 여기에서 '분노'는 단지 감정적인 상태가 아니라, 하나님의 '진노의 수단'(be of instrument)을 가리킨다. 즉 하나님께서 이집트인들을 심판할 때 온갖 종류의 재앙들을 사용한 것 같이(시 78:49), 그와 유사한 종류의 재앙들이 쏟아질 것이다.

주님의 진노가 쏟아질 대상인 12상절의 '땅'과 하절의 '열국'은 각각 다른 실체가 아니라 합성어로써 '땅의 열국들'(גוֹיִם אֶרֶץ고임 에레츠)을 가리키며, 두 단어를 나누어 2행으로 만든 경우이다(창 18:18; 22:18; 26:4; 신 28:1; 슥 12:3). 12 상절의 '땅에 돌리다'는 '땅으로 진군하다'(you march through the earth)라는 뜻이며, 12하절의 '열국을 밟다'와 좋은 평행을 이룬다. '밟다'는 보리와 밀과 같은 곡식을 타작하는 데 자주 사용되는 동사이다. 소가 곡식을 밟아 떠는 모습(신 25:4)은 은유적으로 심판을 가리킨다(사 41:15; 암 1:3; 미 4:13). 하나님께서 친히 열국을 짓밟으신다.

(2) 13절

드디어 8절에서 던진 질문의 답이 13절에서 제시된다. 왜 주님께서 '강'과 '바다'를 향하여 분노하셨는가? 그것은 '주님의 백성을 구원할' 뿐 아니라 '악인을 심판하기' 위함이다. 즉 이제 비로소 악인과 의인의 운명이 갈라진다.

첫 행의 '주의 백성'은 둘째 행의 '기름 받은 자'와 평행을 이룬다. 후자는 시편에서 '왕'이나 '다윗의 후손'을 주로 가리킨다. 그렇다면 여기에는 '주의 백성'과 그들의 대표가 되는 '왕'이 모두 구원을 받는다. 두 행에서 '구원'이 반복되는 것은 불필요한 반복이 아니라 '구원'을 더욱 강화시키는 기법으로 볼 수 있다(conduplicatio).

주님은 어떻게 자신의 백성과 그들의 지도자를 구원하시는가? 주님은 "악인의 집 머리를 치시며 그 기초를 끝까지 드러내셨으므로" 구원하신다. 즉 주님은 그들의 원수를 철저히 파괴해 버리실 것이다.

여기에서 '악인의 집 머리'와 '그 기초'는 번역과 해석에 있어서 까다롭다. 표준새번역은 "악한 족속의 우두머리"와 "그를 따르는 자들"로, 공동번역은 "악인의 소굴"과 "그 기초"로 해석한다. 영어 번역에서는 '악한 땅의 지도자'를 '넓적다리에서부터 목까지'(NIV), '악한 집의 우두머리'와 '기초에서 지붕까지'(NRSV) 멸하시는 것으로 해석한다. 따라서 우리는 '악인'에 대한 심판인지 '악인의 집'에 대한 심판인지 분명하지 않다는 느낌을 받는다. 후자라면, 악인의 집이 '기초에서부터 지붕까지' 완전히 무너질 것이다. 전자에 대한 심판이라면, 악인은 그의 '넓적다리'(יְסוֹד 예소드)로부터 '목'(צַוָּאר 짜바아르)까지 벌거벗기고 찢길 것이다. 이것은 고대 근동의 배경에서 보면 처절한 심판의 장면을 보여 준다. 젠질리에서 발견된 한 유물을 보면, 적병이 그의 머리에 화살이 꽂혀 있으며, 그의 성기는 드러내고 완전히 나체가 되어 있다(ISBE 4:1014). 그렇다면 여기의 '기초'는 성기를 가리킬 수 있으며(욥 4:19; 22:16), '목'과 '성기'는 전체를 가리키는 합성어이다.

(3) 14절

히브리어 원문은 3행인 "오직 주께서 그들의 전사의 머리를 그들의 창으로 찌르셨나이다"로 시작한다. 이리하여 앞 절에 제시된 '악인의 머리를 치는' 모티프가 반복되면서 더욱 강화된다. 이제는 그들의 머리가 창으로 뚫릴 것이다. 그러나 '그들의 창으로 머리가 뚫릴 것'이므로 악이 악인에게 돌아가는 부메랑 효과가 나타나고 있다.

원수들이 이와 같이 철저한 파멸과 모멸적인 수치를 당해야 하는 이유가 둘째 행과 셋째 행에 제시된다. 그들은 '회오리바람처럼 몰려와 나를 흩으려 하였기 때문이다.' 여기에서 '나'는 집합적 단수로써 '우리'를 가리킬 수 있다.

'흩다'는 영상은 바람과 폭풍으로 쭉정이를 흩어버리는 것을 뜻한다. 전쟁의 맥락에서는 패배자를 온 세상 사방으로 다 흩어버리는 것이다. 그러나 그들의 악함은 '가만히 가난한 자 삼키기를 즐거워한다'는 것으로 더욱 심화된다.

여기에서 '가난한 자'는 경제적으로 빈약한 자가 아니라 주님의 백성이나 경건한 이스라엘을 가리킨다(습 3:12). 즉 가난하고 무력한 이스라엘 백성들은 사회적으로 가장자리에 떨어지게 되었고 온 세상에 흩어지게 된다.

(4) 15절

신현의 마지막 절을 이루는 15절은 다시 논리적 흐름을 깨뜨리고 있다. 그러나 시적인 관점에서 보면, 이 절은 주님의 신현에 대한 두 번째 묘사를 시작하는 8절과 수미쌍관을 이룬다. 즉 주님은 '바다'와 '무서운 물'을 정복하셨다. 이제는 '상황 끝'이다. 이것은 우리에게 안도감을 준다.

어떤 이들은 첫 행을 '주께서 바다를 말처럼 타셨다'로 번역해야 한다고 하지만 이 번역은 옳지 않다. 여기에서 '말을 타다'는 '전차를 타다'라는 뜻이므로, '말'은 '전차'를 가리키는 대유법(synecdoche)으로 이해해야 한다.

즉 '주님은 전차를 타시고 바다를 짓밟았습니다'라는 뜻이다. '바다'와 동치를 이루고 있는 15하절의 '큰물의 파도'는 '파도가 일렁이는 바다'를 그려주지만, 15상절의 결과로 보아야 할 것이다. 즉 '주님께서 전차를 타고 바다를 짓밟으시므로, 무서운 물결이 일어나는 모습'으로 이해될 수 있다. 주님의 전차가 바다로 들어가자마자 바다가 무서운 거품을 일으키며 두려움에 떠는 모습이다. 주님께서 드디어 혼돈의 바다를 정복하셨다. 이와 같이, 악의 왕국과 세력을 역사 속에서 끊으실 것이다.

3. 선지자 하박국의 찬양의 서원(16~19절)

마지막으로 주님의 신현에 대한 선지자의 개인적 반응이 나타난다. 앞의 2절에서 그는 일인칭으로 기도하였고, 곧이어 신현을 열어 준다(3절). 이제 16절은 선지자의 반응을 묘사함으로써 신현을 닫아 준다.

1) 16절

앞에서 선지자는 '내가 들었고 놀랐다'고 말하였으며(2절), 여기에서 그는 다시 한 번 더 '내가 듣고 놀란다'고 말한다. 논리적으로 본다면, 3:2은 3:16과 직접적으로 이어진다. 이 사이에 "열국을 정복하는 신현"이 나타나고 있다(3~15절).

2절에서는 선지자가 놀란다는 말만 제시되었는데, 이제 그의 놀람에 대한 신체적인 묘사가 나타난다. 그가 들었고, 결과적으로 놀랐다. 그의 떨림은 들음의 결과이다. 하나님의 권세와 위엄을 경험하자, 그는 온몸이 떨리는 경험을 한다. 여기에서 신체는 '내 창자', '내 입술', '내 뼈'로 나타난다.

"내 뼈에 썩이는 것이 들어 왔으며"는 "나의 뼈가 속에서부터 썩어 들어간다"(표준새번역) 혹은 "뼛속이 녹아내리며"(공동번역)로 번역할 수 있다. 뼈는 온몸을 지탱해 주는데, 뼈가 썩거나 녹으면 몸을 지탱할 수 없다.

"내 몸은 내 처소에서 떨리는도다"라는 표현은 어색하며, 이를 직역하면 '내가 선 자리에서 떨린다'가 된다. 이것은 '내 걸음이 내 아래에서 떨린다'로 수정할 수 있으며 "나의 다리가 후들거린다"(표준새번역) 혹은 "아랫도리가 후들거립니다"(공동번역)로 의역할 수 있다.

"무리가 우리를 치러 올라오는 환난 날을 내가 기다리므로"는 "그러나 나는 우리를 침략한 백성이 재난당할 날을 참고 기다리겠다"(표준새번역), "우리를 덮쳐 오던 백성에게 재앙이 떨어지는 날만 나는 기다리고 있습니다"(공동번역)로 새롭게 제시된다. 좀 더 정확하게 말하면 '우리를 침략하는 백성들에게 닥칠 환란의 날에 나는 편히 쉬리라'이다. 결국 이스라엘의 원수인 바빌론은 환란을 당할 것이며, 그날을 바라보며 편히 쉬겠다는 선지자의 고백으로 여겨진다.

2) 17절

바빌론이 쳐들어오는 환란 날에 이스라엘에 도래할 완전한 경제적 파탄이 그려지고 있다. 선지자는 팔레스타인의 경제적 배경 속에서 최악의 파국을 열거하며 심화시킨다. 바빌론이 얼마나 무서운 나라이며, 그들이 얼마나 잔혹하게 파괴할 것인지에 대한 그림은 이미 그려졌다(1:5~11). 그들이 하는 짓은 놀라운 일이 아니다. 1:5까지는 갈대아인들이 침입하지 않은 상황이었으나 지금은 그들이 쳐들어온 이후의 상황이 제시된다. 여기서는 '무화과 나무'와 '포도나무'(눅 13:6; 왕상 4:25; 렘 8:13; 호 2:12; 욜 2:24), '올리브나무'와 '밭의 식물', '우리의 양'과 '외양간의 소'가 접속사를 통하여 세 쌍의 짝을 이루고 있다. 또한 3, 4행은 '소출'(מַעֲשֵׂה 마아세)과 '식물'(אֹכֶל 오헬)로, 5, 6행은 '양'과 '소'와 '우리'와 '외양간'으로 완벽한 짝을 이루고 있다.

경제적으로 보면, 점층법으로 위기가 심화된다. '무화과'는 설탕의 재료로써 사치품에 속하며 필수품은 아니다(나 3:12). 따라서 가장 절실하지 않은 무화과로부터 포도, 감람(기름), 밭의 식물, 양과 소의 순서로 위기가 고조되고 있다.

또한 첫 세 가지는 열매를, 마지막 둘은 가축을 다룬다. 이 중앙에 '밭의 소산'이 나타난다. 이리하여 모든 농사가 망하였으며, 절대적인 궁핍에 떨어진 모습이 그려지며, 결국 사람의 생명 자체가 위협을 받는 상황에 떨어져 가고 있다. 이것은 자연적인 재앙(암 4:9)이나 적군의 침략으로 이루어진다 (욜 1:6~7). 신명기적 관점에서 보면, 이런 현상은 주님께서 이스라엘의 배도를 심판하는 수단이었다(신 11:17).

3) 18절

그러나 하박국 선지자는 놀라운 반응을 보인다. 처참한 파멸이 있었지만, 그는 여전히 주님을 즐거워한다.

뿐만 아니라 그의 애통이 찬양으로 변하였다. 무서운 심판의 예언이 드디어 실현되었지만 그는 "심판을 넘어선 구원"을 바라보며 찬양한다.

그는 믿음의 바른 관점을 갖는다. 그는 가장 절망적이고, 처절한 상황 속에서 주님에 대한 믿음을 확실히 고백한다. 사람들이 '하나님의 심판'이라고 말하는 상황에서 '하나님의 구원'이라고 말한다.

여기서 '나의 구원의 하나님'이 결론으로 제시된다(시 18:46; 24:5; 25:5; 27:9; 사 17:10; 미 7:7). '구원'이라는 단어는 하박국서에서 여러 번 나타났으며(1:2, 2:4, 3:13), 다시 마지막으로 나타난다.

4) 19절

이 마지막 절은 시편 3:3~4과 거의 유사하다(참고 삼하 22:2~51). 시편 18편에서도 시인은 고난 가운데 있었으며(4~6절), 하나님은 신현 가운데 그에게 응답하셨고(7~15절), 신현 후에 그는 구원을 받는다(16~19절). 동일한 형태가 여기에 나타난다는 것은 정경적 형식이 있음을 보여 준다.

'나의 힘'은 '내 힘의 원천'이란 뜻이다. 주님께서 나에게 '힘을 지속적으로 주셔서' 강건하게 하신다는 뜻이다. 하나님께서 그에게 주시는 힘으로 그는 현재의 위기를 충분히 극복한다. 어려운 날들이 끊임없이 계속되지만, 그는 힘차게 헤쳐 나가고 있다.

'사슴과 같이'는 '사슴의 발과 같이'로 해석된다. '그들의 죄는 소돔 같다'는 것은 '소돔의 죄와 같다'는 뜻이다(사 3:9). 여기 '사슴'은 문법적으로 '암사슴'(hind)이다. 암사슴은 아주 부드럽게 산악 지역에서 잘 뛰어다닌다.

시인은 이제 '높은 곳'을 다닌다. '높은 곳'은 '높고 험준한 산'이다. 모세도 동일한 고백을 했다(신 32:13; 33:29). 주님께서는 친히 높은 곳을 밟으며 승리하시는 것처럼 주님을 의지하는 자들도 높은 곳을 밟으며 뛰고 놀 것이다(암 4:13; 미 1:3).

이리하여 하박국 선지자의 고투는 끝났다. 그는 '어찌하여?'와 '언제까지?'라며 하나님께 물었다. 그러나 이제 평화를 누린다. 그는 더 이상 '어찌하여?'와 '언제까지?'라며 하나님께 묻지 않는다. 오히려 '나는 편히 쉴 것이라'고 말할 수 있게 된다.

5) 기호

하박국의 노래는 의식적인 기호로 마친다. 시편에도 이와 같은 표제들이 등장한다(시 4; 6; 54; 55; 61; 67; 76편). 이것은 하박국의 시를 성전 예배 의식에 사용하였음을 보여 준다. 이리하여 그의 신앙 고백은 믿음의 공동체의 유산이 되었다.

요나 주(註)

1부

1장

1. 개역한글이나 영어 성경에는 1장의 마지막 절이 17절이다. 그러나 히브리어 성경에서는 이 구절(1:17)이 2장을 시작하고 있다(2:1). 요나서의 구조를 감안할 때, 히브리어 성경의 장절 나눔이 더 적절한 것 같다. 여기서도 히브리어 성경의 장절 나누기에 기초하여 설명해 나가고 있다.

2. 이외에 '야라드'[יָרַד] 가다. 1:3, 5, 7. 참고 1:5에서 발견되는 이 단어에 대한 재담 וַיֵּרָדֵם과예라 담 (그리고 그가 깊이 잠들었다)]와 '마나'(מָנָה) 예비하다, 2:1; 4:6, 7, 8) 등이 있다.

3. Jonathan Magonet, "Jonah, Book of," ABD, Vol. 3, 937. 평행 구조의 대안으로 이야기가 전개되는 장면에 기초하여 다음과 같은 구조가 제시되기도 한다. James Limburg, *Hosea-Msah*, Interpretation (Atlanta; John Knox, 1988), 137.

   1:1~3(이스라엘에서): 주님과 요나
   1:4~16(바다에서): 요나와 선원들
   1:17~2:10(고기 뱃속에서): 주님과 요나
   3장(니느웨에서): 주님, 요나, 그리고 니느웨 사람들
   4장(니느웨 성 밖에서): 주님과 요나

4. Magonet, 앞의 책, 937.

5. 거의 모든 영어 번역본들이 2:1을 시작하는 접속사 '와우'(ו)를 '그제서야'(then)로 번역하고 있다(참고 NRSV, KJV, NKJV, ASV, RSV). 즉 요나는 물고기 뱃속에 들어가서야 하나님께 기도했다는 의미이다.

3장

1. 예를 들면 H.W. Wolf, *Ohadiah and Jonah, A Commentary*, tr., M. Kohl, (Minneapolis: Augsburg /London: SPCK, 1986). 129~30.

2. 예를 들면 Joyce Baldwin. *jonah*, An Exegetical & Expository Commentary (Grand Rapids: Baker. 1993), 566~67; D. Stuart, *Hosea-Jonah*, WBC (1987), 470~72; J. Magonet. *Form and Meaning: studies in Literary Techmques in the Book of Jonah*, 2nd ed. (Sheffield: Almond, 1983), 39~63; L. C. Allen, *The Books of Joel, Obadiah, Jonah, and Micah*, NICOT (Grand Rapids: Eerdmans. 1976). 181~85; 조금 오래되었지만 G. Ch. Aalders, *Obadja en Jona*, COT (Kampen: Kok, 1958), 68~70.

3. Allen. 앞의 책, 185; Stuart, 앞의 책, 473. 476. 단어의 관점에서 보면 이 감사시는 요나서의 다른 부분과 단어적으로 상호 의존적이라기보다 주제에 있어서 상호 관련되었다.

4. Baldwin, 앞의 책, 567

5. Stuart, 앞의 책, 472.

6. W.G.E. Watson, *Classical Hehrew Poetry, A Guide to its Techniques* (Sheffeld: JSOT Press. 1984), 87~113.

7. Baldwin, 앞의 책, 569.

4장

1. '명한 바'의 원문 '하크리아… 도베르'[רבּר …הַקְּרִיאָה The proclamanon (message)… to tell]은 과거형인 '명한 메시지'라고 하는 것보다 미래형 '명할 메시지'라고 하는 것이 좋다. '하크리아'(הַקְּרִיאָה)는 영문 번역에서 흔히 'the proclamation'(NASB) 또는 'the message'(NIV)라고 했고, 70인역은 κήρυγμα(kerigma)라고 했다. 본문에서 다시 취급하겠다.

2. Roland H. Bainton, *Here I Stand; A Life Martin Luther* (New York: Mentor Books, 1960), 272~73.

3. NASB는 이것을 'the proclamation'(which I am going to teu you)이라 했고, NIV는 'message'라고 했다.

4. 사실 고고학자들의 보고에 의하면 니느웨는 그렇게 크지 않았다. 직경은 30km, 주위는 96km라고 했다. 그렇다면 직선거리로는 7~8시간 이내의 거리이며, 주위를 돌아가도 20시간 내외일 것이다.

5. 여기의 '무너지리라'(נֶהְפָּכֶת네헤파켓 Niph.pf.)는 문자 그대로 소돔과 고모라의 멸망에 사용된 단어 및 어법과 동일하다(창 19:25; 암 4:11).

6. '선포'(하나님이 요나에게 '명할 것', 즉 메시지)란 원문은 'הַקְּרִיאָה'(하크리아 NASB, proclamation; NIV, message), 70인역은 'κήρυγμα'(케리그마 참고 각주 1).

7. 히브리 표현에 있어 '하나님을 믿고'란 말에는 두 가지 뜻이 있다. 하나는 '헤에민 렐로힘'(הַאֲמִין לֵאלֹהִים believe to God)이고, 또 하나는 '헤에민 벨로힘'(הַאֲמִין בֵּאלֹהִים believe in God)이다. 전자는 그저 막연히 '참'이라고 믿는 것을 말하고(사 53:1; 창 45:26), 후자는 하나님을 찾아 만나고 그 안에 소망을 두며 온전히 맡기고 의지하는 것을 말한다(사 20:26; 삼상 7:6; 대하 20:20; 창 15:6). 요나서 본문에서는 후자의 의미로 사용되었다.

8. 히브리 원문 '라바쉬'(לָבַשׁ)는 겉옷 같은 것을 '뒤집어쓰는 것'(overwhelm, cover)을 말한다. 그러나 많은 현대 역들은 '입었다'(put on)라고 번역했다

9. 어떤 학자는 말하기를, 그 왕은 제국의 왕이 아니고 니느웨 성을 통치하는 한 통치자라고 했으나(Wicliff Bible Comm 8), 그것은 아니다. 여기에 '보좌'라는 말이나 또는 '조복'(朝服)이라는 말 그리고 '조서를 내려'라는 표현들은 그가 제왕임을 보여 주기에 충분하다.

10. '굵은 베를 입고'(뒤집어쓰고) "재에 앉으니라"이 말들의 문법 표현은 '강정조형'(piel)이요 계속형(impf.)이다. 그것은 잠깐의 의식이 아니라, 오래 계속되는 심히 낮아진 초라한 모습을 보여 주기에 충분하다.

11. '조서'란 말은 아람 방언('명령' 단 3:10; 스 4:21)임이 사실이나, 그것은 하나의 '법적 또는 행정 용어'로써(단 3:10, 29; 4:6; 스 4:17; 5:13, 17; 6:1 등), 요나가 그대로 빌려 쓴 것일 뿐이다. 그 이유는 아마도 아시리아에서 사용한 익숙한 '숙어'(technical term, 법적 숙

어)였기 때문일 것이다. '미타암'(מִטְעַם)이라는 말이 유다에도 있기는 하나 전혀 다른 뜻인 '맛보다'(taste)란 말이다(BDB 380).

12. IBC(Interpreter's Bible Cormm.)는 헤로도토스의 글을 인용하면서 그것을 증명했고, 구약 시대의 가경인 유딧(Judith) 4:10에도 그런 사실이 나타난다.

13. 성경 역사가 만일에 세속사였더라면 그것을 자세히 기록했을 것이다. 그러나 성경사는 구속사이다. 그러므로 세속적인 것은 가급적 생략한다.

14. 기록에 의하면 주전 803년에 아시리아 왕 아닷니나리(Adad-ninari Ⅲ, 주전 810~783년)가 다메섹에 쳐들어갔다. 다메섹은 큰 피해를 입었고 이스라엘은 아시리아에 조공을 드리는 나라로 바뀌었다. 참고 김희보, 「구약 이스라엘사」(서울: 총신대학교출판부, 1981), 294.

15. 기록에 의하면, 주전 763년 6월 15일 아시리아에 하늘의 무서운 징조로 알았던 완전 일식이 있었다. 참고 김희보, 앞의 책, 313, 주 51. 여기에는 월식이라고 잘못 기록되었으나 아직 수정을 못했다.

하박국 주(註)

1부

1장

1. 열왕기하 23:29에 보면, 개역한글은 "바로느고가 아시리아 왕을 '치고자 하여' 유브라데 하수로 올라가므로 요시야 왕이 나가서 방비하더니"라고 했다. 그러나 여기의 '치고자 하여'란 말을 '돕고자 하여'란 말로 수정해야 할 것이다. 히브리어 전치사 '알'(עַל)을 '대하여'(against)가 아니라 '위하여'(for, on behalf of)로 번역해야 할 것이다. 고고학 자료에서도 이미 그것은 확인되었다. 영어성경에서도 마찬가지다. 본래 KJV은 우리 개역한글과 같았으나, 수정된 New KJV은 "King of Egypt went to aid of the king of Assyria"로 정정했다. 현대의 많은 번역들도 그렇다.

2. 이러한 차이는 '믿음으로'(by his faith)란 말이 '의인'을 수식하느냐(믿음으로 의로워진 자) 혹은 '살리라'는 말을 수식하느냐(의로워진 자는 믿음으로 살아야 한다)에 따라서, 전자는 사도 바울의 입장이요 후자는 히브리서 기자의 입장이 된다.

2장

1. *The Literary Structure of the Old Testament* (Grand Rapids: Bakers, 1999).

3장

1. 김희보, 「구약 하박국 · 스바냐 주해」(서울: 총신대출판부, 1987), 72.

2부

1장

1. O. Palmer Robertson, *The Book of Nahum, Habbakuk, and Zephananiah*, NICOT (Grand Rapids: Eerdmans, 1990), 135.

2. F. F. Bruce, "habakkuk," *The Minor Prophets*, Vol. 2, ed., T. M. McComiskey (Grand Rapids: Baker, 1993), 842.

3. Robertson, 앞의 책, 139.

2장

1. 필자는 개역한글에서 "경고"라고 번역한 '마싸'(מַשָּׂא)의 의미를, '경고'의 말씀보다 하나님께 로부터 받는 '신탁'의 말씀으로 이해하는 것이 낫다고 생각한다. 참고 K. Seybold, *Nahum Habakkuk Zephanja* (Zürich; 1991), 43. 한편 노세영은 신탁의 말씀에서 흔히 보는 '메신저 양식'이 나타나지 않고, 시편에서 주로 보이는 개인 탄식시나 찬양시가 나타나며, 백성에 대한 책망의 말이 아니라 하나님과의 대화 형식이 나타나는 것으로 보아, 하박국서를 독립적인 여러 양식들의 모음으로 생각한다. 노세영, 「나훔, 하박국, 스바냐」(서울: 대한기독교서회, 1998), 157이하.

2. 참고 E. Zenger, *Einleitung in das Alte Testament* (Kohlhammer, 1995), 415이하; E. Otto, *Habakkuk*, TRE, Vol. 14, 300~302.

3. O. Kaiser, *Grundri der Einleitung*, Vol. 2 (Gutersloh, 1994), 139.

4. 개역한글은 "화있을진저"라고 번역하고 있다. 그러나 '호이'(הוי)라는 말은 초상집에서 애곡하는데 쓰였던 말로, 우리말로는 "아이고!"라고 호곡하는 말로 번역하는 것이 가장 잘 어울린다.

5. 이와 같은 하박국서의 구조와 내용에 대해 세이볼드(K. Seybold)는 다음과 같은 의문들을 제기한다. 1) 하박국의 탄식의 기도(1:2 이하, 12절 이하)는 표제의 '묵시로 본 말씀'과 어떤 연관성이 있는가? 즉 신탁으로 받은 하나님의 말씀 속에 그의 기도가 포함될 수 있는가? 2) 1:6의 하나님의 도구로 쓰인 바빌론(갈대아 사람들)이 2장의 심판의 대상이 되는 나라와 동일한가? 즉 하나님이 도구로 쓰신 바빌론을 다시 심판하시는 이유가 무엇인가? 3) 선지자가 보는 환상이 과연 호곡의 말들로(2장) 구성될 수 있는가? 이런 문제 제기 속에서 그는 슈미트(H. Schmidt)와 맥락을 같이 하여 하박국서를 예언, 찬양시, 기도시 등의 다양한 형식들이 모인 모음집으로 이해한다. Seybold, 앞의 책, 43~44.

6. 개역한글은 "보라 그의 마음은 교만하며 그의 속에서 정직하지 못하니라"고 번역한다. 그러나 이 문장은 사실상 번역하기가 상당히 까다로우며, 또 개역한글과 같은 번역은 이 문장을 이해하는데 큰 도움이 되지 못하는 것이 사실이다. 따라서 여기서 '로 야슈라'(לֹא־יָשְׁרָה) 이하를 관계 대명사 없는 주어절로 이해하고, '우펠라'(עֻפְּלָה)를 '우팔'(עֻפַּל)로 읽으며 '사라진다'로 그 뜻을 이해한다. 참고 HAL 3권, 814. 그러면 본문과 같은 번역을 얻을 수 있다.

7. Kaiser, 앞의 책, 138.

8. P. Acalbert, Das Bücher Zepfanja, *Nahum und Habakkuk* (Düsseldorf, 1972), 149.

9. 참고 D. J. Clark, H. A. Hatton, *A Translator's Handbook on the Books of Nahum, Habakkuk, and Zepaniah* (New York, 1989).

10. 70인역은 서술적으로 '내 거룩하신 하나님'으로 번역한다.

11. 유사점은 두 곳 다 의문문이고, 13절의 '나밧'(נבמ)와 '라아'(ראה)는 1:3, 5을 상기시키며, 또 이 두 단어는 다같이 악인의 손에 놓인 의인의 운명과 연관되고 있다는 것이다. R. D. Haak, *'Poetry' in the Habakkuk 1:1~2:4*, JAOS, 108 (1989), 439.

12. M. E. Széles, *Wrath and Mercy* (Edinburgh, 1987), 25.

13. 부정 의문문을 이끄는 '할로'(הֲלוֹא)는 여기서 사실 강조를 나타내는 기능을 한다. 참고 H. Brongers, *Some Remarks on the Biblical Particle hal*, OTS 21(1981), 181~84; G~K, 148c; 150d; 151a.b.

14. Ben Y Leigh, *A rhetorical and structural study of the Book of Habakkuk* (diss.: Golden Gate Baptist Theological Seminary, 1992), 109.

15. "선지자의 탄식을 약한 믿음으로 해석해서는 안 된다… 선지자를 괴롭힌 것은 약한 믿음이 아니라 믿음의 혼란스러움이었다." O. P. Robertson, *The Books of Naum, Habakkuk, and Zephaniah* (Grand Rapids, 1990), 156.

16. Széles, 앞의 책, 25.

17. J. J. M. Roberts, *Nahum, Habakkuk, and Zephaniah*, 102.

18. R. D. Haak, *Habakkuk*, E. J .Brill (1992), 48~49.

19. Leigh, 앞의 책, 108.

20. 로버트(J. J. M. Roberts)는 첫째 구절만 아니라 나머지 구절들도 의문문으로 번역한다. 그는 전체적인 문맥이 이것을 요구한다고 주장한다(101). 그는 하나님께서 바빌론을 징계의 도구로 세우신 것을 선지자가 근본적으로 이해 못하는 것으로 해석하기 때문이다. 그는 말한다. "하나님께서 자신의 백성을 징계하기 위해, 어떻게 이같이 분명하게도 악한 나라를 사용하실 수 있는가?"(102). 노세영도 이와 같은 맥락으로 이해한다(172, 212). 그러나 그는 하박국이 12절에서 하나님께 대한 근본적인 신뢰를 표현하고 있다는 사실을 간과하고 있다.

21. Leigh, 앞의 책, 111.

22. Acalbert, 앞의 책, 150.

23. 고대 근동에도 이 같은 표현이 발견된다. 비교 B. Margalit, *Death and Dying in the Ugaritic Epics; in Death in Mesopotamia, Mesopotamia 8*, ed., Bendt Alster, (Copenhagen, 1980), 253, n.4.

24. '레메쉬'(רמשׁ)는 대체로 '기어다니는 동물'이나 '벌레'로 번역된다. 그러나 여기서는 '다김'(דגים 바다 물고기)와 평행하게 사용되므로 바다 물고기의 의미로 보인다. 실제로 이 단어가 시편 69:35과 104:25에서는 바다 물고기의 의미로 사용된다. 그리고 15절 이하에서도 단지 물고기를 잡는 비유에 대해서만 말하고 있다. NIV도 이같이 'sea creatures'로 번역한다.

25. 그물은 고대 메소포타미아에서 군사력을 상징하는 무기와 연관되는 말이다. 메소포타미아의 예술과 문학에서 그물은 신들이 적들을 자기 마음대로 잡는 무기로 묘사된다. 그리고 창조 설화에서 마르두크가 티아맛을 이긴 주된 무기도 그물이었다(J. J. M. Roberts 104). 그리고 메소포타미아의 한 유물에서는 바빌론의 주신들인 닌기르수, 샤마쉬, 엔릴, 마르두크 등이 사로잡은 적들이 안에서 꿈틀거리고 있는 그물을 끌고 있다. Robertson, 앞의 책, 163.

26. 한편 세이볼드(K. Seybold)는 그물이 국가의 '통제 장치'(controlsystem)를 상징하며, 바빌론이 그물처럼 연결된 통치 구조를 가진 강대국을(즉 많은 속국들을 가진 강대국을) 가리키는 비유로 해석한다(62).

27. Haak, 앞의 책, 51.

28. 문맥상 이 말이 앞 절에 연결되는 것이 자연스럽다. 쿰란에서 나온 사본도 그렇게 읽는다. 참고 BHS. 브라운리(Brownlee)는 '바브'(ו)로 연결되는 '계속해서'라는 말이 부연 설명의 역할을 한다고 말한다. W. H. Brownlee, *The Text of Habakkuk in the Ancient Community from Qumran*, JBL. MS11 (1959), 37~39.

29. 쿰란 사본은 '하르보'(חרבו 그의 칼)로 읽는다. 그러면 '그렇다고 그들이 칼을 빼어'라고 번역된다. 로버츠(J. J. M. Roberts)가 이같이 번역한다. J. J. M. Roberts, *Nahum, Habakkuk, and Zephaniah*, OTL (Westminster, 1991), 100.

30. M. A. Hahlen, *The litarary design of Habakkuk* (diss: The Southern Baptist Theological Seminary, 1992), 89~90.

3장

1. 존 페터슨, 「새 시대의 지도자를 위한 예언자 연구」, 이호운 옮김(서울: 한국기독교문화원, 1977), 148~51.

2. Page H. Kelley, *Layman s Bible Book Commentary: Micah, Nahum, Habakkuk, Zephaniah, Haggai, Zechariah, Malachi* (Nashville: Broadman Press, 1984), 74.

3. Kelley, 앞의 책.

4. Kelley, 앞의 책, 76.

5. Thomas E. McComiskey, ed., *The Minor Prophets* (Grand Rapids: Michigan, 1993), 862.

6. J. D. Douglas, ed., *The Illustrated Bible Dictionary*, Vol. 1 (Downers Grove: Inter-Varsity Press, 1998), 166~68.

원어 일람표(히브리어/헬라어)

238

마나 מָנָה
와우 ו

---

*ח, ס, צ, ו는 원칙적으로 'ㅎ', 'ㅆ', 'ㅊ', '부'로 음역했으나, 필자가 'ㅋ', 'ㅅ', 'ㅉ', '우'를 선호한 경우 필자의 의견을 존중했습니다.

*יהוה는 필자에 따라 '야웨'(혹은 '야훼')나 '아도나이'로 표기했습니다.